高职院校体制机制改革创新与实践

——以中山火炬职业技术学院为例

林艳芬 李小鲁◎主编

人民出版社

序

　　世界历史进入 21 世纪后，人类社会历史的发展进程和态势发生了较大的转变。如果说 20 世纪是战争与和平的世纪，世界经历了人类历史上两次世界大战，以东西方对抗为特征的冷战、苏联解体等为标志性事件，那么，21 世纪则是以经济竞争与社会发展为核心的新世纪。世界各国都把发展经济、推进民生、促进社会进步作为发展的重点，为此，美国、法国、德国、俄国等世界大国都出台了一系列促进本国经济、社会、文化进步发展的重大战略措施。很明显，世界的竞争已从明显的刀枪相对转变为经济与科技的竞争，而经济与科技实力提升的背后，是一个国家教育与人才培养的竞争。我国在进入新世纪后，党中央和国务院已经非常明确和清楚我国经济、社会发展的战略方向，制定了一系列科学而详细的教育、科学、文化发展的战略措施，公布了《国家中长期教育改革和发展规划纲要（2010～2020）》（以下简称《纲要》）。《纲要》明确指出：当今世界正处在大发展、大变革、大调整时期。世界多极化、经济全球化深入发展，科技进步日新月异，人才竞争日趋激烈。我国正处在改革发展的关键阶段，经济建设、政治建设、文化建设、社会建设以及生态文明建设全面推进，工业化、信息化、城镇化、市场化、国际化深入发展，人口、资源、环境压力日益增大，经济发展方式加快转变，都凸显了提高国民素质、培养创新人才的重要性和紧迫性。中国未来发展，中华民族伟大复兴，关键靠人才，基础在教育。

　　虽然我们的教育取得了显著的成绩，但是仍然同上述的时代要求有很大的差距，也正如《纲要》所指出的那样，我国教育还不能完全适应国家经济社会发展和人民群众接受良好教育的要求，教育观念相对落后，内容方法比较陈旧，素质教育推进困难，学生适应社会和就业创业能力不强，创新型、实用型、复合型人才紧缺，教育体制机制不完善，学校办学活力不足，教育结构和布局不尽合理，教育投入不足，教育优先发展的战略地位尚未得到完全落实。接受良好教育成为人民群众强烈期盼，深化教育改革成为全社会共同的心声。为此，国务院下发了《关于开展国家教育体制改革试点的通知》（国办发［2010］48号），明确要求试点单位要高举中国特色社会主义伟大旗帜，以邓小平理论和"三个代表"重要思想为指导，深入贯彻落实科学发展观，全面贯彻党的教育方针，坚持社会主义办学方向，立足基本国情，遵循教育规律，以促进公平为重点，以提高质量为核心，解放思想、勇于实践、大胆突破、激发活力，努力形成有利于教育事业科学发展的体制机制。

正当教育领域，特别是职业教育领域酝酿着深刻而全面改革的关键时候，2013年11月，北京又一次成为世界关注的焦点。中国共产党十八届三中全会召开，成为继十一届三中全会后又一次里程碑式的重要会议。会议的核心成果是向全世界公布了《中共中央关于全面深化改革若干重大问题的决定》（以下简称《决定》），响亮地提出改革开放是党在新的时代条件下带领全国各族人民进行的新的伟大革命，是当代中国最鲜明的特色。《决定》明确指出"紧紧围绕使市场在资源配置中起决定性作用深化经济体制改革，坚持和完善基本经济制度，加快完善现代市场体系、宏观调控体系、开放型经济体系，加快转变经济发展方式，加快建设创新型国家，推动经济更有效率、更加公平、更可持续发展"。中国的市场经济改革与建设进入了与国际接轨的快车道。市场经济，什么最关键？资源、市场、科研成果固然重要，但最核心的是大批建设人才，是能够真正在市场经济中起到关键作用的各类人才。为此，《决定》对教育提出了更高、更明确的要求："深化教育领域综合改革。全面贯彻党的教育方针，坚持立德树人，加强社会主义核心价值体系教育，完善中华优秀传统文化教育，形成爱学习、爱劳动、爱祖国活动的有效形式和长效机制，增强学生社会责任感、创新精神、实践能力。"《决定》对职业教育提出了重要而明确的时代要求："加快现代职业教育体系建设，深化产教融合、校企合作，培养高素质劳动者和技能型人才。创新高校人才培养机制，促进高校办出特色争创一流。"党的十八届三中全会为职业教育的发展和改革指明了正确的方向。

职业教育较之于普通教育，联系市场和社会的任务更重，培养人才的社会有用性和针对性更强。正如《纲要》指出，"发展职业教育是推动经济发展、促进就业、改善民生、解决'三农'问题的重要途径，是缓解劳动力供求结构矛盾的关键环节，必须摆在更加突出的位置"。但对照党的十八届三中全会和《纲要》的要求，我国的职业教育，特别是高等职业教育，还普遍存在着体制机制顶层设计不明确、办学体制机制改革滞后于市场经济的发展需要、校企合作运行机制缺位、师资队伍质量不高、人才培养模式有待创新、专业课程设置陈旧滞后、实践基地建设形式化等一系列较为严重的发展问题。本书就是以党的十八届三中全会和《纲要》精神为指导，结合国家级重点高职院校——中山火炬职业技术学院的改革案例，对高职院校体制机制改革创新与实践作系统研究，目的在于为全国的高职院校的体制机制改革提供范例和指导性意见。

从全局来看，职业教育的改革首先是教育行政管理从层次管理向以类别管理为前提的层次管理的转型，要着眼于以与普通教育相对应的职业教育类别构建为核心；而职业教育的管理，又应着眼于以现代职业教育体系构建为目标。这种改革，必然是中国职业教育从 19 世纪中叶福建马尾船政学堂发端以来的一次重大的分段，也必然标志着共和国职业教育伴随着工业化进程而产生的一个崭新的历史阶段的到来。其次，职业教育的结构也提出了一体化的客观需求，初中高职业教育的衔接，高职分层分类的贯通，必然产生职业教育体系的重大创新成果，使职业教育终结"绝对就业教育"、"断头教育"、"终结于中高职业教育"的历史，成为国民教育的尤其重要而完整的教育序列，成为国家人才战略的完整的教育类型支撑。最后，职业教育回归到自身的发展规律，引起了职业教育与经济社会发展的良性互动，引起了职业教育对社会人才战略贡献效率的提高，引起了职业教育内部人才培养模式的全面改革。

从职业教育自身来看，这一改革必然引起管理体制、办学机制、学制、人才培养模式、招生考试制度、师资队伍建设、专业课程设置、课堂教育教学、实习实训方式、创业就业制度等一系列深刻变化。谁在这个变化中率先创新，谁就占得发展先机；谁在这个变化中大胆跳出教育去创新职业教育，谁就有可能首享改革发展"红利"。

高职院校体制创新，主要包括四个方面的内容：一是建立以政府总体指导和布局与市场配置资源为主的管理体制，充分发挥政府资源和市场资源的作用；二是构建合理的所有制结构体制，完善政府办学（公办）、民间资本办学（民办）和公私合作办学（国家参股或资源入股）三种基本模式的教育所有制结构体制；三是营造非国家资本投入教育发展的良好环境，加快各类资本进入教育发展；四是转变政府职能，扩大办学自主权，减少审批项目，简化审批程序，把政府教育管理职能转到主要为各类教育机构服务和建立健全与市场经济相适应的体制和法律环境上，完善适应国家经济发展的教育体系，规范教育法规，改善教育环境，加强教育硬件建设，拓展教育运作领域，营造有竞争力的教育投资创业和发展环境。既要有"管"的制度和必要，更要有"治"的创新和可能。

高职院校机制创新，主要包括三个方面的内容：一是高职院校对市场经济的适应能力和对市场的应变能力，教育随市场的变化而变化，人才随社会的需要而变化，服务随市场的调整而变化，决策随市场的变化而变化；二是高职院校内在的发展动力，办学的真正动力源随着经济与社会的发展有主动的、不懈的、自觉的调整机制；三是调动高职院校人的积极性的机制，用人制度、分配制度、考核奖惩制度都有利于调动人的积极性，核心是优胜劣汰、奖勤罚懒。

中山火炬职业技术学院承接了"国家教育体制改革试点"的任务，本书就是这个试验课题的成果。他们的试验，可以看作是职业教育改革大潮的一朵绚丽的浪花和改革大局观的一个窗口。从他们的试验中，可以看到职业教育领域充满生机活力的创新势头，可以感受到职业教育人的"迎难破茧"的壮志，可以了解到职业教育万象更新的历史必然。他们作为职业教育改革的先锋，在教育整体改革推进中的意义和价值更值得引起全局性的审视。

中山火炬职业技术学院是我国高等职业技术教育体系中一所年轻的高职院校。其创办于 2004 年 4 月，直属中山市人民政府，并由中山市人民政府委托中山火炬高技术产业开发区管理。中山高新区的七大国家级产业基地、五大主题产业、四大新兴产业、一千余家企业为学院提供了丰富的实习实训资源，为毕业生提供了优质多元的就业岗位。

该校实习实训资源丰富。学院与企业共建生产性实训校区 240 亩，拥有一个素质教育基地、一个临海工业园区教学基地（23 平方千米），生产性实训设备总值近 2 亿元。拥有"中包联"华南地区唯一培训基地、中央财政支持的包印行业培训基地、装备制造实训基地、全国国防交通战备应急器材保障基地培训中心和一个国家级包装技术与设计实训基地。

中山火炬职业技术学院专业建设紧密对接园区产业。学院专业设置紧密对接工业园区的产业链，课程建设紧扣技术领域和职业岗位（群）的任职要求，聚焦园区七大国家级产业基地（国家健康科技产业基地、中国包装印刷基地、中国电子中山基地、中国高新技术产品出口基地、中国技术成果产业化示范基地、国家火炬计划装备制造中山基地、中国绿色食品产业基地），五大支柱产业（电子信息、健康医药、包装印刷、化学工业、汽车汽配）和四大新兴产业（装备制造、节能和新能源、微电子和通信、生物科技），组建了包装印刷、装备制造、电子工程、现代服务与管理、信息工程、生物医药、光电工程7个教学系和公共课、思想政治课2个教学部，开设了包装技术与设计、电气自动化技术、机电一体化、机械制造与自动化、精细化学品生产技术、计算机多媒体技术等30个专业。学院实施"1＋1＋1"人才模式，推行"三证书"毕业制度，人才培养质量高。历届毕业生就业率高达99%以上，80%以上留在中山工作，其中60%以上的毕业生选择在中山火炬开发区就业。企业对毕业生的满意度达90%以上。正因为学院与园区有这样一种紧密的关联，所以，学院的机制体制改革才有充分而坚实的具体依托，其试验才得以在现实探索的充分条件保障中勇于创新。

国务院《关于开展国家教育体制改革试点的通知》明确指出了各级试点学校在进行教育体制机制改革中应该遵循的基本原则。而中山火炬职业技术学院正是遵循这些原则，在整个试验过程中，坚持以人为本，着力解决学院改革试验中机制体制创新的重大现实问题。从开发区政府、企业和学院及教职员工们关心的热点难点问题入手，着力破除体制机制障碍，努力解决深层次矛盾，把办好人民满意的教育作为推进教育改革的出发点，把能否促进学院师生的全面发展、适应经济社会需要作为检验教育改革成功与否的根本标准。坚持统筹谋划，确保学院利益机制创设的改革协调有序推进。做好总体设计，正确处理改革、发展和稳定的关系，把立足当前与兼顾长远相结合，综合改革与专项改革相结合，着眼于事关全局的关键领域和薄弱环节，有计划、有步骤地扎实推进，确保改革的科学性、系统性。坚持因地制宜，充分发挥地方、学校和师生的主动性、积极性、创造性，鼓励地方和学校紧密结合实际，积极探索，勇于创新，增强改革发展的内在动力，努力形成全社会共同推进改革发展的良好局面。

中山火炬职业技术学院在体制机制改革及学校各项改革方面成功的经验和改革创新成果主要有：①体制机制创新：建立了"政、校、企"三方联动、三位一体的合作办学、合作发展机制；促进和撬动政府出台支持学院办学的"兼职教师政府津贴制度"；建立了以股份制为特点的校企利益融合、共享的生产性实训校区；形成了过程共管、人才共育、成果共享的人才培养合作机制。②体制机制重大举措：建立"一委三会一长"的董事会架构，推行"政府津贴激励"的互兼互聘机制，探索技术研发与人才培养的共享机制，形成"政、校、企、行、家"五位一体的合作就业机制，实现以"6315"人才培养模式为支持、专业动态调整、课程适时优化的"中山火炬模式"。③改革顶层设计：以"四个合作"为引领，以优化体制机制为重点，以基于行业标准优化专业建设、基于岗位能力重构课程建设机制为抓手，以"双师结构"师资队伍建设为保障，依托工业园区，着力人才培养模式创新，突出重点，分步推进，彰显特色，提高质量。④人才培养模式改革创新：学院以"五段式岗位实习"为核心的人才培养模式被省政府肯定为"335人才培养模式"。这种建立在工学结合、企业参与、学生技能递进、理论实践交替融合基础上的人才培养模式，促进和提高了学院人才培养质量，扩大了学院的社会影响力。⑤专业设置改革创新：建设了"重点发展、鼓励发展、稳定发展、限制发展"的专业分类动态调整与设置机制；构建了主干专业带动、支撑专业依存、拓展专业促进的"少专业多专门化方向"的专业结构与建设体系。⑥课程建设改革创新：课程设置与岗位能力培养相结合；岗位和职业分析与课程教学设计相结合；产品及产品生产过程与教学项目及教学过程相结合；教学内容与职业资格考核内容相结合。⑦师资队伍建设改革创新：一是通过制定《兼职教师政府津贴实施办法》，吸引更多高素质高技能人才到院担任兼职教师。二是实行多元化师资队伍建设，包括通过推行"深海探珠"计划，建立教师企业实践制度；定期选送教师进行深造和参加各类培训等。⑧实践基地建设改革创新：构建校企深度融合的"火炬模式"，丰富校企合作内容，深化校企合作的内涵，夯实人才培养条件，以生产性实训校区建设为中心完善三大实践教学平台：校内基础性实训平台、实训校区生产性实训平台、校外就业性实训平台，实现校内外互补的实践教学格局。进一步通过实验实训室、标准化课室、教师工作室等项目建设，逐步形成人才培养、职业技能鉴定、生产与管理、科技研发、社会服务几大主体功能，实现"产、教、学、研"一体化。⑨办学经费来源创新：利用合作企业捐赠资产，解决部分学生实习实训设备的需要，参与实训企业的实习实训，解决部分实训耗材资金。⑩毕业生就业渠道创新：就业人力资源市场信息化建设，学院科技创新带动科技创业与就业，与大型企业校企合作带动高质量就业，创业孵化基地建设带动大学生自主创业。

概言之，该院实施的"职业教育体制机制改革探索"试验，着眼于政校企行合作办学制度化，管理体制、运行机制和合作办学模式创新，在区域职业教育体系建设、人才等级标准建设、政校企合作办学方面形成了鲜明的亮点，取得了较显著的成效，特别是利用利益机制、股份合作方式来创新联合办学，建立"生产、教学、研发、培训"一体化的生产性实训校区，在人才培养模式改革的深度及广度上都有了很大的拓展。因此，该学院的试验研究可称为高职院校体制机制改革的可资借鉴的样本和范例。

2014年6月22日，在本书即将出版之际，职教界期待已久的《国务院关于加快发展现代职业教育的决定》(以下称《决定》)正式面向社会公开。《决定》提出了今后一个时期加快发展现代职业教育的指导思想和政策措施。6月23~24日，万众瞩目的全国职业教育大会召开。在有关深化教育领域综合改革方面，习近平总书记提出了办好职业教育必须深化体制机制改革的要求，李克强总理提出必须用改革的方式来办好职业教育。中国职业教育以一连串的大动作拉开又一轮职业教育改革的帷幕。

《决定》提出"要多元主体办学，引导行业企业、社会团体、科研机构、公民个人积极参与举办职业教育。多种形式办学，鼓励发展股份制、混合所有制职业院校，探索公办和社会力量举办的职业院校相互委托管理和购买服务的机制。多种渠道筹措资金，政府建立与职业教育特点相适应的财政投入制度。多种来源的教师队伍，学校编制内教师、政府购买服务岗位教师、企业兼职教师、社会聘用教师。多种分配形式，完善体现职业院校办学和管理特点的绩效考核内部分配机制；职业院校教师和学生拥有知识产权的技术开发、产品设计等成果，可依法依规在企业作价入股；允许以资本、知识、技术、管理等要素参与办学并享有相应权利"。这些举措无不指向职业教育体制机制改革的内容，而中山火炬职业技术学院的改革与创新完全符合国家关于职业教育改革的精神与要求。

　　作为本课题成果总结的本书，是中山火炬职业技术学院党委领导下集体研究的结晶，也是课题组全体科研团队共同努力的结果。它较好地体现了全局与个案的结合、理论与实践的结合、职业教育规律践行与创新的结合、教育内与教育外的结合、改革顶层设计与推进策略的结合，较客观、真实、全面、系统地反映了学院敢于实践、勇于探索的科学精神，不失为一个立足于点、着眼于视域的成功的试验总结。

　　是以为序。

　　　　　　　　　　　　　　　　　　　　　　　　　李小鲁

　　（广东省教育厅原巡视员、广东职业技术教育学会会长、广东省高等学校思想政治教育研究会会长、华南理工大学博士生导师）

目　录

第一章　国内外高职院校现状

石头剪刀布哇，

金木水火土！

鲁班爷的手啊，

黄道婆的布。

石头剪刀布哇，

金木水火土！

天工开物没停步，

……

　　这是中央电视台热播的大型纪录片《大国重器》的主题曲歌词，优美轻快的童谣却让人轻松不起来，反倒给人以沉重的失落！——鲁班爷、黄道婆仿佛已离我们太久、太远！从《天工开物》初次刊印的1637年，到黄炎培发起中华职业教育社的1917年，近300年的时间里，我们的手工制造业从世界领先地位一路滑落，与之相对应的学徒制（姑且称准职业教育）文化也一路颓败，直至1848年洋人的坚船利炮才把中国唤醒！《大国重器》讲述了装备制造的中国梦，而全面深化体制机制改革，推进现代职业教育体系建设，同样讲述着职业教育的中国梦！

　　改革开放以来，随着中国特色市场经济体制的确立，我国也逐步发展成为装备制造大国，正向装备制造强国迈进。与此同时，中国的职业教育也迅猛发展，取得了举世瞩目的成就，中国特色的职业教育体系正逐步建立。在经济体制改革的强力牵引下，我国高等职业技术教育的体制机制改革也进入了攻坚期和深水区。《中共中央关于全面深化改革若干重大问题的决定》要求深化教育领域综合改革，明确提出加快现代职业教育体系建设，深化产教融合、校企合作，培养高素质劳动者和技能型人才，创新高校人才培养机制，促进高校办出特色、争创一流。这一要求的提出，既有深刻的经济体制改革原因，也有高职教育自身改革所积累的基础，还有更为广阔复杂的国际背景。深刻分析并全面把握这些推进高职教育深化改革的重要因素，是建设中国特色、世界水准现代职业教育体系的必然要求。

第一节　中国高职院校现状

一、中国高职院校的主要发展成就

据统计，目前中国独立设置的高职高专院校已达 1276 所，不计成人与网络类在册学生，全日制在校的专科层次学生已超过 1000 万人。高等职业院校（含高专）已名副其实地扛起了中国高等教育的半壁江山。具体份额是，"985" 与 "211" 大学在 100 所左右，占高校总数的 4%；其他具有硕士、博士学位授予权的历史较长的本科院校近 400 所，占高校总数的 16%；另有 600 多所办学历史不长的新建本科院校，约占高校总数的 26%；高职高专院校占高校总数的 54%，所占份额最大。这是了不起的成就。一是在规模和数量上逐步接近我国经济社会发展需求。从 1999 年 "高校扩招" 到 2013 年年底，经过 15 年的迅猛发展，高职高专院校为支撑经济社会转型升级培养了超过 2000 万的高素质技能型专门人才；在我国东中部较发达地区每个地级市至少开办了 1 所高职类院校，较好地配合了当地经济社会的转型升级。二是成为推动我国高等教育普及化的重要力量。按照国际通行标准，以 18 ~ 22 岁的学龄人口的毛入学率将高等教育的发展水平划分为三个阶段。15% 以下属于精英化阶段；15% ~ 50% 称为大众化阶段；50% 以上则被视为普及化阶段。1990 年我国高等教育的毛入学率仅为 2.3%，处于普及水平很低的精英化阶段；10 年后的 2002 年，毛入学率首次达到 16%，标志着我国高等教育进入了大众化阶段；又一个 10 年后的 2011 年，我国高等教育在校生总数为 3514 万人，当年毛入学率已达到 30%，进入了大众化的中期阶段。根据教育事业和人口普查的最新统计数据，我国高等教育在校生总人数已在 2012 年提前达到《国家中长期教育改革和发展规划纲要（2010 ~ 2020 年）》（以下简称《纲要》）2020 年的预期规模。也就是说，《纲要》中有关高等教育的部分指标已提前 8 年实现。按普通本专科年招生数递增 1%、成人与网络本专科年招生数递增 2%、研究生年招生数递增 3% 的发展速度测算，2020 年我国高等教育在校生数将超过 4100 万人，届时 18～22 岁的学龄人口的高等教育毛入学率将接近或超过 50%，开始迈入普及化阶段。三是丰富了我国高等教育的体系结构，为建设现代职业教育体系奠定了坚实的基础。从数量上看，为中国特色现代职业教育体系的构建奠定了足可依托的规模基础；从质量上看，经过近 10 年的改革，特别是国家和省（市）两级示范（骨干）院校建设，为建设中国特色的现代职业教育体系奠定了坚实的基础。四是满足了人民群众对高等教育多元化的需求。随着生活水平大幅提高和学历化社会的形成，人民群众对多元化的高等教育的需求也越来越强烈，高职院校所涵盖的专业和门类众多，对提高人民群众的学历层次和技能水平有着不可替代的作用；同时，高职院校又是家门口读高校，可以工作学习两不误。这些优势和特点让高职院校成为群众特别是职后群众的首选。

二、中国高职院校的发展脉络

（一）躁动的动脉：从补偿性发展走向理性发展

相对于经济发展，中国的职业教育发展是滞后的；相对于发达国家的职业教育，中国的职业教育发展同样滞后。为弥补因滞后发展所产生的差距，中国的高职院校必然选择追赶式的补偿性发展，这是中国高职院校近 30 年来的一条主动脉。上海师范大学校长、全国高职高专联席会议主席李进认为，决定中国高等职业技术教育补偿性发展主要有以下几个因素：首先，应对经济全球化挑战的需要。随着经济全球化趋势的日益增强，对新技术人才的争夺也出现了全球化现象，我国经济发展遇到了技术应用型人才严重短缺的挑战。于是，大力发展高等职业技术教育，培养数量庞大的经济社会发展急需的技术应用型人才，特别是高素质的技能型专门人才，成为我国实现全面建成小康社会的迫切需要。其次，变人口压力为人力资源优势的需要。我国地域广阔，人口众多，各地经济社会、科学技术、教育发展的水平都很不平衡。加快教育发展，把我国巨大的人口压力转化为人力资源优势的一条重要途径就是大力发展职业教育，特别是高等职业技术教育。最后，构建合理的人才结构体系的需要。高等教育发展的经验告诉我们，高等教育的急剧增长有很大的合理性和进步性，但也会带来负面效应，其中之一是高等教育对经济适应能力下降，即在满足学生的学习需要以及满足他们所处的社会变革与发展的需要方面变得越来越不适应，集中体现在以下几个方面：一是教育系统内部的发展不平衡，造成资源浪费；二是过高的目标和超过能力的许诺使大众对教育的期望过高；三是教育财政预算跟不上教育的投资需要；四是社会不能为受教育者提供足够的职业岗位，出现失业和人才外流；五是部分学生学非所用和用非所学；六是不能满足社会对技能型人才的需求。

经过近 30 年的补偿性发展和高等教育大众化进程的加快，我国高等教育的培养目标也呈现出错位现象，偏重于培养理论型、研究型人才，很多高校毕业生不能到生产一线工作，整个社会出现"大学生找不到工作，技师、工程师奇缺"的怪象，我国的人才结构比例存在比较严重的缺陷。正是在这种情况下，国家出台相关政策，在法律法规、人才培养模式、教育资金、师资培养上给予高等职业技术教育巨大支持，明确指出我国高等职业技术教育的任务是培养高技能应用型专门人才。国家的支持使得高等职业技术教育将对平衡教育结构，建立合理的人才培养结构发挥更大作用。同时，也促使高职院校为更好地适应经济社会转型升级，全面深化改革，逐步走向强内涵、创特色的理性发展。正如中国职业教育学会副会长俞仲文所说，随着 2003 年高职评估和 2005 年国家示范校建设项目的开展，我国高职进入用标准化、规范化、法制化的手段，来引导和约束高职院校的良性发展的时期；并且利用创建国家示范点的典型力量来大规模地推行"工作导向"、"任务驱动"式的课程改革；用校企合作、工学结合等理念大规模地推动办学体制机制的改革，解决高职院校如何加强内涵建设、学校与行业企业如何才能做到双主体合作办学等问题。

（二）纠结的静脉：从层次走向类型的理念发展

中国高职院校发展的静脉是从"层次"到"类型"的真正确立，是一条理念发展之脉。在我国，虽然高等职业教育作为一种类型从 20 世纪 90 年代后期开始明确，《中华人民共和国职业教育法》和《中华人民共和国高等教育法》都强调，要积极发展高等职业教育，并把它列为发展高等教育的重点和高等教育增量的主体部分，但在社会，特别是具体从事高等职业教育事业的工作者的认识中，高等职业教育作为一种类型的理念确立过程却相当令人纠结，这条静脉并不平静。直到 2012 年，教育部高职高专处划归职成司。

类型和层次是两个不同的概念。有学者认为，类型是"具有共同特征的事物而形成的种类"，是一种平行关系，处于平等地位；教育层次则是"构成教育总体系的各个部分的次序"，是一种先后关系，有高低之分。两者可以统一在教育结构这个概念中，其中教育的类型结构由普通教育、专业教育、特殊教育等组成；而教育的层次结构由学前教育、初等教育、中等教育和高等教育组成。因此，同一种类型的教育中，可以有不同层次，如普通教育中可以有初等教育、中等教育。同样，同一层次的教育中可以有不同的类型，如中等教育层次既可以有普通中等教育也可以有中等职业技术教育。因此，高等职业技术教育也就同普通高等教育一样根据不同的学习年限而有多个层次，而不是仅仅局限于单一的专科层次。姚慧琴、任宗哲主编的《中国西部经济发展报告》指出，"随着科学技术的不断进步，专科层次的职业教育人才已经不能满足社会对高层次技术人才的要求。为了适应社会经济对更高素质技能型人才的需要，应改变现行高等职业技术教育体系中只有大专层次的落后状况，应建立高等职业技术教育大专—本科—硕士研究生—博士研究生的完整高等职业技术教育体系，以适应社会和经济对不同层次人才的需要。"事实上，随着当今高科技产业的迅猛发展和职业教育重心的转移，高等职业技术教育在层次上将进一步扩展。从国际比较角度来看，日本、我国台湾地区等国家和地区的职业教育都涵盖了专科、本科和研究生三个层次，我国台湾地区甚至已将职业教育延伸至博士阶段。2013 年 12 月 10 日，12 所台湾地区的科技大学校长和代表在中山火炬职业技术学院所做的招生宣传中，还把台湾地区职业教育具有完备的学制作为一大亮点予以重点推介。将高等职业院校纳入一种类型来布局规划，是世界高等教育发展的共同趋势。同时，从建设中国特色的现代职业体系的高度来审视，高等职业教育更有必要作为类型存在。李进、陈智在《"做强高等职业技术教育"研究报告》中对高职教育作为类型的必然性做了充分的阐述。

其一，高等职业教育作为高等教育新类型是调整我国高等教育结构的必然选择。随着新型工业化的不断深入发展，各行各业对技术应用型人才结构和素质提出了新的要求。但是近 10 年来，许多专家、学者反思了我国高等教育发展存在的问题，指出人才培养目标、规格雷同，培养模式与类型单一，是高等教育的最大缺陷，严重关切如何分类发展学术性、工程性、技术性高等教育问题。早在1998年5月，中国工程院以朱高峰、张维为组长，张光斗、路甬祥、韦钰为顾问，推出的《我国工程教育改革与发展咨询报告》指出，"我国工程教育与技术教育的培养目标定位不准"，存在"轻视技术与工艺"的问题，建议"逐步地把工程和技术分为两个系列。技术系列应有独立的职教体系和院系体系（包括本科、大专、中专等）"，"提出'行行出状元'的人才观"，调整高等教育类型结构是当务之急。当前我国高等教育中一些水平较高的本科院校积极争取进入研究型大学行列，一些地方本科院校，本应属于应用型学校，培养地方急需的应用型人才，但是由于教育主管部门规定从学科专业建设角度，这些学校必须有硕士点、博士点，于是这些学校花费很多精力去创造条件申办硕士学位专业、博士学位专业，这种导向怎么可能培养出社会急需的应用型人才？许多高新技术产业生产一线涌现出大量智能化技术岗位，对高级技术应用型人才产生极大需求，要从根本上缓解这些矛盾，只有作为一种类型积极发展高等职业教育，承担起这一历史使命，正如美国著名高等教育家伯顿·R.克拉克所指出的"对各高等院校进行分工已经变得越来越有必要，因为这有利于不同单位全力投入不同的工作"。高等教育分类发展，优化高等教育结构，突出高职类教育的新类型特征，构建高等职业教育体系，找准自己在高等教育体系中的定位，明确自己的发展方向，界定自己的内涵与外延，突出自己特色的发展战略，是适应现代高等教育多样化发展趋势，形成高等教育合理分工发展格局，是高等教育分类发展的内在逻辑和必然的选择。

其二，高等职业教育作为高等教育新类型是适应高等技术产业一线对高技术应用型人才需求的必然选择。一个国家工业经济的增长，在相当大的程度上受制于技术工人和技术人员的素质状况。社会企业一线工作者的素质是决定高技术能否向产品和服务转化的关键。没有一流的技术工人和技术人员，就生产不出一流的产品。工人的技能素质不仅影响产品质量，还影响生产过程的事故发生率以及科技成果转化率。大量的实践证明，经验丰富、有特长的一线高级技术工人是企业的宝贵财富，也是国家强盛的基石。但我国一线高级技术工人非常缺乏，据报道，在上海大批外国高技术的"洋工人"在抢中国技工的饭碗，出现专门负责从国外引进高级技术人员的中介，一大批已经退休的"高级洋技术工人"拿着国人难以企及的高薪在上海一些知名企业的生产和管理一线忙碌着。在发达的日本，每年有30%的高校毕业生直接进入社会企业生产一线工作，而这个比例在欧洲甚至更高。人们因此也认为，这就是欧洲和日本能生产出高质量的产品和提供高质量服务的重要原因。积极发展以培养面向广大生产、建设、管理、服务第一线新的智能型的高级技术人才为目标的高职类教育是实现中国成为"世界制造中心"的必然选择。

其三，高等职业教育作为高等教育新类型是完善职业教育体系的必然之举。界定好高等职业教育类型，加强高等职业教育体系建设，做好中职与高职的衔接，打通学生向上发展的通道，可以完善职业教育体系，为更多立志于技术应用，愿意接受职业教育的人才接受完整的教育开拓最佳途径。无论哪一类的教育，都要为受教育者提供继续学习、提高的机会和通道，为学习者提供提高水平、提高层次的出路。高等职业教育作为高等教育的新类型，相对独立发展，突破目前专科层次的限制，根据不同专业的技术要求实施灵活学制，丰富其发展层次，适应经济社会的多元化需求，是完善职业教育体系的必然之举。

教育部颁布的《关于全面提高高等职业教育教学质量的若干意见》（教高[2006]）明确提出，"高等职业技术教育作为高等教育发展中的一个类型，肩负着培养面向生产、建设、服务和管理第一线需要的高技能人才的使命。"文件第一次明确提出高等职业教育是高等教育的一种类型而不是一个层次，这是我国高等职业技术教育发展战略指导思想的一次重大转变。高等职业技术教育作为一种类型的教育，不应该仅仅局限在专科层次，至少应包括专科、本科、研究生三个层次，这既符合我国经济社会发展的实际需要，也符合国际惯例。由此可见，高职教育从层次到类型理念的确立经历了一个艰难的历程。促成这一理念的确立至少需要三个主要因素：一是我国经济社会发展对高层次技术技能型人才的需求导致高等职业技术教育重心的上移；二是与国际接轨，对国际惯例的遵循；三是我国高职院校自身的发展为完备的职业教育体系构建奠定了良好的基础。

三、中国高职院校的内涵特质

中国高职院校在改革发展中不断丰富自身内涵，逐步形成了具有中国特色的高等职业技术教育的内在特质。集中反映在以下一组关键词中，近年来，这些关键词已成为媒体和社会热议中国高等职业院校时绕不开的焦点话题。

（一）高端技能型人才

这是对我国高等职业院校培养目标的定位，回答高职院校培养什么样的人的问题。这一提法是近几年才出现的，一经提出，就引起学术界和职业教育界的热议。强调高职教育的高端性既有经济社会转型升级的现实基础，也有高等教育自身发展的理论基础。

一方面，随着我国企业转型升级的逐步完成和自主创新能力的普遍提高，数以千万计的具备高技能、掌握高技术的应用型专门人才，进入企业一线，高等职业院校毕业生的就业岗位下移是大势所趋。中国青年报社原副社长谢湘指出，"未来十年四成大学毕业生进入蓝领岗位"。她认为，高等教育的快速发展带来了大学毕业生供求关系变化的新格局。据人力资源研究专家推测，2011～2020年十年间，我国高等教育毕业生累计总规模将达到1亿人，其中普通高校毕业生为7000万人。在20世纪90年代，普通高校毕业生仅能满足白领岗位需求的1/3；而在新世纪头十年，变化悄然出现了——普通高校毕业生人数已开始大于白领岗位的总需求人数；未来十年，普通高校毕业生将有40%左右需要进入蓝领岗位就业，成为知识型工人、知识型农民和知识技能型商业服务人员。如果真是这样，辩证地看，那将是民族复兴的重要标志之一。它说明我国的人力资源结构进入到合理化阶段，创新型国家目标已接近实现，装备制造强国也将实现。

另一方面，随着高等教育完成大众化步伐的加快，高等职业院校的培养层次将逐步上移。首先，高等职业教育的特性，决定了它是以能力为本位的教育，是为服务对象进入现实和未来人才市场就业或创业做准备的教育。同时，高等职业技术教育还肩负着紧跟技术的发展不断更新、提升一线劳动者素质的任务。高等职业技术教育关注的焦点是尽可能提高就业者适应社会发展与技术变革的能力，满足社会对就业者越来越高的学历和能力要求，为个人将来职业生涯的进一步发展提供一个坚实平台。因此，高等职业教育就明确定位于高等技术应用型人才的教育，第一，注重人才应用能力的培养；第二，注重人才高技能的掌握。社会和科技的发展需要一线的工作人员具有更高的技术技能，而高等职业教育正是适应这一需求的及时产物。目前，我国高等职业技术教育主要是专科层次，随着生产一线岗位工作科技含量的增加，高等职业技术教育应该在层次上有所突破。当前社会上的工程硕士、医学硕士等专业硕士的出现，正是经济社会发展对高级应用型人才需求的结果。其次，高等职业技术教育的高等教育属性，要求我们在人才培养中体现区别于中等职业技术教育的高层次性，学生所掌握的理论和实践技术应具有较高的科技文化含量和水平。要强调培养复合型人才，以适应伴随经济发展和科技进步而产生的高新技术技能岗位、技术间和技术与技能间复合岗位以及岗位技术层次高移和技术幅度的加大。有研究表明，周期越来越短的技术进步，对社会职业的种类和职业活动内容产生了极大的影响，文化基础、职业基础知识和技能显得愈加重要。在基础科学的学科分类越来越细的同时，技术的进步使职业更替周期缩短，科学研究成果转化为生产力的社会职业呈现综合发展趋势。不同领域的科技交叉、渗透和组合，使社会上出现许多跨学科的职业岗位和新兴职业，如德国出现了"信息销售人员"，美国则产生了"信息抢救员"。从事新兴职业的劳动者，不仅需要掌握传统的知识、技能，还需要学会基本的信息技术、技能，甚至还需要具备经济学、社会学、心理学、法律和管理的社会科学、人文科学方面的知识。总之，交叉职业和新兴职业所要求的许多技能和知识都已大大超越了传统职业所界定的内容范围，它们不只是属于某种职业，而是许多职业的共同基础。

（二）教产结合

高职院校的教学和企业的生产相结合、高等职业教育的结构形态调整与我国的产业结构升级相结合，是高等职业院校人才培养模式改革的总体原则，是对如何解决怎样培养人的问题的总体回答。以前，对这种原则的表述是"工学结合"，提法的变化反映出国家对高职院校人才培养模式改革创新的迫切要求。

1. 培养模式概述

有研究者把我国高职人才培养模式概括为五种：第一，双学历制。20世纪90年代末期，高职教育尝试培养复合型人才，借鉴了本科院校的双学历（学位）制，即高职学生适当延长在校学习时间以完成两个专业的学习，获得两个专业的专科学历证书的教育模式，为高职学生就业拓宽了道路。第二，中外合作培养。中外合作培养是指在中国境内引进国外资金以及先进的教育理念、教育内容、教育技术、教学手段、教学方法、教学组织形式和教学管理机制，聘用国外教师授课，颁发国内、国外学历证书的培养方式。第三，选修课制。选修课制是指构建与各专业职业能力要求相对应的职业能力课程群，让学生自由选读。《教育部关于在职业学校逐步推行学分制的若干意见》等文件出台之后，各高职院校积极开发或引进面向不同专业的各类选修课程。目前，选修课制已经发展成为我国高职院校培养复合型人才的重要途径，因处于经验积累阶段，有待进一步探索和实践。[①] 第四，学做一体模式。学做一体模式既注重学生的理论知识学习，又重视学生的实际动手能力，利用高职院校和企业两种不同的教育环境和教学资源，通过课堂教学和学生实际操作的有机结合，培养适合不同用人单位需要的高级应用型人才。以工学结合的形式，进行产学合作。通过双向参与、顶岗实践，达到提高学生的全面素质，以适应市场经济发展对人才的需要。第五，复合模式。主要是根据高职教育的人才培养目标要求，以社会市场需求为导向，以地方主打经济特色、行业经济结构变化为依据，打破常规的实践教学，以支柱产业和高新技术产业发展为重点，增加学科的技术含量，体现高新技术的发展趋势。强调以学生为本，培养学生创业的心理素质、健全的人格素质以及强烈的职业意识，使学生具有自强自立的精神和跨行业、跨国界创业的能力，促成高职学生的可持续发展。

2. 顶岗实习

从世界范围来看，实习环节是高等教育整个教学环境不可或缺的部分，只是在各个国家名称不同罢了。高等职业教育的职业性，决定了顶岗（岗位）实习在这类教育中的重要地位。其功能主要体现在解决怎样缩短人才与岗位的适应期问题。近年来，顶岗实习环节不仅成为高职院校改革攻坚的堡垒，也同样成为社会和媒体关注的焦点。

首先，要弄清顶岗实习的概念内涵。《教育大辞典》第3卷中对"顶岗（位）实习"的释义是："通常指学生在生产、管理、服务等岗位上独立完成工作任务的一种实习。"随着高等职业改革的逐步深入和内涵的逐步丰富，顶

---

① 魏小瑜，中外高职院校人才培养模式比较及启示 ［J］，继续教育研究，2011.

岗实习已经成为高职院校有效推进教学结合人才培养模式改革的重要形式。可以说，对高职教育而言，顶岗实习就是高职院校学生在校内完成必要的理论知识和基础技能储备之后，再到专业对口企业的具体工作岗位上进行的实习，即顶替企业正式员工的具体工作岗位，在真实的工作环境下，以企业"员工"的身份，有效强化学生的实践技能，提升专业素养。顶岗实习过程中，学生兼具两种身份，即"高职学生"和"准企业员工"，学生必须严格按照企业的规范和要求进行实习，并有明确的工作责任。顶岗实习对学生毕业后的就业适应性和企业的顺利"对接"也有明显的促进作用。

其次，要把握顶岗实习的职业教育意义。有研究者认为：高职教育的实践教学应当融入企业生产情景的场景、氛围或元素。企业生产情境的融入，有利于学生提早接触企业生产实际，提早进入作为一个"职业人"的社会角色，有利于提升学生的实际技能、知识创新和素质完善，有利于缩短学生完成学校学习后进入企业就业的适应期。顶岗实习能有效促进学校资源的合理配置与发展。通过顶岗实习工作，可以有效地促进高职院校资源的合理配置和发展。学校在校外顶岗实习基地的基础上，逐步发展校内的实训基地，并通过企业资源的引入，提升校内实训基地的建设水平，从而提高实训基地建设的能力。同时，通过与企业构建和谐的顶岗实习合作关系，可以逐步使学校的教师有机会进入企业进行专业教学实践，可以提升教师的实践技能水平和教学能力，使教师了解行业的发展现状和岗位技术要求，促进师资队伍建设能力和人才培养模式改革的加强。通过高职院校有效的顶岗实习实践，可以在一定程度上融洽学校与企业的互动、交流与合作关系，其基本的出发点依然在于双方的利益基础。从学校方面来说，借助企业的顶岗实习基地可以有效提升学生的实践技能水平，促进学校的人才培养模式改革。而作为企业方，其利益点还在于企业的人力资源发展和学校的技术支撑。因此，在顶岗实习的过程中，高职院校可以找准企业的兴趣点，诸如，参与企业的员工培训等。目前已有一些高职院校采用"你接纳我的学生实习，我帮助你培训员工"的方式实施顶岗实习，为企业提供技术支撑，并取得了明显的成效。调查显示，有些高职院校具有很好的科研与技术开发水平，并获得了多项专利，这些院校就可以通过与企业的合作，一方面为企业提供技术支撑，另一方面又可以获取学生进入企业岗位实习的机会，实现双方的"共赢"。

3. 订单培养

订单培养是我国高职院校在改革实践中探索出的一种特殊的人才培养模式，具有区别于其他类型教育培养模式的鲜明特征，能有效解决人才培养规格与企业需求口径相一致的问题。订单培养一般采用冠名班的方式，将一部分学生根据企业需求组成班级，在按院校专业标准实施教学的基础上，根据企业的需求再增加新的教学内容。企业人员参与教学内容的制定，担任兼职教师，在这个教学管理平台上参与教学。订单培养对学生提高岗位技能、熟悉企业环境、提高就业能力有积极意义。

一是高职院校通过订单培养吸引企业专业人员参与教学。订单培养聘请企业专业人员和能工巧匠作为兼职教师，与专任教师共同承担课程教学任务，将企业实际生产任务的课程设计融入创新能力的培养中，通过订单培养探索行业、企业、学校共同参与的运行机制。二是订单培养有利于高职院校引入企业培训体系，改革学校原有的教学模式。企业培训体系是建立在企业员工素质要求和企业运行的基础上的，引入这一体系，对于建设教学管理平台，促进校企紧密结合具有重要意义。三是订单培养有利于密切学生与企业的关系。企业资助订单班学生，既能加固企业与学生的纽带关系，培养学生对企业的感情，为学生就业奠定基础；又能解决学生实际困难，帮助他们顺利完成学业。四是订单培养为学生在企业实习实训创造条件。订单培养保证了企业能够提供比较有质量的实习实训岗位，有力推进"知行并进，学做合一"的人才培养模式的实施，有力地增强了工学结合实践的针对性和实效性。五是订单培养有利于高职院校把企业文化融入教学之中。订单班充分融合企业的具体文化要素，督促学生根据企业用人要求养成良好的行为习惯，使学生的职业素质在就业时有一个较高的水平。

（三）专业与课程改革

专业与课程建设改革是近十年来我国高等职业院校深化改革的重点领域，其主要标志是首批国家示范性高等职业技术院校建设的启动，旨在有效解决专业与课程结构如何与产业结构相适应的问题。高职院校专业的设置关系到学生的生存与发展，受到整个社会的关注，影响经济的发展等。从分专业的招生数看，专业结构逐步优化，教育与就业社会需求岗位紧密结合，工科类专业招生出现增长趋势。全国高等职业院校专业种类基本涵盖了现代化建设需要的各种职业岗位和职业种类，体现了以服务为宗旨、以就业为导向的原则，突出反映了高职教育的特色，促进了高等职业教育与就业创业的紧密结合。在我国高职教育的发展过程中，存在以下几种主要的专业设置模式：

第一，根据院校条件设置专业。20 世纪 80 年代高职院校的兴起使得高职教育快速起步，为了迅速扩大规模，一些院校根据当时校内设备、实验室、师资力量等条件决定所设置的专业，这种专业设置模式适应了高职教育的起步和发展，使专业设置具有一定的依托，但专业名称不合理，要么照搬中专专业名称，要么本科专业名称的简写，教学计划是本科的"压缩饼干"。

第二，根据生源需求设置专业。20 世纪 90 年代中期，高职开始扩招，当时正值信息爆炸和经济全球化出现的热潮，考生竞相报考经贸金融、计算机、自动化等热门专业，各高职院校根据这一生源情况，纷纷设置这些热门专业，不少教师也改行成为热门专业的教师。为吸引考生，学校所起的专业名称五花八门，相同专业基础和内涵的专业被冠以各种不同的专业名称。

第三，根据区域经济结构和地方市场需要设置专业。2001 年教育部下发了《关于做好普通高等学校本科学科专业结构调整的若干意见》（教高［2001］5 号）文件，要求普通高等院校加强学科专业结构的调整。特别是高职院校，应根据区域经济结构调整的需要，即人才市场的需要，进行专业结构的整改。全国高校积极改造传统专业，设置新专业，使专业结构与本地区经济结构相适应，满足了地区经济建设发展的需求，具有明显的"地方特色"。

第四，根据产学研结合的要求设置专业。为了推进高职教育产学研结合的发展，教育部分别在湖南永州、湖北武汉、江苏无锡召开了三次高职高专产学研结合经验交流会，分别交流了第一产业、第二产业和第三产业领域内合作办学培养高职人才的经验，明确了产学研结合是高等职业教育发展的必由之路。许多高职院校依托行业、企业、地区的政府部门和研究所进行专业设置与专业建设，确定专业名称，制订专业培养计划，创造培训条件，落实培养过程，取得了良好的效果。

第五，以就业为导向设置专业。高等职业教育始终面对两个市场：就业市场和生源市场。在设置和调整专业时，不仅要考虑生源市场和吸引考生的问题，还要考虑就业市场，想到他们的出路。① 在推动现有毕业生就业的同时，更要深入了解就业市场信息，为下一轮调整专业招生提供可靠的依据。以就业为导向设置专业，既侧重了就业市场的人才需求，又照顾了生源市场的需要。

（四）生产性实训基地

实训基地是高职院校开展人才培养的一个重要平台，是落实校企合作的重要途径。随着高等职业教育与经济社会发展的逐步适应，以及高职院校自身改革的深化，近几年来，实训基地建设更加强调"生产性"。2012 年，教育部副部长鲁昕在出席首届粤港服装产教对话活动时，听取了中山火炬职业技术学院关于校内生产性实训基地的汇报，强调"生产性实训基地建设"要纳入高职院校的建设标准。实训基地既是承担实践教学的基地，实现实践教学环节的重要场所，也是增强学生实践能力的重要保证。同时，实训基地建设也是一种学校和企业双赢的良好发展模式。实训基地包括课堂实践、校内实践基地和校外实践基地。高职院校对实训基地的建设有了一定的重视，但也存在一些问题：

一是学校对基地投入不够。随着高校的扩招，学校把大量资金用于学校的基础设施建设上，实训基地的建设资金无法得到保障，导致实训基地缺乏指导老师，不能现场指导学生。学生实践目的不明确，达不到实践的效果。部分院校的实训基地指导老师来自于本院校的留校生，不具备相应的指导资格和素质。缺乏有经验的高学历指导老师。二是企业提供的实习机会和时间有限。学校遵从教学计划，对于大批量的实习，学校要同时联系几家企业才有可能得到满足。这就导致了一部分学生根本无法实习，不能在步入社会后就立即上岗工作。三是实践基地管理不规范。如管理人员频繁更替，学校与基地管理脱节等。这使得实践基地没有很好地被利用，而是成为一个摆设。

（五）双师结构

"双师结构"师资队伍建设，是深化高等职业教育内涵发展的产物，其基本内涵包括"双师型"教师和"双师素质"教师，是由教育部高教司原司长

---

① 魏小瑜，中外高职院校人才培养模式比较及启示［J］，继续教育研究，2011.

张尧学首次提出来的。旨在解决师资队伍与人才培养要求和产业升级要求相匹配的问题。随着职业教育的快速发展，许多高职院校立足学校的长远发展，不仅重视学校的硬件设施的建设，而且日益重视软件的建设，尤其是师资队伍建设。一方面，高职院校师资队伍逐步年轻化。年轻人具有现代的教学技能、活跃的思维和敏捷的意识，在与高职学生沟通时有更贴近的价值观和理念，有更适合的沟通技巧。这使得高职院校师生之间相处融洽，教学方法更加现代化、感性化，符合大学生追求直观的视觉和听觉需求。另一方面，在招聘教师的同时，不仅关注教师的专业技能，而且重视教师的人文素养。这些对高职院校师资队伍的建设有积极的作用，但也存在不少问题。主要表现在：

1. 高职院校师资队伍的数量和结构

随着近几年招生规模的扩大，高职院校教师在高职学校普遍短缺。解决问题的办法只有大班上课、找兼职教师、外聘教师。有些学校兼职教师过多，兼职教师与专任教师的比例失调。兼职教师队伍也缺乏相对稳定性，有些专业需要的教学时间较长，这就很难保证教学的连续性，并且对学生学习的基本情况缺乏深入的了解，适应时间短，不能完全做到因材施教。还有一部分兼职教师从教时间短，教学经验不足，教学中缺乏启发性、生动性和趣味性。兼职教师的管理还没有形成机制，管理方面有些欠缺，有些院校就只是为了完成教学任务而招聘兼职教师，根本没有从学生收益和院校长远发展来考虑，也有些院校从自身利益的角度出发，不愿意花费大量的讲课费聘请知名度高、教学效果好、责任心强的兼职教师任教。绝大部分外聘教师能够认真履行岗位职责，圆满完成教学任务。但一部分外聘教师责任心不强，随意调课、缺课现象比较常见，一定程度上影响了学校正常的教学秩序；更有一些教师自身政治信仰不坚定，对教学工作敷衍了事，给学生错误导向，造成极坏的影响。这些都导致了兼职教师整体质量不高的问题，也阻碍了院校本身的良性发展。由于专职教师不够，部分行政人员充实到了兼职教师的队伍中，他们有一定的组织能力，但由于所学专业不同，教学中不能准确地把握课程的重点和难点，容易出现注重知识的讲解而忽视对学生思想教育的现象。

高职院校教师结构不合理主要表现在以下几个方面：一是职称结构不合

理。我国高职院校教师中，高级职称的比例远远落后于国家要求。教授屈指可数，副教授也少，大多数教师只是具有讲师及以下的职称。二是年龄结构不合理。目前许多高职教师中40岁以下的年轻教师占主体，缺乏有一定教学和科研经验的中老年教师，出现年龄"断层"现象。三是学历结构不合理，普遍偏低。目前我国高职院校中，教师学历层次整体水平偏低，具有博士学位和硕士学位的教师严重缺乏，相当一部分教师依然只有本科学历。这有可能导致教师的学术水平不够高、知识面和视野相对狭窄，直接影响了高职院校人才培养、社会服务、创新科研等功能的发挥，对学生学会学习、学会做事、学会做人以及养成良好的职业道德等综合素质不能起到良好的指导作用。

2. 高职院校师资队伍的培养和培训

我国各级政府的教育行政主管部门和各高职院校制定了一些相关措施，逐步建立师资培养培训基地，不断加强师资培养培训工作，但从整体上看，还存在力度不够的问题。目前高职院校师资培训主要有三种办法，且三种办法都有待改进。一是到高等院校或国外进行脱产教育。许多高职院校为了提高本校教师的知识水平和业务能力，在条件允许的情况下送本校的教师到高等院校或国外进行脱产教育。但是，由于我国高职院校教师的数量不足，无法同时送大批量教师进行脱产教育，短时间内对教师的脱产教育不能全面覆盖。二是到培训基地进行在职进修。教育主管部门以及各级政府和行业部门在全国一些省市设立了一批高职高专师资培训基地，目前大部分高职院校是利用假期时间，把本校的教师派往我国高职高专师资培训基地进修，使教师及时提高自己的知识和实践能力，并及时地应用到教学当中，以便更好地完成教学任务。但由于这些师资培训基地主要采用班级制组织形式，以课堂讲授方法为主，教学方法机械，教师接受被动，并且目前的培训基地很少联系高职院校和教师自身的需要，导致教师难以将培训中学到的知识和技能运用到课堂教学，也就达不到促进教学的目的了。三是下企业进行锻炼。高职院校利用寒暑假时间委派教师到专业对口的企业参与生产过程的管理和设计，一方面，利用业余锻炼的机会提高他们的动手操作技能，另一方面，通过现场观摩提高实践教学能力。然而由于客观条件的限制，教师不能全程参与到企业的管理和筹划当中，加上部分企业也没有积极配合，达不到预期的效果。

种种问题表明，我国高职院校在师资培训方面还有很多工作有待完善，培训机制尚未形成一种规范的模式。

在此，需要特别说明的是，高职院校的师资队伍中思想政治工作队伍力量不强、不稳定，流动性大。随着高职院校形势的发展，主管学生思想政治工作的队伍，其职能发生了变化，不但没有主抓学生思想工作，反而将重点放在一些琐碎的事务上，如心理健康教育、就业指导、安全教育、服务以及教务工作，承担的任务量繁重，责任重大。另外，长期困扰专职思想政治工作人员的一些实际问题得不到解决，出路的选择不大、待遇不高、发展不稳定等问题，特别是在职称评定中重教学科研、论文发表，轻学生工作实绩，在一定程度上影响了学生思想政治工作队伍的积极性、主动性和稳定性，导致在学生思想政治工作岗位工作 1～2 年因前途渺茫而转向教学、行政或其他管理岗位。思想政治工作领导小组责任不够明确，具体措施没有落实到位，没有形成强有力的思想政治工作队伍，队伍中还存在数量不足、后继乏人的状况，部分工作人员对学生思想教育工作的认同感下降，存在只讲智育功利，不讲思想政治的倾向。

（六）自主招生

我国的考试招生制度，自改革开放以来越来越成为社会诟病的焦点，是教育改革的最大难点。高等教育领域的考试招生改革，首先在高职院校试水，旨在从招生这个重点环节解决高等院校生源结构和扩大办学自主权的问题。2006 年，教育部启动了"国家示范性高等职业院校建设计划"并出台了相关配套政策，其中就有单独招生政策。据马树超、郭扬编著的《中国高等职业教育——历史的抉择》一书统计，在第一批 28 所示范建设院校中，有 13 所进行了单招试点，除重庆工业职业技术学院有前期基础外，其余 12 所院校都是首次尝试。2008 年，单独招生试点涉及 120 个专业，计划招生 3745 人，报考学生 32160 人，录取学生 3852 人，取得了较好的改革成果。从生源质量上看，随着项目深化，在 70 所示范建设院校中，有 3/4 的项目院校的招生质量有所提高，集中表现在"录取分数高于三本分数线的学生比例"有所上升，上升比率超过立项建设前水平的院校有 20 余所。目前，"录取分数线高于三本分数线的学生比例"超过 10% 的项目院校有 50 所，超过 50% 的有 28 所，超过 90% 的院校有 6 所，其中 6 所院校为 100%。随后几年，单独招生逐步在示范和骨干高职院校全面实施。这种自主招生形式在高职院校的成功试水，在很大程度上催生了国家考试招生制度的改革。2012 年 7 月，成立了国家教育考试指导委员会，正在对高考改革方案进行系统研究设计。今后将通过平稳、渐进有序的改革，建立分类考试、综合评价、多元录取的考试招生制度，使学生成才的"独木桥"变为"立交桥"。

四、中国高职院校的综合实力

中国高等职业院校经过近 30 年的跨越发展和近 10 年的内涵发展，规模不断扩大，质量不断提高，较大程度上满足了经济社会发展的需要。但从服务于国家发展战略和参与国际竞争的高度来审视这一成绩，高职院校必须深化以体制机制改革为重点的全面改革。要推进这一改革任务，必须从国际和国内两个维度考察我国高职院校的竞争力和吸引力。

（一）中国高职院校的国际竞争力

陈衍等在《教育研究》2009 年第 6 期撰文对世界各国职业教育竞争力水平进行评价，比较分析了中国职业教育竞争力。该研究原始数据主要来自各权威机构，在比较对象上涉及了 37 个国家。课题组采用了职业教育国际竞争力的改进钻石模型，并基于这一改进模型设计了具体用于评价职业教育竞争力指标体系，包括 4 个硬指标（结构、质量、效益和规模）、2 个软指标（机会和投入），共 6 个一级指标。然后根据各一级指标体系结构，计算职教竞争力各一级指标得分，并按百分制实现其标准化。得出数据后，课题组聚类分析了职教国际竞争力的比较结果，并比较分析了职教竞争力的一级指标、职教国际竞争力与经济发展水平。得出以下结论：①世界职教竞争力整体水平有待提高，这与职业教育在世界各国认可程度普遍较低具有一定的相关性。②中等发达程度以上国家职教都应达到某种最低发展状态，职业教育是一国经济社会发展的必要条件。③当职教和经济都达到一定发展水平后，职教更多还会受到一国教育传统、文化、对职教认可程度等因素的影响。因此从整个世界范围来看，职业教育与经济发展水平在量和质上都保持着一种松散相关性和动态平衡关系。从中国作为一个发展中国家的角度来看：①中国职教国际竞争力综合得分为 67.2，在 37 个国家中排第 8 位，处于一个较强的位置；②在未来发展中，中国职教国际竞争力还有很大的提升空间；③中国职教国际竞争力各项一级指标处于一种非常不均衡的状态，在效益和机会上具有绝对比较优势，在结构上具有相对比较优势，在规模和投入上差距极大。陈衍等学者运用聚类分析法，对世界各国职业教育竞争力进行了排名。其中有经济合作与发展组织（OECD）成员国 34 个，OECD 伙伴国 2 个，再加上中国，共 37 个国家。其指标评价体系由 4 个基本决定因素（结构、质量、效益和规模）和 2 个辅助因素（机会和投入）组成。表 1-1 列出了 37 个国家职业竞争力比较结果。

在结构上，中国与比利时、澳大利亚、加拿大、捷克、希腊、匈牙利、爱尔兰、荷兰、新西兰、斯洛伐克、英国、爱沙尼亚 13 个国家都得 100 分，排在第一位。在规模上，中国得分较低，仅得 11 分，排在第 33 位。在质量上，中国得 71 分，排在第 12 位，在 37 个国家中处于中等偏上的位置，与排名第一的冰岛有一定的差距。在效益上，中国得 96 分，排在第二位，除挪威外，其他 35 个国家的得分都低于中国。可以看出，中国职业教育在效益上具有较强的竞争力。在机会上，中国得 95 分，排在第三位，除了澳大利亚、智利外，其他 34 个国家职业教育机会指标得分都低于中国。可见，中国职业教育在机会上有一定的比较优势。在投入上，中国得分较低，仅 21 分，排在第 34 位，其中巴西得 100 分，排在第一位。中国职业教育投入指标明显处于劣势地位。

总之，中国职业教育在结构、质量、效益和机会 4 个因素方面有较明显的优势，有较强的竞争力。但在规模和投入方面还存在较大差距，是中国职业教育应进一步解决的问题。

职业教育国际竞争力指数由结构、规模、质量、效益、机会和投入 6 项指标决定，其中，结构、规模、质量和效益的相对权重为 0.2，机会和投入相对权重为 0.1，其计算方法：

综合评价指数 =（结构＋规模＋质量＋效益）×0.2＋（机会＋投入）×0.1

职业教育国际竞争力综合指数排名列在表 1-2 中。从表 1-2 可以看出，比利时、德国、法国、英国和捷克 5 个国家排在前 5 位，竞争力综合评价指数在 70～80，而瑞典、奥地利、中国、瑞士、澳大利亚、卢森堡、匈牙利、冰岛、丹麦、爱尔兰、斯洛文尼亚、挪威、斯洛伐克 13 个国际强国国际竞争力综合评价指数在 60.3～70，职业教育国际竞争力较强。

表1-1　职业教育国际竞争力一级指标分项排名表

排名	结构		规模		质量		效益		机会		投入	
1	中国	100	英国	100	冰岛	100	挪威	100	澳大利亚	100	巴西	100
2	澳大利亚	100	比利时	51	日本	94	中国	96	智利	98	丹麦	59
3	比利时	100	斯洛文尼亚	44	德国	93	瑞士	95	中国	95	葡萄牙	57
4	加拿大	100	澳大利亚	36	摩洛哥	92	奥地利	91	芬兰	93	德国	54
5	捷克	100	奥地利	33	比利时	90	土耳其	91	西班牙	93	瑞士	52
6	希腊	100	韩国	32	法国	90	丹麦	89	比利时	92	奥地利	49
7	匈牙利	100	瑞士	28	俄罗斯	86	法国	89	瑞典	92	斯洛文尼亚	49
8	爱尔兰	100	捷克	27	墨西哥	83	卢森堡	89	希腊	91	墨西哥	48
9	荷兰	100	希腊	27	瑞典	82	捷克	88	以色列	91	波兰	46
10	新西兰	100	法国	26	葡萄牙	81	英国	88	葡萄牙	90	西班牙	46
11	斯洛伐克	100	卢森堡	26	捷克	75	匈牙利	87	巴西	89	美国	46
12	英国	100	爱尔兰	25	中国	71	波兰	85	丹麦	88	法国	44
13	爱沙尼亚	100	丹麦	24	卢森堡	71	瑞典	85	韩国	87	新西兰	44
14	奥地利	92	芬兰	23	智利	69	德国	84	德国	86	挪威	44
15	芬兰	92	德国	23	澳大利亚	68	比利时	83	爱尔兰	86	英国	44
16	法国	92	荷兰	23	意大利	68	加拿大	80	捷克	84	比利时	43
17	德国	92	挪威	23	爱尔兰	65	新西兰	79	冰岛	83	希腊	43
18	冰岛	92	斯洛伐克	22	匈牙利	64	韩国	78	墨西哥	83	日本	43
19	意大利	92	新西兰	21	奥地利	63	西班牙	78	摩洛哥	82	韩国	43
20	卢森堡	92	瑞典	21	瑞士	61	美国	77	法国	77	以色列	43
21	挪威	92	爱沙尼亚	21	以色列	61	芬兰	62	匈牙利	77	瑞典	41
22	波兰	92	以色列	21	丹麦	58	爱尔兰	61	卢森堡	77	捷克	40
23	瑞典	92	智利	20	韩国	58	澳大	59	日本	75	匈牙利	40
24	瑞士	92	波兰	19	土耳其	58	冰岛	56	土耳其	74	澳大利亚	38
25	俄罗斯	92	土耳其	18	希腊	57	以色列	54	挪威	73	智利	37
26	斯洛文尼亚	92	日本	17	荷兰	57	希腊	50	俄罗斯	72	加拿大	35
27	美国	78	冰岛	16	摩洛哥	56	荷兰	49	意大利	70	爱沙尼亚	35
28	墨西哥	73	俄罗斯	16	芬兰	43	摩洛哥	49	英国	70	爱尔兰	33
29	葡萄牙	73	美国	15	新西兰	40	墨西哥	46	奥地利	68	意大利	29
30	西班牙	73	西班牙	14	美国	40	爱沙尼亚	46	美国	67	冰岛	27
31	以色列	73	匈牙利	13	爱沙尼亚	40	意大利	45	荷兰	66	俄罗斯	27
32	丹麦	66	意大利	12	波兰	35	日本	45	斯洛哥	64	荷兰	25
33	日本	66	中国	11	挪威	32	摩洛哥	45	瑞士	64	斯洛伐克	22
34	韩国	66	墨西哥	8	加拿大	31	智利	45	爱沙尼亚	59	中国	21
35	土耳其	66	葡萄牙	8	西班牙	15	葡萄牙	27	波兰	58	卢森堡	14
36	巴西	66	巴西	2	英国	11	巴西	0	新西兰	48	芬兰	13
37	智利	66	加拿大	0	巴西	3	俄罗斯	0	加拿大	0	土耳其	0

表1-2 职业教育国际竞争力综合排名表

排名	国家	数量	竞争力综合评价指数
1	比利时	1	78.3
2	德国	1	72.4
3	法国	1	71.5
4	英国	1	71.2
5	捷克	1	70.4
6	瑞典	1	69.3
7	奥地利	1	67.5
8	中国	1	67.2
9	瑞士	1	66.8
10	澳大利亚	1	66.4
11	卢森堡	1	64.7
12	匈牙利	1	64.5
13	冰岛	1	63.8
14	丹麦、爱尔兰	2	62.1
15	斯洛文尼亚	1	61.3
16	挪威	1	61.1
17	斯洛伐克	1	60.4
18	希腊	1	60.2
19	韩国	1	59.8
20	新西兰	1	57.2
21	波兰	1	56.6
22	日本	1	56.2
23	以色列	1	55.2
24	墨西哥	1	55.1
25	荷兰	1	54.9
26	芬兰	1	54.6
27	土耳其	1	54
28	智利	1	53.5
29	意大利、美国	2	53.3
30	葡萄牙	1	52.5
31	爱沙尼亚	1	50.8
32	西班牙	1	49.9
33	俄罗斯	1	48.7
34	加拿大	1	45.7
35	巴西	1	33.1

为了更好地比较重要国家职业教育国际竞争力，我们做了简化处理，只取了前十名及某些重要国家，根据国家职业教育国际竞争力指数排名列表 1 – 3 进行了比较。

表 1 – 3　前十名及重要国家职业教育国际竞争力综合排名比较

国家	竞争力指数	排名
比利时	78.3	1
德国	72.4	2
法国	71.5	3
英国	71.2	4
捷克	70.4	5
瑞典	69.3	6
奥地利	67.5	7
中国	67.2	8
瑞士	66.8	9
澳大利亚	66.4	10
日本	56.2	22
意大利、美国	53.3	29
俄罗斯	48.7	33
加拿大	45.7	34
巴西	33.1	35

资料来源：陈衍等，中国职业国际竞争力比较分析（J），北京：教育研究，2009（6）：63 – 66.

从表 1 – 3 可知，中国职业教育国际竞争力综合排名为第 8 位，超过了美国、澳大利亚、日本等发达国家。我国有可能首先成为高等教育强国。正如中国高等教育学会周远清会长在"高等职业教育校企合作工学结合论坛暨国家示范高等职业院校建设一周年成果展示会"上的讲话中指出，"高等教育强国是一个多元化、多层次、多类型的开放的高等教育体系"，"高等职业教育已成为我国高等教育的重要组成部分"。"建设一批高水平、高质量的高职强校从而带领我国高等教育的整体发展，是建设高等教育强国中我们高职院校的历史使命。"因此，他呼吁"我们要加快建设我国的职业教育体系，下大力度提高水平、提高质量，打造出一批代表国家水平并在世界上领先的高职名校、高职院校，为建设高等教育强国作出应有的贡献"。因此，到 2020 年，我国完全有能力在完善高等职业教育体系的基础上，建设一批具有国际影响力的高等院校。

（二）中国高职院校的社会吸引力

1. 我国高职院校的社会吸引力有待进一步提高

俞仲文认为，当前，我国高职教育发展虽然取得了很大的成绩，但从总体上讲，还不能满足人民群众日益增长的教育需求。比如，高职学生的社会地位、认可度及收入还不高；作为高级技术技能人才，其质量离各行各业的要求尚有不小的差距；现代职业教育体系还没有最终形成，中高职之间在培养规格上的区分度还不够明显；高职教育还没能成为我国技术创新的重要方面；在面临第三次新的工业技术革命以及中国企业日益全球化的进程中高职教育还没有准备好，等等。要改变这种状况，当前最重要的一项任务就是必须随着我国经济发展方式的转变，加快高职教育本身的转型升级。并且，高职自身的转型升级，是时代发展的需要。事实上，从 20 世纪 90 年代初开始，我国高职院校自身都在不断地进行"升级换代"。以深圳职业技术学院为代表的我国早期的高职院校可以说是自身发展的 1.0 版。这个时期回答了什么是高职教育，高职院校在培养规格、教学设计、课程内容等方面与普通大学有何不同，在中国具体的条件下如何来办高职等问题。随着 2003 年高职评估和 2005 年国家示范院校建设项目的开展，我国高职进入了 2.0 版。这个时期的主要特点是用标准化、规范化、法制化的手段，来引导和约束高职院校的良性发展；并且利用创建国家示范点的典型力量来大规模地推行"工作导向"、"任务驱动"式的课程改革；用校企合作、工学结合等理念大规模地推动办学体制机制的改革，回答高职院校如何加强内涵建设、学校与行业企业如何才能做到双主体合作办学等问题。

2. 中国高职教育具有明显的后发优势

有学者认为，中国高等职业教育的后发优势主要有三个：一是相对落后造成的紧张状态。即落后国家会有一种紧张状态，这种状态会激起国民要求工业化的强烈愿望，以致形成一种社会压力。二是替代性的广泛存在。由于缺乏某些工业化的前提条件，后发国家可以创造性地寻找替代物，以达到相同或相近的工业化结果。三是对先进国家的技术、设备和资金的引进，从而加快本国的发展。与国际上的其他国家相比，我国的高等职业技术教育有着先行者不曾有的后发优势。一是我国经济的快速发展对高等职业技术教育的迫切需要，使高等职业技术教育的发展受到社会各方的高度重视，在一定程度上具有比先行者更加优越的发展理念环境；二是我们可在许多方面借鉴先行者的成功经验和教训；三是我们可以跳过一些必经发展阶段而快速进入高层次的发展阶段；四是我们可以通过先行者所取得的成就，对自己的发展前景作出更加准确的预测；五是我们能在高等职业技术教育发展的进程中得到先行者在各个方面的帮助与支持，有选择性地借鉴。由于世界各国的高职院校都有自己独特的发展模式，为我们提供了多样化的制度选择，我们可以选择最适合我国国情的制度，并加以调整和应用。

第二节　国际高职院校现状

为强化国际高职院校对我国高职院校体制机制改革和建设现代职业教育体系的借鉴性，本节选择性地介绍了日本、韩国、新加坡、美国、英国 5 个国家高职院校的主要特点。选择的依据是，日本、韩国、新加坡 3 个国家都属于东方文化圈，有相似的文化基础，容易借鉴；美国、英国属于老牌发达国家，也就是最早完成工业化的国家，其产业结构较其他国家完整先进，职业教育与产业结构的匹配度较高。至于德国、澳大利亚等西方国家的职业教育也很发达，但因为我们学得比较多，相对熟悉，再加上其国家体制和产业结构相对老化，因此未选。

一、国际高职院校的主要特点

（一）日本高职院校：重视校企合作和队伍建设

1. 校企合作是日本的一项基本国策

目前日本对校企合作（产学结合）的基本观点为：高校必须与产业界相结合，开展密切合作，双方都承担着重要的教育责任，都应对人才培养起重要作用。日本的校企合作主要有两种形式：一是高中与产业界的合作，二是大学与产业界的合作。大学同产业界的结合很普遍，主要通过产业界向大学投资、校企双方在人员上进行交流以及企业委托大学搞科研项目等形式进行。日本政府于 1996 年 7 月制订了《科学技术基本计划》，把校企合作当作一项基本国策，要求高校与企业认真加以贯彻实施。1997 年 1 月，提出了《教育改革计划》，其中包含了日本政府大力推动校企合作教育事业发展的政策和策略。推进高等教育包括高等职业教育与地区、产业界的联合，是日本教育应对 21 世纪发展的《教育振兴基本计划》的重要内容。日本的高等职业教育与地方的发展紧密联系在一起，各高校通过与企业的共同研究、委托研究等方式与企业加强合作，使高专的研究成果对地方产业的发展发挥重要作用。

2. 师资培养和培训有法律保障

日本高职院校的文化课教师一般由普通高等院校或师范院校培养，专业课教师主要来自两种渠道：一种是来自一般高等学校，或在这些学校内设立的可以授予职教教师资格文凭的教育学院；另一种是来自专门设立的技术师范院校或技术教育学院，如日本职业能力开发大学，专门为中等职校培养专业课教师和生产实习课教师。日本还形成了职业学校教师培训与进修的制度化。日本《教育职员许可法》规定，教师通过进修取得必要学分，经过学历鉴定才可以获得高一级教师许可证。《教育公务员特例法》规定："教育公务员为履行其职责应不断地进行研修；教育委员会对教育公务员的研修予以奖励，建造必要的设施，制定有关研修的计划，保证研修的实施。"日本的职教师资一般具有技术专业（机械、电工、家电维修等）和教育专业双学士学位，要求希望获得二级许可证者必修 35 个学分以上，希望获得专修许可证和一级许可证者必修 59 个学分以上，并且大幅度增加有关教职的专门科目（增加9% ~35%）和教育实习的学分。①

（二）韩国高职院校：重视教师企业工作经历、行业企业参与度高

韩国政府出台了《产业教育振兴法》，推进校企合作制度化。韩国《高等教育法》规定，专科大学的办学目标是"教授和研究关于社会各领域的专门知识和理论，提高才能，培养国家社会发展需要的专门职业人才"，充分体现了培养实用技能型人才的特点。

1. 专业教师必须具有丰富的企业实践工作经验

学院在聘请专业教师时，本科学历是基本条件，但最重要的一个要求就是必须在相关企业有 8 年以上的工作经历。如果聘请教授级别的专业教师要

① 魏小瑜，中外高职院校人才培养模式比较及启示［J］，继续教育研究，2011.

求更高，基本条件是至少要有 20 年的专业相关工作经历。所有教师都有相关的工作经历，且工作经验丰富。所教授的内容都与实践紧密结合，并且能最早洞察本行业的发展与变化，他们始终掌握和学习新的技能，与该行业的最新进展保持一致。同时与企业保持联系，能防止专业知识老化，杜绝所授专业技能与市场脱节的现象。

2. 企业用人单位对院校的教学和建设支持力度强大

院校自主投资在校内设立实习基地，让所有即将走向实习岗位的学生在校内的实习场所进行预备实习。经过实习期间的观察和考核，评选出优秀的实习生，需三位以上的实习老师写推荐信和评语，将其推荐给相应的企业用人单位。对于实习期表现不符合企业用人单位要求的学生，将继续留在校内的实习基地实习，直到符合用人单位的要求，再进行推荐。院校内的实习基地大部分是企业用人单位投资修建，由学生经营，院校的老师负责管理。师生只获得相应的劳务费用，所得利润均归用人单位。实习基地的建立对职业院校的建设帮助巨大，成效颇佳，同时彰显了企业用人单位对院校完善教学体系的支持力度。

3. 职业院校的实训环境与企业用人单位场景等型

韩国的许多高职院校装备了众多实训室，无论是教师示范演示室还是学生操作实习室均与企业用人单位的实际工作场景布置完全一致，就连墙上贴的工作环境要求，通道走向图标以及考勤打卡机都一模一样。职业院校在实训室方面的教学安排也尽量向企业用人单位靠拢，并力求保持一致。

4. 职业院校的课程设置、教学安排等与企业单位商讨而定

韩国许多高职院校的教学安排都不是闭门造车，也不是校长或招生办说了算。学校的课程设置、课程标准以及教学大纲都会征求企业用人单位的意见，有时也直接邀约企业用人单位参与课程设计、科目选择。

(三) 新加坡高职院校：注重创新能力培养和教师"无界化"使用

作为面积狭小、资源贫乏的"高速列车型"和创新型国家，新加坡政府非常重视教育，每年都要投入大量的资金用于教育，从而使其创新教育的成就为世人所瞩目。

1. 新加坡高职院校的师资队伍建设

①科学的职业教育教师资格制度。新加坡高职院校对教师的资格要求是

必须具备本科及以上学历，同时具备 5 年以上的企业一线工作经历，这样的教师不但具有一定的专业理论基础，最重要的是具有丰富的实践经验和科研开发能力，能够保证高等职业教育重能力教育的特色。②"无界化"师资团队的建设。"无界化"校园管理理念的核心是资源共享，即"不求为我所有，但求为我所用"。① 对于理工类高校承接的企业项目，在涉及多个学科专业时，相关系部和专业的人力及设备进行集体攻关。③灵活多样的教职工培训制度。不按照教职工年龄的大小、资历的高低来决定对其的培训投资，而是培训那些乐于接受新知识、乐于接受挑战、乐于奉献的教师。对于专业技术教师的培训十分重视，每年都派遣教师到国外著名企业进行项目开发，同时规定专任教师除了结合项目到教学工厂进行教学外，每五年必须回到企业进修三个月，以使知识及时更新。并通过工作轮调、参与企业实际工作项目开发、参与研究工作或研讨会、在企业任职、技能重新定位等渠道进行培训。

2. 新加坡的职业教育注重培养创新能力

第一，注重对"蓝领"创新思维的培养。在新加坡，知识型经济绝不是专门为杰出的专业"金领"而设立的，每个人包括普通蓝领都可以积极地发挥他们的创新思维，从而在知识经济的竞争中占有一席之地。每个人都能通过职业教育、继续教育和终身学习等途径来提升自己的价值。第二，职业教育鼓励学生积极参与实践，在实践中培养和发挥创意。首先要让学生学会动手做，然后再让其在实践中弄懂基本原理，这是一种以实践为中心的教学方式。"在新加坡的职业教育中，特别强调学生实践动手能力。文化课开得非常少，总学时的 60% ~70% 是实践教学。"学校所设的专业、科目也都是以实践为导向的，甚至很多课程干脆就在厂房车间直接教授。新加坡的高职院校把教学和工厂紧密结合起来，把学校按工厂模式办，给学生一个工厂的学习环境。在工厂里参考学校的模式，给学生一个学校的学习环境。二者相结合，既能让学生通过生产学到实际知识和技能，又能让学生学习到一定的理论知识。这种培养模式是将学校和工厂统一领导，统一组织，并按统一的教学计划进行活动，以技能教育为本，以便理论与实践的相合。第三，在新加坡职业学校中，专门设有一门课程——"创新教育"。而且在学校开设的其他课程

---

① 郭海红，借鉴国外先进经验加强高职院校师资队伍建设 [J]，海南农业，2009.

中，也都会对学生的培育提出一些创新方面的要求。老师对学生的成绩考核和评价，也往往注重以创新作为一个重要的参考标准。第四，基于创新导向，更新课程设置、教学设计和教学方法。职业院校的大部分科目都没有制定统一的教材，一般都是通过教学大纲提出基本的教学目标和要求，具体的教学内容则由教师自主安排和编写。教师可随时根据时代的发展、社会的需求以及最新的变化等及时地补充和完善教学资料，定期听取工商界等社会人士提出的意见和建议。

（四）美国高职院校：注重校企合作与岗位能力培养

美国的职业教育模式主要有两种：

（1）"合作教育"模式。其实施办法是：大学生自入学授课半年后，便将企业的实际训练和大学的教学以两个月为期交替进行，毕业前半年，集中到大学授课，最后完成毕业计划。其目的是减轻大学在购买设施设备上的负担，优化教育资源配置，并使学生在学习期间具备一定的就业技能和经验。这种办学模式有两大优点：其一，以学校为主进行办学。学校根据所设专业的需要与有关企业取得联系，双方签订合作合同，明确权利与义务。学校委派教师到企业指导、监督学生劳动，就学校与企业合作双方的要求进行沟通。企业则提供劳动岗位、适当的劳动报酬，并派企业管理人员辅导学生适应劳动岗位、安全操作，协助学校教师确定学生应掌握的技能。最后由企业和学校共同评定学生的劳动态度、工作数量和质量，以及学习成绩等。其二，教学时间分配上比较合理，学生一半时间在校学习，一半时间在企业劳动，学习与劳动更换的方式灵活多样。

（2）CBE职业教育模式。这种模式以能力为基础，其核心是从职业岗位的需要出发，确定能力目标。由有代表性的企业专家组成的课程开发委员会制定课程开发表，即能力分解表，以这些能力为目标，组织教学内容，最终考核是否达到这些能力要求。

（五）英国高职院校："三明治"学制注重工读交替和长短期结合

英国实施高等职业技术教育的机构在课程设置上普遍都采取了"工读交替"的形式，也称"三明治"学制。其主要特点是在正规学程中，安排工作学期，在工作学期中，学生以"职业人"身份参加顶岗工作并获得报酬。其学制主要分为长期和短期两种。长期的工读交替制指在学院学习和在企业工作的年限都较长。如4年制的课程，前2年在学校学习，第3年在企业工作，第4年又回到学院学习、考试，取得证书，即"2+1+1"。而短期的通常为6个月。工读交替制的学生也分为两类：以企业为依托的学生和以学院为依托的学生。[①] 以企业为依托的学生，无论是在企业工作还是在学院学习，都由企业付给薪金；以学院为依托的学生，在学院学习期间由学院提供资助，在企业时领取企业付给的工资。企业的学生可以通过学习获取更高的职业资格，改善其职业前程；学院的学生由于在企业实习，有可能在择业中处于优势。这种学习形式要求有非常细致、周密的组织，使得学院学习与企业实习融为一体，同时对教师也提出了比较高的要求。实践证明，这一模式有利于学生更好地理解理论知识，掌握生产技巧和生产过程中较为重要的管理知识，熟悉自己所从事的生产活动在整个生产过程中的地位及其前后衔接的生产程序和关系。

二、国际高职院校对中国高职院校改革发展的启示

国际高职院校发展的规律告诉我们，政府是影响职业教育发展进程的关键因素。促进我国高职院校发展，政府的指导和国家政策法规的指引不可或缺。在世界职业技术教育发展的进程中，发达国家高度重视职业教育发展，各国积极采取措施强化职业教育的国家战略，国家行为直接推动职业教育快速发展。美国在20世纪90年代初由经济联合会和劳工部联合进行的调查发现，新增劳动力缺乏基本技能，3000万青年人中有近900万人不具备入门技能，高中毕业生普遍缺乏现代技术岗位所需的综合技能等，于是国家采取了一系列战略性措施，1991年出台了《帕金斯职业和应用技术教育法案》，1994年出台了《学校工作法案》。英国1998年推出高级国家职业资格（NVQ），1992年推出普通国家职业资格（GNVQ），形成了以职业资格证书课程为特征的高职体系。澳大利亚1995年推出职业资格框架（AQF），1998年推出相应的职业资格认证框架（ARF），并建立了以新学徒制中心（NACS）为主要管理机构的新学徒制，从而形成了在国家职业资格框架体系下，以行业为主导，客户为核心，TAFE为重要支柱，具有学历教育与培训双重功能的高等职业考核教育体系，为澳大利亚经济社会发展作出了巨大贡献，帮助国

---

① 唐永钟，示范性高职院校校企合作多元化模式合作研究：以漳州职业技术学院为例［D］，天津大学，2009.

家在联合国每年一次的人类发展指数（HDI）排名中屡屡领先。

三、提高吸引力是国际高职院校面临的共同课题

职业教育对于国家未来的发展与繁荣至关重要，只有职业教育充分发展，才能改善民生与人力资源结构，满足经济社会发展需求，这已成为全球共识，但东西方不管是发达国家，还是发展中国家，都存在职业教育吸引力不足的问题。2013年5月14～16日，来自117个联合国教科文组织成员国和72个国际组织的800多名代表齐聚上海，探讨如何转变和扩大职业技术教育的社会份额，以确保所有青年人和成年人均能获得工作和生活所需的技能。在开幕式上，联合国教科文组织总干事伊琳娜·博科娃说："职业教育不能不断地被边缘化，迫切需要通过国家政策、制度的建设与完善，改变职业教育的弱势地位。"由此可见，不仅仅中国高职院校缺乏社会吸引力，职业院校吸引力不足是全球共性问题。

有研究表明，世界上只有为数有限的几个西方国家的职业院校比较具有吸引力。一是芬兰，这个国家职业教育的国际竞争力排名第一。该国坚持了"职业教育不是为差等生准备的"理念，职业院校毕业生在社会上不会受到歧视，因此很多青年人宁愿不上大学而选择职业院校，因为他们通过接受高质量的职业教育可以成长为高端技能人才，职业教育的吸引力不断得到提升。二是德国，职业教育历史背景深厚。德国公民从10岁左右开始接触职业教育，形成了以接受职业教育为荣的社会氛围。三是美国，美国的职业教育理念从学前教育开始贯穿至终身教育。这个国家的职业教育培养出了驾驶员、宇航员、名医等一大批优秀人才。诺贝尔物理学奖得主巴索夫是一名技工。全球著名自动步枪AK－47的发明者、"世界枪王"卡拉什尼科夫是一个武器试验场的技术员。前苏联有很多中专毕业生成为世界上数一数二的科学家。

据资料显示，东西方许多国家的职业院校因国情不同，在不同程度上存在吸引力不足的问题。与芬兰、德国不同的是，欧盟成员其他国家的职业院校却普遍缺乏吸引力，青年失业率居高不下。一方面，这些青年离开学校时间比较早，技能水平不高；另一方面，职业教育与培训系统是整个教育体系的薄弱环节。在南欧一些成员国，近20年来大力发展的是高等教育，职业教育没有很好地发展起来，造成受职业教育者感觉低人一等。俄罗斯的情况也

差不多，70%的青年选择上普通高等大学，20%的青年选择上职业院校，10%的青年选择直接就业。在韩国，由于受东方儒教文化的影响，望子成龙，望女成凤，尽管政府鼓励青年学生先进入职业院校学习再上大学，但还是有75%的青年首先选择上大学。澳大利亚TAFE模式，是被我国职业教育界公认为世界先进的职业教育模式之一。但据澳大利亚全国职业教育研究和培训中心总裁Tom Karmel透露，该国职业教育对青年的吸引力还是很有限，40%左右的青年学生首先选择上大学，30%的青年选择进入职业院校学习，30%的青年没有继续接受教育选择直接就业。其中，职业院校经济类专业50%的学生两三年之后，又进入大学继续学习。虽然各国职业院校缺乏吸引力的具体原因不同，但有一点却是普遍存在的，那就是重视发展职业教育的社会氛围还没有真正形成，受职业教育者不能通过接受职业教育过上独立、尊严与体面的生活。

第三节　中山火炬职业技术学院构建区域现代职业教育体系的实践与探索

中山火炬职业技术学院在中山高新区的国民教育体系中，处在最高层级；在中山市的职业教育布局中，以国家骨干建设院校的实力引领以中山市为主的区域职业教育发展；在中山高新区和中山市建设教育强区（市）的战略布局中，处于重要地位；在中山市率先实现教育现代化的发展规划中，占有重要份额；在推进区域教育综合改革中，又是国家试点单位。因此，中山火炬职院牵头构建区域现代职业教育体系有充足的综合实力和充分的理论依据。

一、中山火炬职院构建区域现代职业教育体系的理论依据

（一）体系的学术界定

所谓体系，是指由若干事物或元素相互联系和相互制约而组成的一个有机整体。高等职业教育一方面属于高等教育，是高等教育的重要组成部分，另一方面属于高层次的职业技术教育，也是职业技术教育的重要组成部分，具有高等教育和职业技术教育的双重属性。它们是一个既相互联系又相互制约的整体。在构建高等职业教育体系时，应该考虑三方面的内容，一是实施

体系或办学机构体系，二是课程及资格认证体系，三是管理体系。依据职业教育办学模式的概念，即以办学主体、办学目标和学制形式等为主要特征的职业教育的最基本运作方式，我国的高等职业教育的办学机构体系主要包括三个主导、三个主体的办学模式：一是政府主导，以学校为主体的办学模式，目前全国1200多所高职院校，大多数属于这种类型；二是企业与社会主导，以民办学校为主体的办学模式；三是企业和学校共同为主导，双主体的办学模式。随着我国高等职业教育的改革不断深入、社会参与办学的积极性不断提高及国际化的进一步推进，今后还会出现多元化主体的办学模式。不管是哪种办学模式都属于高等职业教育体系的范畴，都要从实际出发，从类型、层次等方面根据实际需求培养经济社会发展所需要的人才，按照不同的地区、不同的要求，本着"先行先试"的精神，面向国际，努力办好一批特色鲜明、水平较高、具有国际影响力的院校。

（二）职业教育体系的内涵

所谓职业技术教育体系，是指一个国家或地区的职业要素、各子系统所构成的职业教育有机整体。所以，我们必须根据区域经济社会发展对技能型人才和技术型人才的需求，构建与改革发展相适应的现代职业教育体系。一是实现中等职业教育与高等职业教育衔接培养，满足社会对不同层次人才的需求和中职学生继续深造的需要；二是进行高等职业教育内部多层次发展的探索，选择新技术要求高、发展前景广、基础好的专业，积极开展技术应用型本科教育，尝试开展技术应用型博士和技术应用型博士教育；三是采取灵活多样的学制形式，根据地区的各行业实际需求，突破现有体制约束，大胆尝试新学制，合理设置学习年限，不仅有三年制的，也可以有四年制的、五年制的；四是规范继续教育与职业培训，规范和落实有关专业技术人员继续教育与培训制度，使职业教育制度化、规范化。

二、中山火炬职院构建区域职业教育体系的基础条件

（一）产业经济基础

1. 经济发展迅猛

中山高新区成立于1990年，是由国家科技部、广东省人民政府、中山市人民政府三级联合创办的高新区。1991年经国务院批准成为首批国家级高新

区。成立二十多年来，中山高新区秉承"团结、求实、开放、创新"的火炬人精神，克服各种困难，摸索出一条独具特色的创新发展之路，经济社会发展取得了辉煌成就。2012 年全区实现生产总值 350 亿元，工业总产值超过 15005 亿元，税收总值 60 亿元，出口总值 80 亿美元，各项经济指标连续多年稳居全市第一，并保持平稳较快增长。

2. 产业升级提速

中山高新区在发展过程中主要经历了两次大飞跃。第一次是建区之初至 2003 年，也就是我们所说的国家高新区"第一次创业"的阶段，该区主要通过实行产业归类聚集、规范建设专业产业园区，形成了电子信息、包装印刷、生物医药、精细化工、汽车配件五大主题产业，同时建成国家健康科技产业基地、中国包装印刷基地、中国电子中山基地、中国高新技术产品出口基地、中国技术成果产业化（中山）示范基地、国家火炬计划装备制造中山（临海）基地、中国绿色食品产业基地七大国家级产业基地，工业总产值翻了两番。第二次是 2004 年至今，属于高新区"二次创业"阶段，通过"腾笼换鸟"，特别是加快产业转型升级，大力发展"4＋2＋2"产业。"4"是精心培育好四大战略性新型产业，即先进装备制造、健康生物医药、高端电子信息、新能源产业；第一个"2"是继续发展好两个传统优势产业，即包装印刷和汽车配件产业；第二个"2"是努力培育两个新兴产业，即现代服务业、新材料与节能环保产业。全区工业总量在 2010 年突破千亿元大关，2011 年达到 1355 亿元，2012 年超过 1500 亿元。同时，中山高新区 2010 年被国家科技部评定为全国创新型科技园区建设单位。2012 年 7 月，在党中央、国务院召开全国科技创新大会时，全国高新区建区二十周年总结表彰大会也顺利召开，中山高新区被评为"全国先进高新区"。

（二）发展积淀基础

迅猛发展的经济形势，不断壮大的产业规模，急需大批高端技能型人才。早在 2002 年，中山高新区就酝酿筹办培养应用型、技能型人才的高校。2004 年，学院申办成功，创造了当年申报、当年获批、当年招生的奇迹。自 2004 年以来，学院大致经历了三个发展时期。

1. 基础建设时期（2004.4～2007.8）

与湖南工业大学（原株洲工学院）联合办学。2006 年与湖南工大剥离，独立办学，由中山市人民政府主办，委托中山火炬高技术产业开发区管理。成立学院董事会，建立董事会制度。探索三个"1"、"三证书"人才培养机制，推进人才培养模式改革。

2. 跨越发展时期（2007.9～2010.12）

建设工业开发生产性实训校区和骏建生产性实训中心，探索实训基地建设的"中山火炬模式"。通过国家人才培养工作水平评估。面向广东自主招生，面向全国单独招生。被列为广东省示范性高等职业院校立项建设单位。被确定为国家职业教育体制改革综合试点单位。在全国首届高等职业教育改革与发展工作会议上作典型发言。成为国家骨干高职院校立项建设单位。

3. 深化内涵时期（2009.1～至今）

实施分层教学，推进专业和课程改革，组建教师工作室。被评为"广东省普通高等学校就业工作先进集体"，获"广东省职业技术教育工作先进集体"称号。深化内部管理机制改革，建设广东省示范院校和国家骨干高职院校。

三、中山火炬职院构建区域职业教育体系的实践探索

（一）构建了与区域产业布局形态相匹配的专业结构体系

1. 专业设置完全匹配园区产业布局

经过二十多年的发展，中山高新区的产业发展已进入成熟和稳定阶段。主体产业已发挥出集群化的优势，牵引带动了相关产业的迅速汇聚，形成了以支柱产业为主体、相关产业为配套、边际产业为补充的良性产业形态。电子信息、包装印刷、生物医药、精细化工、汽车配件五大主题产业成为中山高新区产业经济的主要军团。这五大军团分别合理地配置在国家健康科技产业基地、中国包装印刷基地、中国电子中山基地、中国高新技术产品出口基地、中国技术成果产业化（中山）示范基地、国家火炬计划装备制造中山（临海）基地、中国绿色食品产业基地七大国家级产业基地。每个基地的年工业总产值都在 100 亿元以上，其中，电子、装备基地的年产值正逼近 1000 亿元。

与以上核心主题产业相匹配，中山火炬职院先后建立了包装印刷、装备制造、电子工程、信息工程、生物医药、光学工程 6 个产业型教学系和管理

工程、现代服务 2 个服务型教学系，从宏观布局上与中山高新区的产业紧密配套。与此同时，根据相关产业的业态分布，先后共开设了 34 个招生专业，从微观上与园区产业发展紧密对接。

2. 课程建设紧密配合园区产业升级

产业升级的主要内涵是相关产业的技术更新换代，随着新型工业化的逐步加快和经济全球化的持续深入，新技术、新工艺的研发和运用的周期越来越短，用于职业教育的新知识、新技能的更新也越来越快。要培养与生产一线相适应的高端技能型人才，必须建立相应的课程适时优化机制。学院实施"深海探珠"计划，及时进行专业调研，更新人才培养方案，优化课程体系，建立课程建设的快速反应机制，较好地适应了知识、技术快速更新的要求。办学 10 年来，共有效调整专业 6 个，新增专业 13 个，停办专业 4 个。较大程度上保证了人才培养规格与市场需求口径的一致性。

（二）构建了与区域中职学校相衔接的"三二分段"培养体系

1. 生源分段衔接体系

学院积极配合教育部"高等职业教育引领职业教育科学发展行动计划"，自 2009 年开始，先后与中山等相关地市的 10 余所中职学校建立起"三二分段"培养关系，这既是对招生制度改革的尝试，也是对人才培养模式创新的实践。从客观上讲，一方面建立了相对稳定的生源基础，另一方面也实实在在地满足了一批优秀中职学生提升学历的强烈愿望。据统计，3 年来通过"三二分段"渠道进入学院的学生已超过 1000 人，其中中山市籍的学生近 600 人，开发区籍的学生超过 300 人。随着我国考试招生制度改革的进一步深入，"三二分段"培养体系将会更加完善，特别是"注册入学"制度实施之后，将会有更多开发区人民的子弟以及开发区的职后群众得到接受高等职业教育和高技能培训的实惠。

2. 课程分段衔接体系

与生源分段衔接相对应的是课程的分段衔接。目前，学院包装印刷、广告制作、网络设计、生物制药等专业已与参与"三二分段"的各中职学校相关专业全部对接，人才培养方案和课程体系设计白衔接双方共同制定，专业教学与实习实训由双方共同设计。

（三）构建了与创新型园区战略相促进的科技研发体系

中山高新区于 2010 年开始，启动了创建国家"创新型园区"战略，此举是对国家科技强国战略的积极配合。为配合中山高新区的这一重大发展战略，提升学院科技研发水平和服务水平，迅速启动了研发型教师工作室建设计划。2010～2012 年，共建设 10 个教师工作室，参与工艺改良以及集成创新与原始创新，打造科研成果产业化的"孵化器"。工作室的建设根据项目的实际，分别采取不同的方式。有学院直接投入建设的，也有校企合作共建的，还有教师个人开办公司再与学院合作的。不同的建设方式形成了不同的运行机制。学院根据国家政策和建设需要制定了《工作室建设管理办法》。机制和制度的不断完善，初步构建了与开发区创新型园区建设相促进的科技研发体系。截至目前，学院的研发性教师工作室已产生了 70 余项发明专利，200 余项实用新型专利，培养了 40 余名掌握先进技术和具备创新能力的毕业生进入相关企业的研发部门，60 余名专任教师被聘为企业技术顾问，有力地促进了高新区科技创新战略的成功实施。

（四）构建了与新老高新区人民多元高层次教育需求相吻合的终身学习体系

中山高新区的户籍人口数量接近 7 万，常驻人口数量 15 万。若计算流动人口，中山高新区的实际人口数量超过 30 万。30 万高新区人以新高新区人占比最大，而且人员结构层次相当复杂。因此新老开发区人所反映出来的利益诉求也是多层次、多元化的。对高等教育的需求而言，有专科层次、本科层次和研究生层次。据统计，在职人员对本科层次的需求所占比例最大，而且以新开发区人居多。从每个高新区群众个体来看，他们希望对受高等教育的需求得到满足；从高新区的人力资源结构来看，要变人口压力为人力资源优势；从社会治理层面来看，政府希望大面积、大幅度提高高新区人的综合素质。因此，建立具有高新区园区特色的终身学习体系势在必行。问题是由谁来承担牵头建设的重任。作为高新区国民教育体系中最高层次的火炬职院，挑起这副重担，义不容辞。

从创建开始，学院就以继续教育为重点，积极开展各类技能培训、考证、远程培训和教育活动，积极参与具有园区特色的终身学习体系构建。成立了继续教育处专门负责此项工作，目前继续教育处已升格为继续教育学院，旨在更好地服务区域终身学习体系的建设。建院 10 年来，继续教育学院整合各类资源，积极主动地为园区群众和企业服务，开设了专科、本科、研究生三个层次的高等学历教育，在中山市建立了 30 多个教学服务点。开辟了会计、焊接、电工、计算机、网络信息等 20 多个专业和领域的技能培训、职业资格考证培训。总培训量超过 30000 人次，相当于一个成建制的集团军。以跨国企业佳能（中山）公司为例，该公司与学院建立了良好的合作关系，每年都与学院共同组织超过 1000 人规模的员工业务培训。由此可见，园区特色鲜明的中山火炬职院，在推进幸福和美好高新区的建设中，发挥了不可替代的重要作用。

（五）开拓了与侨乡学生接受国际教育需求相适应的升学通道

中山市是著名的侨乡，世代生活在这里的人民与海外有着千丝万缕的血肉和情感联系，与海外交流沟通是中山人普遍而又天然的情感愿望，到海外求学深造是这类情感的要求之一。就目前来看，作为本土高校，有资格与海外高校建立合法招生关系的，只有中山火炬职院。2013 年 5 月，经教育部正式批准，中山火炬职院成为广东省 18 个、中山市唯一一个与台湾地区高校建立专升本关系的高职院校。目前工作进展顺利，双方前期筹备工作取得了显著成效，学院与台湾地区的部分高校签订了联合招生的合作协议。中山学子赴台接受高等教育的本土通道已经打通，加上学院前几年与加拿大、澳大利亚等国家建立的合作通道，走向国际的区域高等教育体系正在中山火炬职院建立。

第二章　高职院校体制机制建设的背景和基础

　　高职院校体制机制建设在高等职业教育的建设与发展中的地位和作用，越来越被人们关注和重视。当今高职院校办学体制机制改革滞后、校企合作运行机制缺位、校企合作双边利益机制缺失、校企深度合作不够等问题，严重制约了高职院校的进一步发展。《国家中长期教育改革和发展规划纲要（2010～2020年）》（以下简称《纲要》）提出"建立健全政府主导、行业指导、企业参与的办学机制，制定促进校企合作办学法规，推进校企合作制度化"。大力发展现代职业教育体系，重视行业企业与高职院校的协同发展，加深对高职院校体制机制建设概念的理解，把握高职院校体制机制建设的背景和基础，探索高职院校体制机制的改革与创新，深化高职院校体制机制建设的认识，增强体制机制建设的自觉性，提高体制机制建设的水平，促进高职院校体制机制建设的科学化、规范化和系统化。

第一节　高职院校体制机制概念的界定

　　中国高职院校体制机制建设，经过了20多年的发展，取得了一定的成果，但人们对高职院校和高等学校制度与体制机制概念的界定仍有分歧，依据课题研究范围的需要，本书针对有关概念加以界定。

一、高职院校与高等学校的区别

（一）高职院校

高职全称是高等职业教育，它是属于大学专科层次的学历教育，目前作为大专层次的高职院校，与原来的大专学校有一定的区别。主要表现在两个方面：一是高职类毕业生属于技术技能型、应用型专门人才；二是高职突出了学生的专门技能和实践能力的教育训练。

（1）职业技术教育：《辞海》的定义是"专指相当于中学程度之农工商各业教育"。《中国大百科全书》的定义是"给予学生从事某种职业或生产劳动所需的知识和技能的教育"。《西方教育词典》的定义是"为一个人的未来生涯或职业而谋划发挥其能力的教育活动。另一方面的教育是培养人们在社会生活中应有的素质或称国民素质。包括政治思想、道德文化等方面的培养"。

（2）高职教育是高等职业教育的简称，或进一步简称为高职。现在教育界扩大了高职教育的范围，认为高职教育不是层次，而应该看作类型，因此可以把教授技术为主的应用型本科院校归入高职教育类型。高职教育是在高中文化基础上，或相当高中文化基础和一定的专业技术技能基础上，以生产或工作一线从事生产技术和经营管理的高级专业人才为培养目标，实施的具有高等教育理论知识和高级技术技能内容的职业教育和技术教育。根据《教育大辞典》第3卷有关概念的界定，高等职业技术教育"属于第三级教育层次的职业教育和技术教育，包括就业前的职业技术教育和从业后的继续教育"。高职院校注重培养的是应用型、技艺型的人才。根据《中共中央、国务院关于深化教育改革全面推进素质教育的决定》的内容和精神，高等职业技术教育，广义上包括高等专科教育、成人教育和高等职业技术教育。

（3）我国的法律认定。1998年全国人大通过了《高等教育法》，指出"本文所称高等学校，是指大学、独立设置的学院、高等专科学校，其中包括职业技术学院和成人高等学校"，非常明确地把高等职业学院作为高等教育的一部分确定下来。

（二）高等学校

高等学校泛指对公民进行高等教育的学校，与大学词义相近。大学，是指综合性的提供教学和研究条件及授权颁发学位的高等教育机构。现在的大学一般包括一个能授予硕士和博士学位的研究生院和数个专业学院，以及一个能授予学士学位的本科生院。

高等学校也包括高等专科学校。从学校类型来讲，包括普通高等学校、成人高等学校、民办高等学校等。从学历来讲，包括专科、本科、硕士研究生和博士研究生四个层次。大学仅仅是高等学校的一部分。专门学院如医科大学、戏曲学院、音乐学院、美术学院，以及高等专科学校如职业技术学院、职业学院等，都是高等学校系列，但并不是大学的系列。大学指的是包含多门学科的综合性高等学校。大学在录取线上还是有类别之分的，在一定的分数段内，可分为一类录取和二类录取，到三类录取。如果分数并没有达到本科录取线或因竞争而被淘汰，就会被划入较低一批的大学类别之内。

（三）高职院校与高等学校的区别

高等职业教育是高等教育与职业教育两个概念的复合，"复合的结果导致四种理解：第一种将它归入高等教育范畴，认为高等职业教育是高等教育中具有较强职业性和应用性的一种特定的教育，并且应具有完整的结构体系；第二种认为它只是职业教育范畴中处于高层次的那一部分，并不属于高等教育，从而将高等教育与职业教育视为两个并列的互不交迭的教育范畴；第三种则把它泛化地理解为，凡是培养处于较高层次的职业技术人才（不管其属何种系列）的教育都属于高等职业教育，把培养技术工人系列人才中的高级技工教育也看作是高等职业教育，而将高等与高级等同起来；第四种认为职业教育贯穿于从初等到高等教育的一切层次，在高等教育阶段，高等职业教育能相对普通高等教育形成体系一在高等教育中划分两个系别"。

我国高等教育从学历层次上划分为专科、本科、研究生三种类型，而从教育类型上分，高等教育中有职业教育与学科教育，它们二者的主要区别表现在以下四点：

第一，课程设置方面。高职院校的课程设计是以能力培养为中心，按照岗位、职业所需要的技能或能力要素为核心加以设置，强调知识的针对性和实用性。我国普通高校学校是根据学科知识结构的内部逻辑来展开的，课程设置复杂且具有连贯性。高等学校课程划分为基础课、专业基础课和专业课，强调基础要扎实宽厚，以便适应将来学科发展的需求以及就业后个体发展的需要。

第二，人才培养方式方面。高职院校将技能强化训练放在极其重要的地位上，强调理论与实践并重，注重培养岗位工作能力，教育与训练密切结合，教学与实践几乎达到对等的时间。"一般来说，高职院校培养的是操作型、技艺型，具有大学文化层次的高级技术人才。"高等学校以课堂教学为主，着重于理论知识的传授，也有实验实习等联系实际的环节，但联系实际的目的是为了更好地掌握理论知识。

第三，办学体制机制方面。目前我国高职院校提倡自主办学形式，其办学体制更加灵活，更强调社会参与培养人才，形式多元化办学格局的职业教育办学方向，办学更强调开放性，提倡职业教育体制创新。高等学校主要实行以政府办学为主，各方面联合办学，社会积极参与的办学体制机制。

第四，教育类型方面。高职院校基本上是按照社会职业岗位（或岗位群）设置专业，它是职业岗位教育，以该岗位必须具备的能力和知识为依据来设置课程，根据够用、必须的原则进行实际训练。普通高等学校主要按照学科设置专业，实施学科教育，以该学科的理论体系为框架组织教学，设置课程，强调的是理论知识的完善性、系统性。

高等职业教育同普通高等教育一样是根据不同的学习年限而有多个学历层次，至少包括本科和专科两个层次，而不仅仅局限于单一的专科层次，更不是比普通专科再低一层的补充学制。

我国目前的高等职业教育一般仅限于专科学历层次，而对本科层次的高等职业教育发展无论是决策层还是操作层认识都普遍不足。在教育部的有关文件中，高等职业教育的培养目标表述为：在具有高中文化基础上，培养生产、建设、管理和服务第一线，具有综合职业能力和全面素质的高级实用型人才。由于5B的课程计划属介于普通学科型和直接就业型之间的中间型，其培养目标也就相应地介于学科研究型和直接操作型之间的中间技术型人才。

我国高等职业教育的主要目标就是培养拥护党的基本路线，适应生产、建设、管理、服务第一线需要的德、智、体、美等方面全面发展的高等技术应用型专门人才。我国高等职业教育人才培养规格要涵盖复合知识体系、综合能力和人格素质三要素，三位一体，形成一个互动发展的整体。所谓复合知识体系，就是以专业性知识为核心，以基础性知识和相关性知识为两翼的协调优化，均衡发展，高度开放的知识结构体系。所谓综合能力，就是以知识的掌握程度为基础的，同时具有接受和认知新技术能力、决策和管理能力、交流和自我推销能力、发展和创新能力等的多种交集的能力。所谓人格素质，则是指通过完善人格促进人的自我实现。高职院校最关键的培养目标必须与社会人才结构体系中的某一系列和层次的人才相对应，符合国际教育标准分类。

二、制度和学校制度

（一）制度

制度，或称为建制，属于社会科学的概念范畴。从社会科学的角度理解，制度泛指以规则或运作模式，规范个体行动的一种社会结构。这些规则蕴含着社会的价值，其运行标志着一个社会的秩序。建制的概念被广泛应用到社会学、政治学及经济学的范畴之中。

（1）制度是管束人们行为的一系列规则。制度是一个非常广义的概念，它就是要规范一个社会、一个单位的行为，凡是对一个社会、一个单位的行为所作的规范都属于制度的范畴。一般是指在特定社会范围内统一的、调节人与人之间社会关系的一系列习惯、道德、法律（包括宪法和各种具体法规）、戒律、规章（包括政府制定的条例）等的总和。它由社会认可的非正式约束、国家规定的正式约束和实施机制三个部分构成。

制度是以执行力为保障的。"制度"之所以可以对个人行为起到约束的作用，是以有效的执行力为前提的，即有强制力保证其执行和实施，否则制度的约束力将无法实现，对人们的行为也将起不到任何的规范作用。只有通过执行的过程，制度才成为现实的制度。制度并非单纯的规则条文，规则条文是死板的、静态的，而制度是对人们的行为发生作用的，动态的，而且操作灵活，时常变化。通过规范、调节，从而得以被人们遵守，成为真正的制度。"制度"是从纸面、文字或者人们的语言中升腾出来，成为社会生活中人们身边不停发生作用的无形锁链，约束、指引着我们的行为和尺度。无论是正式制度还是非正式制度都须有其执行力，只不过差别在于正式制度的执行力由国家、法庭、军队等来保障，而非正式制度的执行力则由社会舆论、意识形态等来保障。在笔者看来，高职院校的体制机制建设、操作和具体落实，都要有制度作保障。运用制度的执行力保证体制机制建设的科学性。

（2）高等教育制度是高等教育发展的关键性因素之一，是一种重要的内生性资源。它与教育技术创新、教育资本、人力资本等因素能否充分发挥作用有着紧密的关系，为各主体、各要素的有序合作与竞争创造了条件，为参与教育行为中的各要素提供了一种平台。其作用在于减少信息成本和不确定性；降低教育费用；确定了利益主体的获利行为、产权归属，发挥了各要素效用的最大化，规范了各要素之间的相互关系，有效地保障并激励了参与高等教育的各要素的寻利行为与动机。

（二）学校制度

制度涵盖学校制度，而学校制度从理论建构和设定内容，都是从属于制度总体概念之下的一个组成部分。

（1）学校制度又称学校教育制度，有狭义和广义之分。狭义的"学校制度"，指的是一个国家的各级各类学校的体系方面的规则，简称"学制"。它规定了各级各类学校的性质、任务、入学条件、学习年限以及它们之间的衔接和关系。广义的"学校制度"，指的是为了指导和约束学校的行为和与学校有关的组织、机构、人员等的行为而制定的教育法律、规章等成文的规则体系，以及学校、学校所在的社区中的组织、人员认可了的与学校有关的习惯、道德标准、风俗等未成文的规则体系。广义的"学校制度"包含了狭义的"学校制度"。

（2）现代学校制度特指在知识社会初见端倪和全面建设小康社会的大的社会背景下，能够适应市场经济和建设学习型社会的基本要求，以完善的学校法人制度为基础，以现代教育观念为指导，学校依法自主、民主管理，能够促进学生、教职工、学校、学校所在社区的协调和可持续发展的一套完整的制度体系。

（3）高等学校制度包括学校制度的制定、制度的执行和制度的评估三个方面。制度的制定是指学校根据法律法规和上级有关规定，结合本校实际，在充分酝酿的基础上，依照一定的程序，起草、讨论、通过、发布制度的过程。高等学校制度是一个庞大的体系，各种制度数以百计，内容涉及面广，种类繁多。笔者认为，高等学校制度可以划分为基本制度、一般制度和具体制度。

（4）高职院校制度，是作为一个相对性的概念而提出的。它是现代大学教育所经历的变迁在制度层面上的反映。其构建在社会转型大背景下与教育属性的分化紧密相关，其过程是经济、政治、社会、科技和文化诸多因素交互作用的结果。所以，高职院校制度的提出与构建更多的是基于历史变迁中的公民社会选择、市场选择及政府选择的博弈均衡，在实践中内涵不断得到丰富和发展的动态概念。其目的是为学院的教育教学与和谐持续发展服务。

三、制度与体制机制的关系和区别

(一) 体制机制

1. 体制

体制，从管理学角度来说，指的是国家机关、企事业单位的机构设置和管理权限划分及其相应关系的制度。有关组织形式的制度，限于上下之间有层级关系的国家机关、企事业单位。体制是国家基本制度的重要体现形式。它为基本制度服务。基本制度具有相对稳定性和单一性，而体制则具有多样性和灵活性。而从历史唯物主义角度来说，体制是联系社会有机体三大子系统——生产力、生产关系和上层建筑之间的结合点，是三者之间相互联系、发生作用的桥梁和纽带。

体制，通常指体制制度，是制度形之于外的具体表现和实施形式，是管理经济、政治、文化等社会生活各个方面事务的规范体系。例如，国家领导体制、经济体制、军事体制、教育体制、科技体制等。制度决定体制内容并由体制表现出来，体制的形成和发展要受制度的制约。一种制度可以通过不同的体制表现出来。例如，社会主义经济制度既可以采取计划经济体制的做法，也可以采取市场经济体制的做法。在一定条件下和一定范围内，基本制度、具体规章制度和体制可以互相转化。

体制是管理机构和管理规范的结合体或统一体。不同的管理机构和不同的管理规范相结合就形成了不同的体制。总之，体制是国家机关、企事业单位的机构设置，隶属关系和权利划分等方面的具体体系和组织制度的总称。如经济体制则是指具体的组织，管理和调节国民经济运行的制度、方式、方法的总称。

教育体制是教育机构与教育规范的结合体、统一体，它由教育的机构体系与教育的规范体系所组成。

2. 机制

机制通常指制度机制，机制是从属于制度的。机制通过制度系统内部组成要素按照一定方式的相互作用实现其特定的功能。制度机制运行规则都是人为设定的，具有强烈的社会性，如竞争机制、市场机制、激励机制等。

机制主要有三方面内容：一是对市场的应变能力。高职院校的人才培养要随市场的变化而变化，课程设置要随市场的变化而变化，服务社会意识要随市场的变化而变化，决策要随市场的变化而变化。二是内在的发展动力。加快社会发展、企业的发展、地方的发展、高职院校的发展，有一种自学的、主动的、不懈的活力。三是调动人的积极性的机制。用工制度、分配制度、奖惩制度都有利于调动人的积极性。

3. 体制机制

体制和机制的中心语和使用范围不一样，"机制"由有机体喻指一般事物，重在事物内部各部分的机理即相互关系，"体制"指的是有关组织形式的制度，限于上下之间有层级关系的国家机关、企事业单位。

体制与机制是较易混淆的一对词语。按照《辞海》的解释，"体制"是指国家机关、企事业单位在机制设置、领导隶属关系和管理权限划分等方面的体系、制度、方法、形式等的总称；"机制"原指机器的构造和运作原理，借指事物的内在工作方式，包括有关组成部分的相互关系以及各种变化的相互联系。

(二) 制度与体制机制

（1）制度是一种人们有目的建构的存在物，是指要求成员共同遵守的、按一定程序办事的规程。

体制机制建设的存在，都会带有价值判断，从而规范、影响建设体制机制的人们的行为。制度的概念有一个盲点，就是难以解释制度改变的原因。多年来，不同学者均尝试加以解释，如社会上规范性价值观的改变、人们的行为互动、历史的因素会导致制度得到改革，可是始终难以充分解释。但体制机制规范化建设为制度的形成创造了条件。

从广义上讲，制度、体制机制都属于制度范畴，既相互区别，又密不可分。总之，靠制度制约体制与机制，同时，体制与机制又对制度的巩固与发展，起着积极的促进作用。

（2）高职院校的体制机制，是建立在其现行教育制度、社会需求和文化环境基础之上的，需要考虑经济与教育制度之间的关系及教育历史、社会基本价值、政治体制的特点。依据现实需求，高职院校要注重建立利益相关者之间的伙伴关系与政策协调机制，在建设学习型社会框架下，重新定位职业教育并纳入国家教育主流体系，建立技能认证和测试制度以保证相关质量标准，完善政府、企业、个人成本分担有关经费的保障机制，增强体制机制建设的科学性。高职院校体制机制建设应掌握两个特征：一是高等职业教育与社会经济的发展是密切联系的，重视经营行为、关注制度环境。二是高职学校制度建设，要以现代教育观为指导推进质量保障体系和良性机制的建设，努力提高学校效能作为内涵方向。

第二节　高职院校体制机制建设的背景和基础

《纲要》明确提出要以体制机制改革为重点，完善中国特色现代大学制度。作为中国高等教育组成部分的高职院校的体制机制建设，也亟待改革和完善。探索和构建具有中国特色、符合高职院校教育规律的现代大学体制机制建设，是高职院校健康发展的重要保障。本节对高职院校体制机制建设的背景和基础加以论述和探讨，进一步深化中国高职院校体制机制的改革与创新。

一、高职院校体制机制改革的背景综述

高等职业教育从世界范围来说起步并不是很早，它的快速发展大都始于20世纪60～70年代。第二次世界大战结束以后，世界经济都遭到不同程度的摧残，为适应经济和社会发展的需要，国外发达国家的高等职业技术教育得到进一步重视和迅猛发展。20世纪60年代，随着科学技术的发展和新兴产业的涌现，高等职业技术教育受到更为广泛的重视，各国建构不同的职业培训模式，高职院校创建不同的建制，高职教育飞速发展。例如，美国、加拿大的社区学院，德国的高等专科学校和"双元制"的职业学院，英国的多科性技术学院、继续教育学院，澳大利亚的综合技术学院，法国的短期技术学院，日本、韩国的短期职业大学等，都是以培养高等技术应用型人才为主要特征。国外高职院校经过几十年的改革和发展，在体制机制建设方面已取得一定的成果，值得我们学习和借鉴。同时，我国高职院校的发展，虽然起步较晚，但也经历了跨越式发展，高职院校体制机制建设已进入良性发展的轨道。

（一）国际背景

19世纪末到20世纪初，被人们视为职业教育制度建立的时期。在这一时

期，人们认识到了如果只有经济发展的需要，没有职业教育的充分发展，职业教育与经济发展相匹配实难成为现实。无疑说，要使职业教育持续地、规范地发展，只有通过职业教育立法。为此，各国先后通过立法把职业教育纳入教育系统，使它成为正规教育制度的有机组成部分，大大促进了职业教育的发展。尤其到 20 世纪中期，各国开始重视高等职业教育，纷纷立法。

1. 国家立法，有利于高职院校体制机制的建设

（1）美国。美国是世界职业教育发展较好的国家，政府为了大力发展职业教育先后颁布了《莫雷尔法案》、《史密斯—休斯法案》、《生计教育法》、《联合培训法案》等一系列法案。在 20 世纪 60 年代和 70 年代期间，利用国家立法、减少学制等方式，创建高职院校新的体制机制，建立了适合社会新形势需求的社区学院和两年制职业学校。美国大力开展军人职业技术教育。80 年代，美国学者纳什·艾格尼指出：“生计教育家必须抵制那种依赖人类的利欲和‘向上爬’的微妙诱因刺激学生选择职业。”无论联邦政府的拨款、办学经费还是师资力量、硬件设备等都有很大的增长和提高，高等职业学校规模急剧扩张，学校的组织结构、管理模式日趋复杂。

20 世纪 90 年代以来，美国通过了《帕金斯职业和应用技术教育法案》和《由学校到就业法案》，以加大联邦职业教育专项拨款力度。1993 年 4 月 21 日，克林顿政府颁布了《2000 年目标：美国教育法》，规定成立“国家技能标准委员会”，其职能就是推动技能标准、职业标准的制定和推广应用，建立评估和证书制度，从而保证美国未来的工人处于世界上最好的训练中。1990 年，美国对 1984 年《卡尔·D. 波金斯职业教育法案》又进行了修订，定名为《帕金斯职业和应用技术教育法案》，这是世纪之交美国在经济全球化背景下重视发展职业教育的新举措。该法案在内容上有三方面的变化。它强调：理论课和职业课的综合；规定劳动力职业准备教育的各个方面，体现在国会对技术准备的支持上；注重工厂与学校的密切联系。法案第一次提出职业教育面向全体人群，强调职业教育与普通教育的整合，拓宽了高职院校的招生渠道。美国为了更好地统筹人力资源开发与利用，首先从政府机构设置上进行制度创新。比如，美国教育部强调政府管理创新和绩效责任，在贯彻职业教育管理中的工作机制和运作流程中，美国规定了联邦教育部为将来评估教育部自身工作效益提供科学合理的框架依据，重视教育管理制度创新，

成为国际高等职业教育发展的趋势，值得我国高等职业教育借鉴。

（2）德国。1969年，联邦德国颁布了《联邦职业技术教育法》，加强了国家对职业技术教育的影响力，确立了职业学校"双元制"职业教育与培训的法律地位。1997年德国制订了《职业教育改革计划》，强调修改和完善职业培训条例，开发新的职业培训领域，鼓励企业积极参与，大力培养青年人的就业能力和适应能力，等值承认职教普教学历资格，增强职教吸引力。

（3）日本。1969年，日本制定了《职业训练法》，恢复高等专科学校，推动了高等职业技术教育的快速发展，摆脱第二次世界大战造成的经济崩溃的压力。到了1985年6月，日本政府正式颁布了《职业能力开发促进法》，取代原来的《职业训练法》，同年年底颁布了《职业能力开发促进法施行细则》。这是自1969年以来，日本政府对《职业训练法》的第七次修改，也是修改幅度较大的一次。本次修改不仅内容有很多改变，而且一些基本概念也较过去有较大差异。

（4）英国。英国政府从1956年到1972年先后组建了30所多学科技术学院，运用社会经济发展分工越来越细的特点，纳入高职院校建设的轨道，使高等职业学校在体制机制建设上有了自己的特色。英国建立了高职院校的质量保障体系、课程建设体系、课程组制度等，深化高职院校体制机制建设，其管理和教学水平都排在世界的前列。

（5）其他国家。1991～1992年芬兰分别推出《中等职业和高等职业教育法》和《学徒制培训法》，1993年匈牙利制定了《职业培训法》，1999年丹麦制定了《职业教育培训法》，1998年澳大利亚制定了《通向未来的桥梁——1998～2003年国家职业教育和培训战略》，强调加强产教结合，建立适应学生和就业者需要的，为终身技能培训打基础的职业教育和培训制度。各国大力加强职业教育法制建设，一系列法律制度纷纷出台，奠定了高职院校体制机制建设的法律基础。

2. 联合国教科文组织积极推动职业教育的发展，为高职院校的体制机制建设搭建国际平台

20世纪70年代，世界范围内经济出现萧条，人们开始质疑人力资本理论，对以往职业教育的体制建构所造成的高成本低收益的结果进行反思，高等职业技术教育的体制机制建设急需改革。80～90年代，各发达国家纷纷制定职业技术教育发展战略，打破过去传统的高校建制体系，改变陈旧的体制机制建设，完善职业技术教育政策法规，促进产教结合达到学校和企业都有利润，改革职业技术教育，使教学与管理实现双赢，增强职业技术教育的吸引力，提高职业技术教育的社会地位。同时，国际组织、区域性机构也进一步认识到，发展职业技术教育对推动社会经济发展越来越重要。

1987年联合国教科文组织在德国柏林召开了第一届国际技术和职业教育大会，1989年通过了《技术和职业教育公约》，制定了世界技术和职业教育发展的指导方针和政策。1994年欧盟委员会发表《增长、竞争力和就业》白皮书，提出职业教育是社会变化的催化剂，它不仅能促进经济增长，还能增强企业竞争力，减少失业，对社会发展起着重要的促进作用。1994~1999年，欧洲理事会通过决定和实施两期"达芬奇"跨国职业教育和培训行动计划。第一期为时5年。第二期，侧重于与工作相联的培训（含学徒制培训）。参加"欧洲之路"跨国培训的学生可获得由欧盟统一印制的"欧洲之路"培训证书，得到国际认可，为高职院校体制机制建构搭建了国际平台。1996年欧盟委员会发表《教与学：迈向学习化社会》，提出为适应信息化社会、贸易国际化和科学技术迅猛发展的需要，要转变陈旧的观念，培养厚基础、宽口径人才，加强企业人才需求和高职院校培养模式相结合，发展各种形式的欧洲学徒制培训，提高学生的就业能力。

1999年4月，联合国教科文组织在韩国汉城召开了第二届国际技术和职业教育大会，通过了《技术和职业教育与培训：21世纪展望——致联合国教科文组织总干事的建议书》，呼吁世界各国以终生教育为指导思想，进一步推动和发展职业教育，建立和完善职业教育与高一级教育相衔接沟通的有效机制，推动高职院校体制机制建设，建立开放的、灵活的和面向学习者的新型职业教育体制机制，形成制度，进行产教结合，增加投入，广泛开展全民职业技术教育，创建国际合作的平台和机会。

随着欧盟职业教育体制和培训形势的改变，世界诸多国家也都依据自身所处的环境和社会基础，展现出多形式、多渠道的职业培训模式，高职院校体制机制建设得到进一步发展和完善，各国高职类学校的比例大大增加。如表2-1所示。

表 2-1　美国、德国、法国高职类学校占高校总数的比例

国别	高校总数（所）	高职类学校数（所）	百分比（%）	年份
美国	3638	2000	55.0	1999
德国	332	173	52.1	1996
法国	155	88	56.8	1996

资料来源：《2000 年中国教育绿皮书》，国家教育发展研究中心.

3. 注重职业教育与普通教育的融合，打通中等职业教育通向普通高等教育的路径，进一步完善高职院校的体制机制建设

（1）完成中等职业教育与高等教育的对接。法国、德国和英国，给予了职业教育和普通教育资格同等地位，为职高学生提供受普通高等教育的机会。法国为增强职业教育的吸引力，使中等职业教育与普通高等教育相沟通，设立了一种新的学制，中等职业教育毕业生再学习两年，获得职业高中会考证书，同时取得报考普通高等院校的资格，使得中等职业培训的劳动力有机会转化为高等院校培养的高素质的劳动力。德国中等职业教育与普通高等教育缺乏渗透性，彼此单列，不相关联，几乎处于隔绝状态。为促进教育机会均建立了双元制体系。德国许多州规定，具有中等职业教育和继续职业培训资格的学生可报考大学，还规定实施双元制的职业学校的毕业生在某些情况下相当于具有普通高中第一阶段的教育学历，完成了中等职业教育与高等职业教育的对接。英国的普通国家职业资格（GNVQ）分为基础、中级和高级三级资格，获得 GNVQ 高级资格的学生可报考大学，但获得了高级国家职业资格（NVQ）的学生很难进入普通高校，使得一些中等职业院校毕业的优秀学生失去深造的机会。英国为了加强高等职业教育的发展，国家承认高级普通国家职业资格和高级国家职业资格与普通教育高级水平考试（A - levels）具有同等地位，这三类学生可以进行横向和垂直流动，都有报考高等院校的资格。此外，英国还在考虑学分转制，融合普教和职教的单元制综合课。韩国加强高等职业教育，允许初级职业学院毕业生报考大学，已参加工作的初级职业学院毕业生还可参加开放大学及韩国空中和函授大学的学习。

荷兰职高学生毕业后绝大部分直接进入劳动力市场，仅有个别学生有机会继续接受高职教育。从 20 世纪 80 年代初开始，政府允许更多的学生报考高等职业教育，90 年代芬兰对高等职业教育进行体制改革，组建高等职业技

术学院。到 2000 年高职院校的学生已达到 45%，形成了普高与高职、大学相互衔接与沟通的局面。

美国近期的"2061 计划"强调职业技术教育与普通教育的结合，明确规定："普通教育应当……让人们有机会去体验技术，同时，又要抽象地学习它。青年人……只长期积累知识还不够，他们还应该知道技术的意义……最终使每一个人都将在一定程度上成为一个技师，以准备投入到一个高技术的世界中去。"新世纪美国职业教育将沿着高技术、高投入的方向前进，这也将是美国高等职业教育关注的重点和发展趋势。

（2）改变学制和课程设置，重视高技术人才培养，强化高职院校体制机制建设。

1991 年芬兰通过了《中等和高等职业教育法》，决定发展高等职业教育，在合并了 85 所职业教育机构的基础上新组建了 22 所试点高等职业技术学院，检查验收后这些院校将成为永久的法定机构。芬兰对高等职业技术学院的学制和专业设置，进行了改革。学制设为 3 年、4 年或 5 年，实行学分制，满学分为 140 学分和 160 学分。课程的设置分为四大块：基础课、专业课、实习课和毕业设计。学历资格相当于大专或本科层次。芬兰发展的高等职业技术学院同原来的高等职业教育机构相比，提升了学历层次，增强了高职的吸引力，建立了职高和高职相互衔接的机制，为高中阶段学生提供了进一步受教育的机会，逐步扩大招生，提高了办学效益。

韩国中等职业学校分为：农业高中、技术高中、商科高中、渔业和海洋高中。学制都是 3 年。1979 年，韩国为了适应本国需求，大力举办高等职业教育，兴建初级职业学院。学制进行了变动，分为 2~3 年，同时实行学分制，培养中级技术人才。1995 年年初级职业学院，设置的专业课程有技术、农业、渔业、护理、环卫、家政、社会实践、艺术和体育等。具有高中学历或具有同等学历的学生可报考初级职业学院。每年为对口专业的职高毕业生保留 30%~50% 的入学配额。通过国家资格认证考试的手艺人及具有规定工作年限的工人也可报考初级职业学院，初级职业学院录取率约为 1:4。韩国进一步深化了高职院校体制机制的建构。

美国在"2061 计划"中，将高等职业技术教育作为其中的一个重点，指出："技术是发展人类文明的强大动力，所有技术都与科学紧密相关，技术对不断增长的变化负有主要的责任。"美国认为，技术教育不仅是职业教育范围的事情，而且进入了人的基本素养的领域。青年人应该知道，无所不在的技术，都会不同程度地出现在自己生活和劳动的世界中，呼吁所有年轻人，都要重视生存技能的培养。美国的高等教育和职业教育发展到今天已有2600多所颁发学士、硕士和博士学位的四年制大学；而两年制的社区学院则多达3400所。

高职院校体制机制建设的重心就是要以人为中心，注重培养具有创业能力和自立能力的高素质技术人才，推动社会改革，促进社会健康发展。完善高职院校体制机制的建设，可以满足广大人民接受高等教育的迫切需求，是发展社会主义生产力，坚持和落实科学发展观，贯彻科教兴国和人才强国战略，促进区域经济和社会协调发展的有力举措。高职教育承担着为当地经济建设和社会发展培养高素质技能型人才的职能，但地方性高职院校现有的状况还需进一步创新体制机制，从而探索充满活力的多元模式。

（二）产业背景

首先，中国虽然成为世界第二大经济体，但工业化基础依然薄弱。例如，大规模引进了生产线和生产设备，却没有大规模引进制造生产线和生产装备的能力；庞大的汽车工业依然是外国的核心技术和制造设备加上我国廉价人才、廉价劳动力的组合体；检查维修费居高不下是因为进口了大量昂贵的仪器设备；中西部地区不发达的根本原因之一是科技含量在农、林、牧、副、渔中的份额太低；我国优势的传统产业日渐衰落的原因在于没有用高科技进行改造；甚至电梯、厕所的出水感应器、新型打印机、照相机等产品依然是外国品牌的天下；在环保、节能、绿色、新能源、新材料、新技术的新一轮竞争中，我国与国际水平的距离并没有缩小。

上述局面的造成很大程度上是因为我国的技术教育还比较薄弱，培养不出大批既能动手，又擅长技术攻关和技术革新的技术人才。因此，在新的历史时期，高职院校必须面对这一挑战，承担推动我国经济转型升级、技术转型升级、装备转型升级的历史任务。

其次，中国和平崛起与现存的世界政治经济格局之间的矛盾带来了挑战。虽然我国的GDP总量仅次于美国，但是GDP的结构和质量存在严重缺陷。在整个世界产业链的分工中，我国总体上处在中低端的位置。日本大和证券综合研究所分析师声称，"比中国人工费低廉的国家现在有很多，中国作为'世界工厂'的角色已经结束了。加速向中国以外的生产据点转移已经是不争的事实。"

这些情况表明：要想彻底告别依赖外国技术进行贴牌生产的经济模式，要想改变我国在世界产业链分工中的中低端地位，就必须加大我国自主技术的"红利"，造就数以亿计的技术能手，像20世纪五六十年代那样，大规模地进行技术革新和技术改良。而要完成这个任务，高职院校必须重新审视自己的技术创新使命，并将之落实在人才培养方案和课程体系之中。

最后，国家现代职业教育体系建设规划对高职教育提出了新挑战：要培养大批复合型、创新型、发展型的高级技术技能人才。过去提技能型人才，现在提技术技能人才，其含义究竟有何区别？"复合型、创新型、发展型"具有丰富的内涵，如何才能培养出来？他们应当具备何种知识、技能、技术和素养？人才培养方案对此应如何体现？

二、高职院校体制机制改革创新的基础

（一）政策法规逐步完善

1986年12月颁布的《普通高等学校设置暂行条例》规定："称为高等专科学校的，须符合以下规定：（一）主要培养高等专科层次的专门人才；（二）以本条例第十二条第（二）项所列学科门类中的一个学科为主要学科；（三）全日制在校学生计划规模在一千人以上。但边远地区或有特殊需要的学校，经国家教育委员会批准，可以不受此限。"而"称为高等职业学校的，须符合以下规定：（一）主要培养高等专科层次的专门人才；（二）以职业技术教育为主；（三）全日制在校学生计划规模在一千人以上。但边远地区或有特殊需要的学校，经国家教育委员会批准，可以不受此限"。也就是说，专科要有法律规定的明确的"文科（含文学、历史、哲学、艺术）、政法、财经、教育（含体育）、理科、工科、农林、医药等八个学科门类"，明确将专科教育排除在高等职业技术教育之外，而高等职业技术教育则没有明确的学科门类或无法划入已有学科门类，从事"职业技术教育"，但又未对"职业技术教育"进行明确的界定，而且在师资、设施设备等方面，并未对高等专科学校和高等职业学校做明确区分（只有兼职教师一项，专科不得超过教师总数的

1/3，高职不得超过 1/2），引起高等职业技术教育界的困惑。

1990 年发布的《关于加强普通高等专科教育工作的意见》中提出了对职业大学进行整理整顿，分流办学。这个政策的出台，影响了我国高等职业技术教育的发展。由于国家严格审批，甚至不批，导致了此后几年我国职业大学院校数量和在校生人数一直徘徊不前，部分职业大学也借此转入了普通高等学校。我国高等职业技术教育发展出现停滞局面，直到 1995 年，这种局面才被打破。

1991 年，全国五部委联合召开第二次全国职业技术教育工作会议。并在于 1991 年 10 月 17 日颁布的《大力发展职业技术教育的决定》中提到"初步建立起有中国特色的，从初级到高级、行业配套、结构合理、形式多样，又能与其他教育相互沟通、协调发展的职业技术教育体系的基本框架"，"积极推进现有职业大学的改革，努力办好一批培养技艺性强的高级操作人员的高等职业学校。"从而强调初步建立三级职教体系，积极推进职业大学改革，努力办好高等职业技术教育。1996 年，国务院召开第三次全国职业教育工作会议，提出了"积极发展高等职业技术教育"的口号，最终确立了大力发展高等职业技术教育的指导思想。并于 1997 年发布了《关于高等职业学校设置问题的几点意见》，确定上海、江苏、辽宁、北京、天津、广东、浙江、黑龙江、河北、河南 10 省市开展高等职业技术教育试点。

1996 年 5 月 15 日，全国人大通过的《职业教育法》规定："职业学校教育分为初等、中等、高等职业学校教育。""高等职业学校教育根据需要和条件由高等职业学校实施，或者由普通高等学校实施。"这是我国第一次把高等职业技术教育以法律的形式确定下来。第一次确立了高等职业技术教育和高等职业学校在我国教育结构中的法律地位。1998 年，《高等教育法》颁布，其中第 68 条规定："本法所称高等学校是指大学、独立设置的学院和高等专科学校，其中包括高等职业学校和成人高等学校。"进一步确立了高等职业技术教育的法律地位。历经 10 余年发展的高等职业技术教育终于赢得了自身发展的法律地位。

1996 年 6 月全国职业教育会议召开，李岚清在《认真贯彻职业教育法，努力开创职业教育工作的新局面》报告中，指出："发展高等职业技术教育，要充分利用现有教育资源和设施，主要通过对现有高等学校改革、改组、改制来实施。职业大学、部分独立设置的成人高校和高等专科学校，要按社会需要调整专业设置和培养目标，改革教学内容和办学方式，办出高等职业技术教育特色。通过对大专层次高校的改革、改组、改制仍不能满足当地对高等职业人才需要时，可以经过评估审定，把个别重点中等专业学校改制举办高等职业技术教育。"这个讲话明确了发展高等职业技术教育的渠道主要是"三改一补"。"三改一补"发展方针的提出，将高等专科教育、职业大学和成人高校统筹规划，对优化高等教育的结构、整合高等职业技术教育发展的资源、稳定和积极发展高等职业技术教育起了很大的作用。尤其将高等专科学校的改革方向确定为发展高等职业技术教育，对于巩固高职的地位、扭转专科教育本科化的现象具有战略性意义。这为高职后期跨越式发展确立了政策基础。

1998 年，新组建的教育部高度重视高职的发展，仍然坚持走内涵发展的道路，提出了多渠道、多规格、多模式的"三多一改"发展高职的方针，并拨出了 11 万个招生指标，在 20 个省市用于发展高职，高职开始了大发展时期。至 1998 年年底，经国家教委批准独立设置的专科层次高校（包括高专、高职和成人高校）达到了 1394 所。

从 1999 年开始，中国高等职业技术教育异军突起，加速发展，取得了前所未有的发展成绩。在实力不断壮大，影响日益深化的过程中，中国高等职业技术教育发展实现了历史性突破。教育部连续三次召开高等职业技术教育产学研结合经验交流会，明确了高等职业技术教育发展的方针为"以服务为宗旨，以就业为导向，走产学研结合的发展道路"。主动适应经济和社会发展需要，坚持培养面向生产、建设、管理、服务第一线需要的"下得去、留得住、用得上"，实践能力强、具有良好职业道德的高技能人才，已成为高等职业院校的办学共识。

1999～2002 年，教育部出台了规范高等职业技术教育发展的系列文件，如《高等职业学校设置标准（暂行）》、《关于国务院授权省、自治区、直辖市人民政府审批设立高等职业学校有关问题的通知》、《关于加强高职高专教育人才培养工作的意见》、《关于支持中央部委院校进行示范性职业技术学院建设有关问题的通知》、《关于制定高职高专教育专业教学计划的原则意见》、《高职高专教学管理要点》等。

这一系列重要文件是在当时高等职业技术教育规模急剧发展的新形势下出台的，对规范高等职业技术教育的人才培养目标和模式都起到了很好的指导和保障作用。

2002年，国务院召开全国职业教育工作会议，发布了《关于大力推进职业教育改革和发展的决定》。2004年，教育部等七部委发布了《关于进一步加强职业教育工作的若干意见》。2005年，国务院再次召开全国职业教育工作会议，发布了《国务院关于大力发展职业教育的决定》。这三个文件及其他配套文件，完善了职业教育发展的宏观政策。为了贯彻全国职业教育工作会议精神，各地先后召开了职业教育工作会议，为促进职业教育发展出台了一些具体的政策措施，有力地推动了高等职业技术教育的科学发展。

（二）制度设计日益成熟

高等职业技术教育发展制度选择的主要依据是高等职业技术教育的基本定位，以及它在经济社会发展影响下形成的基本特征。我国1998年颁布的《高等教育法》第68条明确指出："本法所称高等学校是指大学、独立设置的学院和高等专科学校，其中包括高等职业学校和成人高等学校"，而1996年颁布的《职业教育法》第13条规定："职业学校教育分为初等、中等、高等职业学校教育……高等职业学校教育根据需要和条件由高等职业学校实施，或者由普通高等学校实施"。因此可以认为，我国的高等职业教育是高等教育的一个类型，同时也是职业技术教育的高等阶段。对于高等职业技术教育的基本特征，目前高等教育理论界较为一致认同的是1997年联合国教科文组织颁布的《国际教育标准分类》中的5B标准。该标准分类将大学教育（5级）分为学术性为主的教育（5A）和技术性为主的教育（5B）。所谓5A标准，即"课程在很大程度上是理论性的，目的是为进入高级研究课程和从事工程要求的职业作充分的准备"，而5B标准则是"课程内容是面向实际的，是分具体职业的，主要目的是让学生获得从事某个职业或行业或某类职业或行业所学的实际技能和知识，完成这一级学业的学生一般具备进入劳务市场所需的能力和资格"。

我国的高等职业技术教育从20世纪80年代初诞生到如今的30年发展中，随着改革开放和经济社会发展的不断深入，逐步在高等教育体系中形成了自己的特色，简单地说，就是开放性和职业性，具体到办公层面、人才培养层面，其基本特征表现为：在办公层面上，强调企业参与，实施校企合作共同办学、共同育人；在专业设置上，根据社会转型、经济发展方式转变和人才格局的变化进行专业设置的调整与改造，形成与地方经济发展相适应的专业结构；在人才培养目标上，从我国目前工业化发展水平的实际需要出发，提出培养生产、服务、管理第一线需要的高素质技能型专门人才的培养目标；在人才规划上，根据行业企业等单位的用人实际和个人持续发展的要求，坚持职业道德、理论知识、技术技能和文化素养全面发展；在师资建设上，要求具有知识传授和技能训练能力的"双师素质"，以及学校教师和企业能工巧匠联合执教的"双师结构"；在教学内容上，突出行业企业标准和职业资格证书标准进入教材，以及学业证书和职业资格证书的"双证书"要求；在培养方法上，与企业共同制定人才培养方案，通过工学结合，使学生在学校和企业两个环境中学习，既学到一定的知识，懂得一定的技术，练出一定的技能，又获得一定的真实职业人的工作经历，从而提高对生产实际的适应能力。

教育制度与经济活动关系紧密早已是不争的事实，而且，随着教育和经济本身的不断变化，这种关系也不断具有新的特点。经济活动的各个方面对教育制度有着十分重要的影响，从根本上制约教育发展的目标、人才培养的数量和培养模式的选择，甚至影响专业的课程体系和内容以及人才培养的质量评价标准等。我国高等职业技术教育在近30年中所形成的特征正是教育适应经济发展而不断变化的结果。换句话说，就高等职业技术教育的基本特征而言，它的制度选择，更注重有利于学校与经济社会之间的联系，尤其是有利于学校与行业企业的紧密合作，有利于学生职业能力和职业素养的提高。

（三）示范（骨干）建设成效显著

2006年，国家示范性高等职业院校建设计划启动之际，教育部特别要求示范院校要做发展的示范、改革的示范、管理的示范，为全国的高职院校树立标杆，引领高职院校整体管理水平和办学水平的提高。正如我们看到的那样，没有改革，就没有高职教育的这一高等教育新类型。高职教育到处是改革的机会，其他类型教育机构都不曾有过这样的情况。

2006年11月，教育部、财政部联袂出台了《关于实施国家示范性高等职业院校建设计划 加快高等职业教育改革与发展的意见》（教高［2006］14号）和《教育部关于全面提高高等职业教育教学质量的若干意见》（教高

［2006］16 号）两个文件，标志着高职教育政策在强化特色、加快改革、提高质量三个方面的重点引导。两个文件的主题是"实施国家示范性高等职业院校建设计划"、"加快高等职业教育改革与发展"、"全面提高高等职业教育教学质量"，这显示了政府主导下推动高职教育人才培养模式改革的决心。

"示范建设"坚持以地方投入为主、中央财政引导推动，全力打造以 100 所示范性高等职业院校为核心的优秀院校群体，为高职教育改革发展注入了勃勃生机。

示范建设计划以中央财政对高职教育前所未有的专项经费投入为动力，强化国家政策导向，强调加快改革，强调以内涵建设为抓手、以创新人才培养模式为突破口，加快了高职教育模式的转变。示范建设以重点专业为抓手，强化实践教学，将职业岗位的关键能力融入专业教学，实践教学由过去的简单验证性实验和课堂技能培训，改变为校内生产性实训和企业顶岗实习，通过生产性实训和顶岗实习增强学生就业能力，提高了就业率和企业的认可度。开展高职院校单独招生试点，推进高考制度改革，企业专家直接参与高职院校单独招生的命题和面试，优化了高考评价标准和选拔方式，改变了高等教育的人才观和质量观，成为高考选拔制度的突破口。示范建设把服务经济社会作为高职院校的重要功能，借以提高人才培养质量和提高服务水平。示范建设从服务国家战略实施全局的高度出发，要求各地支持示范院校扩大跨省招生规模，并明确了跨省招生和对西部招生应到达的最低比率，凸显了国家政策的导向作用。2008 年，招收外省市生源比率达到 30% 以上，面向西部地区招收学生比率达到 10% 以上，共计支援西部职业院校 410 所，为对口支援院校培训师资 9364 人次，联合培养学生近 10 万人次，成为国家实施西部开发战略的高技能人才培养的重要组成部分。

第三节　高职院校体制机制改革面临的"瓶颈"

高等职业院校的发展成就得益于多种因素形成的合力，有政策的引导，有经济的牵引，有改革的驱动，有机制的保障，本节主要讨论体制机制因素。马树超曾说，高职教育的政策导向，是加快高等职业院校快速健康发展的主要因素。分析高职教育发展的政策脉络，可以发现，以《教育部关于全面提高高等职业教育教学质量的若干意见》（教高〔2006〕16 号）为标志，高等职业教育进入了强化政策导向、提高政策合力、全面提高教学质量的重要历史阶段。而"实施国家示范性高等职业院校建设计划"，既是"加快高等职业教育改革与发展"的重大举措，更是"全面提高高等职业教育教学质量"的重要抓手。从公示政策文件的数量和时间分布状况分析，可以发现 2000 年、2002 年、2005 年和 2008 年是有关高职教育发展政策出台较为密集的年份，尤其是 2005 年出台了 18 项政策文件，为近年来所罕见，显示出主管部门加大了对高职教育的政策指导力度，而该年度正好召开了全国职业教育工作会议，国务院颁布的关于大力发展职业教育的政策文件的数量为 5 个，也是比较多的，该年度也是召开全国职业教育工作会议、国务院颁布《关于大力推进职业教育改革与发展的决定》的重要年份。出台政策文件较多的还有 2000 年，数量为 7 个，该年是高校扩招政策实施的第二个年份。截至 2008 年 6 月，主管部门出台的政策文件的数量也达到 5 个。然而，随着高职院校从粗放型到内涵式的理性回归，现行的高职教育体制机制已经不适应现代职业教育体系的建设需要。

一、体制"瓶颈"

（一）管理体制的"瓶颈"

高等职业教育管理体制是关于高等职业教育事业的机构设置、隶属关系和职责、权益划分的体制和制度。主要反映高等职业学校与社会、政府三者之间的关系以及与社会经济、政治、科技、文化等之间的密切关系。它包括宏观管理体制和内部管理体制（微观管理体制）以及相关行业协会等方面的内容。作为高等教育重要组成部分的高职教育，由于其兴起的时间较晚，发展的速度迅猛，其管理体制相对而言比较滞后，表现在以下三个方面。

1. 宏观管理体制的统筹度和协调度不高，责权划分不清

尽管 1996 年颁布的《职业教育法》在办学思想、办学方式、管理体制等方面给予了比较明确的规定，但由于没有制定配套的实施办法与措施，使得《职业教育法》的真正实施大打折扣。地方政府在面对高职院校发展中的问题时感到无所适从，往往在教学管理上类推适用普通高校的政策，在监督和测

评上参照个别典型生搬硬套。同时，高职教育质量和办学水平评估标准、各种独立的职教管理标准、规程、制度，尚未进行统一的整理和修订；职教考核标准、国际规程等也没有全面引入职教考核制度。

由于长期以来我国职业教育管理与体制沿袭的是"条块结合，以块为主"的管理格局，与之相对应，所形成的模式是谁办学、谁管理、谁受益，办学与管理合二为一；各级各类职业学校平行发展，相互之间缺乏积极沟通。由于多头管理、职能交叉、统筹乏力，致使资源难以形成整体优势，办学效益低下、办学方向不清等，不能适应新时期经济社会和职业教育进一步发展的要求。从管理上看，虽然高等职业教育归属教育部门统一管理，但一直存在着姓"高"还是姓"职"的争论，归根结底也是教育系统内部管理上的归口问题。中央和地方在发展高职的许多认识上尚未统一，在权力分配、责任分担上界限模糊。由于内部机制问题，地方各级政府在政府行为上易受某些领导偏见或认识不足的影响，对高等职业教育的规划、布局、发展建设缺少全面的长远的考虑。同时，政府内部机构重叠、权力交叉，涉及高等职业教育管理的管理部门、人事部门、劳动社会保障部门和有关行业部门尚未建立起有效的沟通协调机制，存在政出多门的问题，特别是教育部门与劳动部门之间的职业资格证书管理问题。此外，由于政府执法力度不够，劳动准入制度和职业资格制度没有得到很好的实施，也直接影响了职业教育的发展。这些制度上的不完整制约了扩张中的高等职业教育的发展。

2. 内部管理体制一体化程度低，中高职管理部门衔接差

教育的管理体制由于投资和办学主体的不同，呈现出较多的差异性。然而就其本质而言，高职教育管理体制体现为权力在管理的各阶层和学校各个不同利益群体间的分配以及相互间的权力作用关系，这种分配模式和作用关系，即构成权力结构。高职院校的基本权力构成应包括政治权力、行政权力、学术权力和其他利益群体的权力四个方面。其中，学术权力和行政权力之间的关系是高职教育内部管理体制的重点，高职院校的现行权力结构属于行政权力模式：高职院校实行党委领导下的院长负责制，高职院校的学术权力很大程度上为行政权力所取代。权力过分向行政管理偏移，势必削弱了学术权力的发挥，高职院校学术人员特别是教授、专家在决策中的权威作用被忽视。权力过于向上集中，形成倒金字塔式权力结构，使基层的自主权受到限制，

因而抑制了基层创造性的发挥。在这种管理体制下，普遍存在着管理粗细失当、效率低下等问题。一方面，在管理决策中，行政意志、部门意识过分突出，忽视了学校的学术特点，没有充分发挥专家和各专门委员会在学校管理中的作用；另一方面，在管理重心上，行政地位、部门作用过于显赫，教学、科研的中心地位不够突出，造成学校各行政部门及工作人员为教师、为教学服务的主客体关系倒置。此外，长期以来行政机构臃肿、人浮于事的老问题依然严重，科层化的效率很低，这也导致了学校的管理体制一体化程度跟不上时代发展的要求。

与中等职业教育管理部门的衔接协调问题一直是我国高职教育管理体制上的软肋。以上海为例，目前，中等职业教育主要由市教委职成教处负责管理；高等职业教育主要归属市教委高教处管理。两个管理部门对职业教育的理解、具体管理理念及方式的不同造成了对高等职业教育是姓"高"还是姓"职"的问题的争论。正是中高职管理部门的衔接不够使得中高等职业学校课程衔接脱节，不能实现中高职一体化办学。此外，公办学校由于是在政府主导下创办的，受到政策制度的制约不能灵活地和民办学校沟通结合，产生了许多问题，如专业重复设置、从事职业教育的教师及管理人员不能自由流通等。由于公办院校与民办院校的管理部门划分不统一，导致了公办院校与民办院校分属于不同的管理部门，这更加限制了公办院校与民办院校之间的衔接沟通。

3. 行业协会在高职教育中的作用没有得到重视

行业协会是政府与企业之间的中介组织，这对经济发展来说是非常需要的；也是政府与职业技术院校之间的桥梁，这对职业技术发展来说是非常需要的。统览世界发达国家职业教育的发展规律，我们可以发现行业协会在职业教育发展中发挥着不可代替的作用。比如，德国、英国、日本等职业教育都立足于行业协会，走实质性的校企合作道路。这些国家的行业协会具有极强的管理功能、较高的政治地位和经济地位，职业教育由教育主管部门和行业协会共同管理，具体表现在制定人才培养规格，制定职业资格标准，参与学校教学管理全过程，建立行业训练中心，对职业学校学生进行职业资格考试（考核）和证书颁发工作。正是行业协会在职业教育中的这些作用，才能真正促进校企合作的展开，实现职业教育规范化管理，保障职业教育毕业生的质量和确保职业教育在社会上的地位等。而行业协会的重要性还没有引起我国政府和企业的重视，很多行业甚至还没有建立起行业协会。

（二）办学体制的"瓶颈"

由于我国高等教育很长一段时间实行的是政府或中央部门办学，是国有资产通过教育行政部门和业务部门来实施的办学。无论是政府，还是中央部门，办学的主体都是公有制部门，是国家所有制形式。我国高等职业教育是在高等教育大发展背景下建立发展的，不可避免地带有高等教育体制方面的一些问题。在办学体制方面，我国高等职业教育存在以下几个方面的不足：

（1）办学形式单一，缺乏灵活性。我国高等职业教育从真正开始建立发展到现在只有短短的三十年，虽然在很多方面取得了很大的成功，但是在发展过程中时时刻刻地深受我国高等教育发展模式的影响，表现在办学形式上就是办学形式单一。

我国高等职业教育从20世纪80年代成立以来，基本上固定于中央部门和地方政府投资这一办学模式，社会参与度低。由于政府部门很难了解某一具体行业的变化发展，行业企业又很难进入高职院校参与学校建设管理，因此造成了高职院校专业设置跟不上时代发展所需，造成了教育资源的浪费。因为我国经济发展的不平衡，各个地方高职教育的发展也很不平衡，相互之间缺乏交流，灵活性差。

（2）办学主体多元化程度低，社会参与度不高。职业教育办学主体多元化，实质上是投资主体多元化和管理主体多元化。许多市场经济国家职业教育的投资主体，也是职业教育的管理主体。职业学校经费由地方税收、地方政府拨款、中央政府资助、学生学费以及企业、私人赞助和学校产业收入等多元化构成，只是在额度和比例上有所不同。这种投资结构决定了职业教育的管理由中央政府、地方政府分级负责，重心在地方。管理机构属地方政府职能部门，职业教育管理委员会成员由社会各界代表组成，负责制定职业教育发展规划及政策法规，分配管理经费，评估审议课程设置及财务执行，确定学费额度，颁发教师资格证书，争取经费支持等。这种管理形式使社会各方面都能参与职业教育管理。

我国高等职业教育是在高等教育大发展背景下发展壮大的，迫于社会就业压力，中央和地方政府部门纷纷建立高职高专学校，这一发展模式在一定的历史条件下是正确的。随着经济时代的发展，这一办学主体的单一性越来越暴露其缺陷。职业教育基本是贯彻"谁投资、谁管理"的理念，由于我国高等职业教育基本是政府部门投资建设，因此也是由政府部门管理。然而政府部门对于具体行业的特点和发展趋势不能及时掌握，造成很多高职院校专业设置、实训基地滞后于行业发展，不能满足市场的需要。在我国教育被认为是公益事业，是非营利性组织，这一观点有其正确的方面，但是具体到职业教育上面有片面之处。我们知道职业教育是与企业联系最为紧密的，专业更新快，只靠政府部门有限的教育资源是很难跟上行业发展的。

此外，虽然我国已经加入 WTO，但是我们的教育特别是高等教育没有开放，使得我们很难吸取国外办学经验和管理经验。

（三）投资体制的"瓶颈"

早在 1998 年我国《职业教育法》就明确规定："国家鼓励企业事业组织、社会团体、其他社会组织及公民个体按照国家有关规定兴办职业学校"。1999年 6 月《国务院关于深化教育改革全面推进素质教育的决定》更进一步指出："动员社会力量，大力发展高等职业技术教育"。从而使企业事业组织、社会团体、公民个人等社会主体投资高职教育具有了法律依据，高职教育的多元投资体制也因之确立下来。尽管如此，目前的投资体制依然单一，政府仍然是主要投资主体。投资总量不足、来源结构不均衡、分配结构不合理、投资观念偏颇、个人成本过高、资金未能及时到位和资金使用透明度不高等现象严重影响了高职教育的健康、持续发展。尽管高等职业教育的资金来源途径多种多样，但其中存在着一些这样或那样的问题，主要表现在：

（1）投资观念偏颇。社会主义市场经济体制下，以前"包分配、不缴费、当干部、跳龙门"的职业教育发展的优惠政策已取消，"扩招热"、"普高热"和"人才高消费"现象的出现，加之长期以来人们对职业教育的偏见与鄙薄，认为高等职业教育是"二流教育"，是那些高考落榜生的收容所，因此，很多学生宁愿复读去挤"独木桥"，甚至不惜重金缴费读普通高等院校，也不愿跨进职业院校。这种教育畸形的消费观念，导致了普通院校"门槛挤破"，职业院校"无人问津"的不正常现象。

（2）投资比例不合理。由于国家经济实力的逐步提高，社会进入全面发展时期，各行各业都需要资金的投入，高等职业教育也需要增加资金的投入，以加快自己的发展步伐。我国教育部下拨的教育资金都被投入到各个重点高校和一些院校的重点专业、重点学科，而对职业教育的投入相当少，加上国家政策的偏向，把重点放在基础教育和普通高等教育上，认为职业教育，尤其是高等职业教育应该是行业和企业的事，政府的投入较少，以致职业教育经费不足，高等职业教育发展面临资金短缺的问题。

（3）个人成本过高。高等职业教育培养的是动手操作能力强的高级技术人员，需要花费大量的资金进行实训基地建设和对学生实施技能训练，比普通高等教育投入更大，办学成本比普通院校高，为此，制定和实行了高收费政策。这种高收费政策，加剧了学生挤"独木桥"的现象，影响了高等职业院校的生源。

（4）社会力量投入不足。一些高等职业院校的资金来源依附于行业、企业的投资和校办工厂的收益，与它们的效益息息相关，即行业、企业和校办工厂的效益好坏直接影响学校的办学资金投入。如果它们的经济效益好，投入所属的高等职业院校的经费就多；相反，如果经济效益不景气，那么，资金就很难到位。民办职业院校由于资助企业自身发展存在不稳定性，往往兑现不了合同中关于对学校经费支持逐步增长的承诺，使其发展受到约束。加之高等职业教育是新鲜事物，很多人对它心存疑虑，对其培养出来的学生是否能达到预期的目标不敢肯定，对其投入能否创收没有信心，为此，投资部门不得不考虑效益问题。

（5）资金使用透明度不高。有的高等职业院校的财务管理不规范，没有建立严格的投入产品机制，只管投入，不讲经济效益，造成资金的"高投入，低产出"；有的院校对学校剩余资金的管理混乱，资金没有花在教学与科研的"刀刃"上，用在一些与之无关的方面，造成不必要的浪费。正因为政府资金投入不足和企业单位投资力度不够，导致高等职业院校投资渠道单一，教学工作无法正常开展。目前，一些职业院校因资金短缺相继停办，而近几年兴起升格的高等职业院校，由于资金紧张，办学条件简陋，必备的教学仪器、设备投入不足，实习实训设施欠缺，师资队伍力量不强，在一定程度上影响了教学质量和学校的发展，从而影响了我国整个职业教育事业的发展。

二、运行机制的"瓶颈"

目前我国高等职业技术教育要解决的问题很多，但根本点在于校企合作。

"校企合作"是利用学校和企业两种不同的教育环境和教育资源，将学校教学与学生参加企业实际工作岗位训练有机结合，培养适应合作企业及社会用人需求的应用型人才培养形式。它是既符合职业教育规律又适应人才市场需求的办学模式，是国际职教界公认的应用型人才培养的有效途径。它既体现了职业教育与经济社会、行业企业联系最紧密、最直接的鲜明特色，又是当前改革创新职业教育办学模式、教学模式、培养模式、评价模式的关键环节，更是把职业教育纳入经济社会发展和产业发展规划，促进职业教育规模、专业设置和经济社会发展需求相适应的重要途径。然而目前校企合作的长效机制还没成型，主要存在以下几个方面的问题。

（一）学校与企业缺乏校企合作的共识

首先，高职院校应该认识到，虽然随着人们对于高等教育需求的不断增加和高等教育大众化的发展，我国高职教育的规模得到了空前扩大。但是，规模的扩张并不尽如人意。一方面企业需要懂得高新技术、操作能力强、能够快速适应岗位需求并有发展后劲的高技能人才；另一方面许多高职院校仍然沿用以学科为本位的人才培养模式，即使以能力培养为目标，仍然很大程度上沿用以前的人才培养方式，培养的人才没有准确的职业岗位定位，缺乏就业能力。这就要求高职院校必须以企业需求为导向，加强与企业的合作，不断创新人才培养模式，充分满足企业的需求及其发展趋势，不断促进学校教学内容和教学方法的改革，使职业教育与社会实践紧密结合，促使学校把学生的培养过程与企业对第一线工艺技术人员的要求有机结合起来，使培养的人才适应企业、行业、社会的需求。人才培养的市场导向性特征是高职教育的重要特征之一，这是由高职教育的人才培养目标决定的。社会对某一类人才的需求会因时、因地而变化，与一定的市场、职业、技术等条件有紧密的联系。高职教育培养的人才要想得到社会的认可和欢迎，必须坚持以企业的人才需求为导向，科学预测，适时、超前地开办有发展潜力的专业。其次，企业应该认识到，随着科学技术的不断发展和生产过程科技含量的不断提高，企业的发展离不开人才，企业与企业之间的竞争越来越集中地表现在人才的竞争上，因此，与学校合作培养自己需要的人才，是提高企业竞争力的重要手段。在德国，企业有自觉参与和支持职教的理念，德国企业既依靠学校的优势来完成人才的培养，又不把任务完全交给学校，而是与学校共同完成，因为它们认为，学校不可能配备与当前企业正在使用的完全相同的设备与设施，因此培养的结果不可能一样；同时，企业也需要面对面直接考核本企业未来员工各方面的表现，这对保障企业员工的高素质十分必要。

（二）校企合作的实施缺乏法律保障

就目前的现状而言，校企合作的法律保障还处于初级阶段，相关的法律体系并不完善。我国《职业教育法》原则性地规定了企业开展职业教育的义务，但是缺乏可操作性，涵盖内容也不够全面。首先是对企业在校企合作中的权益缺乏保障。法律只强调了校企合作中企业的义务，对于企业权益的保障并不具体，企业享受的优惠政策受到附加条件的限制。例如，企业与学生所在学校必须正式签订期限在三年或三年以上的实习合作协议，如未满三年终止履行协议的，对已在税前扣除的实习生报酬将调整应纳税所得额，补征企业所得税，并依法缴纳滞纳金。但是就企业而言，发展水平并不均衡，许多企业在校企合作的过程中难以完全具备税收优惠政策要求的全部条件，致使该优惠政策在一定程度上流于形式，在鼓励企业参与学校的人才培养，提高企业校企合作动力上没有发挥应有的作用。其次是对企业职责的履行缺少强制力。职业教育法法律规则要素不完整，没有特别强调如果企业未履行义务的后果，缺乏强制力。就《职业教育法》来看，第29条提到"企业未按本法第二十条的规定实施职业教育的，县级以上地方人民政府应当责令改正；拒不改正的，可以收取企业应当承担的职业教育经费，用于本地区的职业教育"，但是没有明确具体的措施和标准来收取企业应当承担的职业教育经费。最后是对学生的利益缺少关注，学生在企业进行实习期间的保障等问题受到忽视。以顶岗实习为例，学生实习实训期间由于操作不当、学校或企业对学生的管理不完善、生产现场比较复杂等都会导致事故或意外的发生，然而目前的法律并没有明文规定实习期间，与正式员工一样必须履行岗位的职责和义务，并尽责地完成本岗位的工作任务，实习单位此时作为主要的管理者，应该对实习生的人身损害承担主要责任，不得以实习生与企业间不存在劳动关系为由拒绝履行必需的责任；另外，学生毕竟与正式员工不一样，虽然顶岗，但由于是教学实习，因此仍然是学校的学生，学校必须担负相应的管理责任。总之，对学校与企业在校企合作中的相互关系及职责应该有明确的规定。

（三）行业协会的作用没有得到很好发挥

行业协会参与高等职业教育的管理，对于我们掌握市场需求信息、把握经济发展动向、整合资源进行决策和管理具有重要意义。《纲要》指出，要调动行业企业和社会力量举办和参与职业教育的积极性，建立健全政府主导、行业指导、企业参与的办学机制，鼓励行业组织、企业举办职业学校。

高等职业技术教育与生产一线的紧密联系和劳动力市场供求关系的现实证明，政府难以单独支撑管理高等职业技术教育的全部重任，必须根据高等职业教育的自身规律，合理配置政府、行业协会在教育管理过程中的各项职能。政府开展与行业协会的平等合作关系，引导行业主管部门和行业协会积极配合进行高等职业教育的管理；而行业协会应当开展本行业主管部门和行业人才需求预测，并及时向教育、劳动和社会保障行政部门、职业院校和职业培训机构提供相关的信息，积极主动地参与适应本行业需求的人才培养计划的制订和实施。然而，我国的高等职业技术教育几乎是一个政府单向操纵的封闭体系，常常把市场、行业协会排除在管理决策之外。

德国的"双元制"之所以取得巨大成功，关键之一就是行业协会在运作中起到了十分重要的作用。行业协会担负着组建职教机构、制定规章制度、认定培训资格、审查培训合同、确定培训时间、组织技能考试、仲裁双方矛盾以及监督、咨询等多项职能。它们密切关注经济结构调整和培训岗位的变化，密切关注培训质量并及时调整行业教育政策，是政府和企业之间的重要桥梁，在职业教育发展中起着十分关键的作用。

我国当前正处在经济转型阶段，许多产业和行业主管部门已经撤销，然而经济与职业教育的联系却越来越重要，行业的桥梁作用不可缺少。因此，要学习和借鉴德国等发达国家行业协会组织实施职业教育的经验，结合我国高等职业教育的改革实践，催生一批行业协会，探索行业协会参与职业教育的管理。

（四）各级政府部门的协调职责分工不明

根据我国《职业教育法》，国务院教育行政部门的职业教育行政权是"统筹规划、综合协调、宏观管理"；"规定企业职业教育经费"，省政府开征的教育附加费"可以专项或按一定比例用于职业教育"，"规定学校、培训机构学生收费办法"；国务院有关部门的职权是"会同国务院财政部门制定本部门职业学校学生人数平均经费标准"，保证"举办职业学校和职业培训机构的财政性经费应当逐步增长"，"会同财政部门规定企业职业教育经费"，"加强职业教育生产实习基地建设"，"建立职业教育服务体系，加强职业教育教材的编辑、出版和发行工作"；县级以上地方人民政府的职业教育行政职权是"地方领导，统筹协调和督导评估"，"举办职业学校、职业培训机构"，"对社会办学给予指导和扶持"，保证"举办职业学校和职业培训机构的财政性经费"，"将职业教育教师的培养和培训工作纳入教育队伍建设规划，保证职业教育教师队伍适应职业教育发展的需要"，"加强职业教育生产实习基地的建设"，由此可以看出，政府是办学主体之间功能和利益关系的协调者，在市场经济条件下，政府主要履行宏观调控的职责，协调行业、企业与职业学校、职业培训机构的关系，创设长效机制，调动各办学主体的积极性，兼顾各方利益。然而目前的现状是，由于各级各方政府职能部门权责不够分明，造成宏观协调过程中的抢位、缺位和无为，影响了高等职业技术教育的健康发展。

第四节　中山火炬职业技术学院的价值取向与理念

从文化学角度来看，共同的价值观是一个单位文化形态的核心，决定了这个单位的发展方式和路径选择。中山火炬职业技术学院经过短短的 10 年时间，便跻身于中国 100 所骨干高职院校的建设单位，必然有其内在的动力和正确的路径选择。

一、"四个维度"的文化价值取向

中山火炬职业技术学院创办于 2004 年，当时正处于中国高等教育扩招和中国高等职业院校超常规发展的鼎盛时期，也是相当一部分发达地区的经济开始进入"第二次创业"的时期。选择在一个地级市的国家级高新区创办一所高等职业技术学院，一方面，很好地配合了中山高新区产业加快转型升级的要求，是大势所趋；另一方面，一个从来没有创办过高等教育和科研院所的科技产业园区，是否有能力办成一所高校，即使办成，又能否办好？在当时确实受到社会上的一些质疑。事实证明，根植于工业园区的中山火炬职院不仅发展得快，而且发展得好。这与学院确立了正确的价值取向有着根本的关系。

（一）"储备库"的建设，使中山火炬职院成为高新区固定的"人才源"

中山火炬职院在发展中，始终力争成为支撑区域经济发展的高技能人才"储备库"，回答学院为何存在的哲学拷问，具体讲就是开发区为什么要办这所学院。近10年来，开发区的工业总量以每年超100亿元的幅度递增，增幅保持在12%以上。到2013年，全区的工业总量已突破1380亿元。而开发区的幅员面积仅有70km²，常驻人口数量为21万。若按各单位面积和人均工业生产值，在全国的80多家高新区（开发区）中，是很靠前的。这跟大批掌握了高新技术、具备了高技能的一线应用型人才培养有直接关系。10年来，中山火炬职院培养出10000余名高级技工，其中有60%在中山高新区就业。据有关部门统计，在中山高新区的每一个高级技术工人，人均年工业生产总值大约200万元。按此计算，中山火炬职院培养出的技术工人，已直接为当地贡献了超过1200亿元的工业产值！这还不包括因高级技工成长和带动所产生的其他附加值。

（二）"助推器"的打造，使中山火炬职院成为高新区重要的"技术源"

产业转型升级最直接的动因是技术的转型升级，作为区域性的高等职业技术学院，既有培养高端技能型人才的责任，更有开展科技研发的任务，并且由于地方性高校与地方产业联得紧、靠得近，所以它的人才培养和科技研发的实施更接"地气"。随着与园区高新技术产业升级相匹配的科技研发体系的建立，推动园区科研成果产业化的重要"孵化器"也逐步成型。70余项发明专利、200余项实用新型专利应时而生，60余名专任教师被聘为企业技术顾问，20余名科技特派员进驻企业，40余名掌握了先进技术和具备创新能力的毕业生进入相关企业的研发部门。电动汽车充电、3D打印制造等处于前沿的新兴技术，也在"孵化器"中逐步实现产业化。学院靠实践成为加速经济社会转型升级的"助推器"，用事实回答了学院是否存在的哲学拷问，具体来讲，就是在经济社会转型升级的过程中，学院扮演了"技术源"的角色，肩负了推动地方科研成果工业化的使命。

（三）"先行者"的角色，使中山火炬职院成为高职教育的重要开拓者

在全国高职院校千帆竞发、百舸争流的激烈竞争中，学院以什么优势走

在前面？靠改革创新，具体来讲，就是靠以体制机制改革为核心的全面改革创新。2011 年，在成为全国最年轻的国家骨干高职院校的同时，成为职业教育体制机制改革的国家试点单位。"335"人才培养组合机制得到广东省政府的高度肯定，出席全国高职高专会议，并作经验介绍。高职院校体制机制改革的"先行者"地位已牢固确立，较好地回答了学院能否存在的哲学拷问。

（四）"效益型"路径的选择，使中山火炬职院走上跨越发展的创新之路

举深化改革之旗，走效益发展之路，是中山火炬职院的发展路径选择。10 年来，坚持"不为所有，但为所用"的理念，在资金方面不等、不靠、不要，建立董事会平台和生产性实训校区平台，主动与企业牵手，整合利用价值超过 6 亿元的办学资源，赢得了发展机会和发展时间，成为我国创业型、效益型高职院校的"示范校"，生动地回答了地方高职院校怎样存在的哲学拷问。

经过近几年的实践，以上四个维度已比较明晰地成为学院的价值取向，成为引领学院快速健康发展的核心引擎。

二、"高、特、新、精"的持续发展理念

一是坚持以"高"为核心的人才培养理念。中山市委常委、开发区党工委书记、翠亨新区党工委书记侯奕斌一再强调要坚持"高、特、新、精"理念，并对这一理念体系进行了阐释。所谓"高"，指培养高端技能型人才。即人才培养规格对应产业链需求的高端。毕业生的综合素质高、就业的岗位层次高、专业对口率高、月薪收入高。这"四高"要求我们必须努力提高人才培养质量，实现由"数量就业"到"质量就业"的转变。

二是坚持以"特"为核心的特色发展理念。第一，专业特设。立足园区建立专业和课程，并适时优化。根据园区产业的发展开设新专业，淘汰旧专业。第二，模式特创。继续完善独创的"火炬模式"的自身体系。这是学院的独特优势，要充分利用，进一步探索如何更好地利用园区企业资源。加强"一区两中心"（实训校区、健康产品研发分中心、光学产品检测中心）建设。第三，路径特辟。根据学院所处的特殊环境和条件，努力开辟出一条创业型、效益型的发展道路。

三是坚持以"新"为核心的制度机制构建理念。第一，创新培养机制。

进一步完善"335"人才培养组合机制和"6315"培养机制。第二，创新服务机制。紧密配合园区经济转型升级，坚持"以服务换资源，以资源促发展"，不断拓展服务领域，创新服务模式。第三，创新合作机制。生产型实训校区是学院成为国家骨干高职院校建设单位的最大亮点，是学院与企业联合的具体平台。今后要进一步强化实训校区服务教学的功能，加大建设力度，不断丰富其内涵。

四是坚持以"精"为特色的办学规模、以"精"为核心的专业建设理念。根据学院的性质特点，我们不追求大规模的扩张，而是培养精品毕业生。专业和课程是高校的核心竞争力所在。打造精品专业和精品课程，是提高学院核心竞争力的必由之路。具体是人才培养方案的制定要"精准"，专业课程设置要"精当"，教材和讲义的编写要"精审"，课堂讲授要"精炼"，实训指导和管理要"精细"，毕业论文和毕业设计指导要"精心"。这"六精"既是对教学质量和水平的要求，也是对教学管理的要求。

第三章　高职院校体制机制改革的顶层设计

党的十七届五中全会提出的"更加重视改革顶层设计"引起了中国社会各界新一轮改革的广泛关注。我国的高等教育，特别是高等职业技术教育正处于改革与发展的关键时期，国内外经济环境严峻复杂，我国教育发展不平衡、不协调、不可持续问题突出，教育质量提高不明显，教育所涉及的社会利益关系复杂，各种矛盾和风险增多。在这种形势下，深入研究和推进教育改革与发展的顶层设计，特别是在错综复杂的高等职业技术教育领域中抓住主要的、重大的矛盾，制定和确立正确的科学的中国高等职业技术教育体制机制改革的顶层设计，对于有效推进高等职业技术教育的改革有重大意义。本章以中山火炬职业技术学院体制机制改革的顶层设计为例，重点阐述高等职业院校体制机制改革与建设顶层设计的原则、目标。

第一节　高职院校体制机制改革顶层设计的原则

一、顶层设计应立足于人才培养质量的提高

高职院校的根本任务是培养人才。人才的质量直接证明高等职业技术院校办学的质量，二者是可以相互替换概念的重要关系。什么是高职院校培养人才的质量？如何衡量和检验高职院校的办学质量？其实标准只有一个，即高职院校培养的学生进入社会后，能否受到中国社会与经济各行业的欢迎和接受，毕业生在相关社会与经济工作环境和岗位上，能否适应企业和事业单位的工作需要，即相关专业学生毕业后在相关工作岗位上能上得岗、留得下、干成事、出业绩、创价值。因此，高职院校体制机制改革的顶层设计首要原则是立足于培养适应中国社会与经济发展需要的建设人才，立足于从根本上

提高高职院校的教育质量。如果没有质量提高作为高职院校体制机制改革的首要原则，其他一切改革与发展都没有实际意义。

二、顶层设计应立足于破解制约高职院校发展的"瓶颈"问题

经过新中国60多年的教育发展，特别是30多年的改革开放带来的教育事业大发展，我们已经相当明确，高职院校改革与发展的方向是为建立和完善社会主义市场经济服务，为适应中国社会与经济发展培养高质量人才。这一点已经成为国家层面、学校层面、社会层面、企业层面的共识。现在的问题是，在我国成为世界第二大经济体并力求实现民族复兴的"中国梦"的同时，一些突出问题摆在我们面前，有的问题还相当尖锐。例如，学校培养的人才同社会企业需要严重不配套、不适应的矛盾，国家、社会和企业投入高职院校办学经费不足的矛盾等，严重影响高职院校的发展和中国经济的更大进步。因此，现在我们讨论和研究高职院校体制机制改革的顶层设计，不再将重点放在要不要改革的一般理论问题上，而是要解决导致我国高职院校发展中的不平衡、不协调、不可持续的体制机制矛盾；解决后国际金融危机时期全球需求减弱，我国经济增长速度趋缓后有可能暴露的高职院校人才质量问题；解决收入差距拉大及其导致的高职院校学生能否留在企业基层就业的问题；解决高职院校培养人才同社会企业需求脱节的问题，等等。因此，高职院校体制机制改革的顶层设计原则应从影响和制约高职院校发展的重大问题切入，列出若干个关键问题，制定相应的对策和可操作的解决方案。

三、顶层设计应立足于瞄准高职院校改革发展的重大领域

在高职院校发展与改革的具体过程中，涉及国家和社会很多领域，主要包括教育、经济、就业、投入等领域，由于国家人口多，经济发展不平衡且处于动态发展阶段，确实存在各种各样的矛盾和问题。但既然是顶层设计，就必须从当前及今后一个时期影响高职院校科学发展、社会和谐、经济腾飞中最强烈的诉求和期盼的重大问题入手，抓住现象背后的体制机制原因，不回避、敢碰硬、讲实效、求突破。只有做到这一点，或者有所突破和创新，才具有"顶层"的意义。有些问题，例如，高职院校生源问题，学生专业不对口的兴趣问题，所谓热门专业和冷门专业问题，社会实践问题等，属于高

职院校发展日常的改革工作，属于短期问题，不具有全局意义上的"关键性"。对此应从具体问题入手，制定个性化的有实效的解决方案，对这些问题该怎么解决就怎么解决，不必列入顶层设计的内容。顶层设计主要是抓牵一发而动全身的关键问题，抓长期以来导致高职院校发展滞后的核心问题，抓严重影响我国经济社会发展对人才质量需求的根本问题。唯有如此，才能纲举目张，为解决其他问题铺平道路。

四、顶层设计应立足于推进现代职业教育体系建设

我国高职院校的发展进程非常复杂而具体，从起源上看，有中等职业学校或中专学校升格而成的高职院校；有普通高校设立的职业技术学院，如广东海洋大学职业技术学院；有独立兴办的职业技术学院，如中山火炬职业技术学院。在改革开放 30 多年的基础上推进中国高等职业技术教育的大发展，需要全面推进经济体制、政治体制、教育体制、社会体制改革创新，不能就高职教育谈高职教育，特别是进行顶层设计。中国高职院校的改革与发展，必须从国家经济发展的顶层和推动中华民族实现民族复兴"中国梦"的最高利益出发，实事求是，不设思想框框，力求创新与传统相结合，实效与特色相结合，重点与一般相结合，国内与国际相结合，短期与长期相结合，制定符合中国社会经济发展要求的，有中国特色的高职院校发展新战略。

五、顶层设计应立足于高职院校发展的国际视野

中国经济的外贸依存度已达到 50% 以上，中国加入 WTO 后，中国经济早已成为世界经济的组成部分，是世界经济链条中的重要一环。世界经济的发展影响和制约着中国经济，中国经济推动和贡献于世界经济。中国企业的国际化程度和水平直接体现了中国经济的国际全球化水平。中国企业的国际化是通过具体的企业员工来推动和实现的，而企业员工从何而来，从未来经济的发展来看，推动中国企业走向国际化的主力，只能是企业中有知识、有水平、有创新的知识技能型人才。在未来中国企业发展进程中数以百万计的高等职业技术院校的毕业生才是中国企业国际化的重要推动力量。因此，高职院校体制机制改革的顶层设计应立足于中国经济发展的现实，应立足于全球视野。

第二节　高职院校体制机制改革顶层设计的目标

一、确立高职院校体制机制顶层设计目标的依据

《国家中长期教育改革和发展规划纲要（2010～2020）》（以下简称《纲要》）是确立高职院校体制机制顶层设计目标的权威依据。《纲要》指出：发展职业教育是推动经济发展、促进就业、改善民生、解决"三农"问题的重要途径，是缓解劳动力供求结构矛盾的关键环节，必须摆在更加突出的位置。职业教育要面向人人、面向社会，着力培养学生的职业道德、职业技能和就业创业能力。到2020年，形成适应经济发展方式转变和产业结构调整要求、体现终身教育理念、中等和高等职业教育协调发展的现代职业教育体系，满足人民群众接受职业教育的需求，满足经济社会对素质劳动者和技能型人才的需要。

二、高职院校体制机制改革顶层设计目标

（一）构建适合我国高等职业技术教育发展的法律体系

借鉴国外职业教育发展的成功经验，我们不难看到立法在保障校企合作中发挥了举足轻重的作用。为了培养和提高学生职业能力和素质，积累工作经验，各国政府在促进校企合作方面作出了不懈努力。美国政府的"合作教育"，德国的"双元制"，日本的产学恳谈会，英国的职业资格会员、商业与技术教育委员会等。通过我国高等职业教育走过的几年历程以及与国外职业教育的对比，我们发现没有完善的法律保障体系，高等职业教育的发展就不可能一帆风顺，就不能顺畅地为国家的经济建设提供合格、优秀的人才。我们要在《职业教育法》的基础上，制定有关的职业教育促进法和管理条例，如司法、行政、审议和社会监督相结合的监督机制。唯有健全的法律体系，才能使我国的高等职业教育在实践中有法可依，才能使政府的决策和行为得到有效的规范和制约，进而避免或减少政府越位行为的产生。

首先，与时俱进，完善《职业教育法》。法律是实现高等职业教育腾飞的

有力保障。对有关高等职业教育的法律、法规、规章进行法律编纂，制定统一的"高等职业教育法"。该法应包括总则、高等职业院校的设定、体系、高等职业院校的教师与学生、高等职业教育的投入与条件保障及附则几个部分组成，以法律形式明确高等职业教育的地位、根本任务、发展途径、设置标准、管理体制、条件保障、人才培养模式及法律责任。应明确高等职业教育是与普通高等教育并列的、同等地位的高等教育体系；高等职业教育的任务是培养职业型、技能型熟练劳动力；建立并逐步完善在国务院领导下分级管理、地位为主、政府统筹、社会参与的职业教育管理体制；扩大高职院校的办学自主权，保障职业院校在专业设置、招生规模确定、教师聘用及经费使用等方面享有充分的自主权；提高办学层次，建立起从职教专科到职教本科乃至技术硕士、技术博士的职教培养体系；严格实施就业准入标准，加强职业教育与劳动就业之间的联系；特别是要明确各级政府对职业教育的经费，保障生均经费应不低于普通本科。只有这样，《职业教育法》才能充分发挥对职业教育的保障作用，推动我国职业教育不断向前发展。

其次，调动各方积极性，制定具体实施条例，建立健全职业教育法律体系。建立健全职业教育法律体系可以从两个层面着手：一是上层立法，即由人大常委会专门的立法机构立法；二是下层立法，即由具体行政部门立法。其他立法机构在不违背《职业教育法》的前提下可以制定相应的行政法规和部门规章。除人大之外，国务院和地方人民政府也可以制定法规和部门规章。如果说人大常委会制定行政法规和地方法规，教育部和地方人民政府可以制定规章。如果说人大常委会制定的《职业教育法》可以作为职业教育法律体系的母法的话，各立法机构可以《职业教育法》中一般性和概括性的规定为依据，根据各自的具体情况制定《职业教育法》的实施细则，地方各级人民政府和教育部门可以根据自己的具体情况制定更为可行、更适应当地经济发展需要的职业教育法律规范。社会的发展瞬息万变，通过上层立法来解决职业教育发展中的问题，显然不如由行政部门立法及时。因此，在构建我国职业教育法律体系的过程中，应该充分发挥各级政府和教育部门的积极性，因地制宜，因势利导，充分利用地方的优势，制定适合地方职业教育发展的职业教育法规，促进校企合作，培养符合新型工业化需求的技能型人才，走出一条具有中国特色的职业教育发展之路。

（二）完善高等职业技术学院教育的投资体制

高等职业教育投入不足已经成为制约其发展速度、发展质量的重要因素，由于财政投入不足，部分高职院校不得不依靠提高学生收费的办法弥补办学经费的短缺。这不仅有损高职院校的社会形象，而且不利于可持续发展。当前，要从根本上解决经费投入不足的问题，必须改革高等职业教育办学体制，实现社会化办学，拓宽经费投入渠道。

首先是要加大政府投资力度。各级政府必须进一步提高对高等职业教育重要性的认识，并继续加大对高职教育的经费投入，保证对高等职业教育的生均经费投入达到普通高等院校的水平。由于高等职业教育需要花费大量的资金进行实训基地建设和对学生实施技能训练，需要比普通高等教育更多的资金支持，而社会和国家是高职教育发展的主要受益者，因而政府有必要增加投入，提供足够的资金保障。事实上，各发达国家高职教育虽然筹资渠道广泛，但政府财政拨款依然是高等职业院校经费的主要来源。但是，我国是穷国办大教育，经济基础薄弱，还有其他各类教育层面需要扶持。因此，在高职教育经费方面，应增加各级政府特别是地方政府的投入，保证用于高职教育的财政拨款逐年增长，制定各地区职业学校学生人均经费标准，可将一定比例的教育附加费用于高职教育，同时逐步扩大中央财政对职业教育专项资金的扶持范围。此外，政府拨款应破除按人员编制计划为基础的单一预算分配方式，如根据评估优劣确定拨款数额，采取科研合同或资助入学大学生等方式，这样就能充分调动高职院校的竞争活力。

其次是调动社会投资的积极性。改革高等职业教育的办学体制，依靠企业行业社会，建立有利于社会力量参与、公办民办共同发展的体制，调动社会办学的积极性，逐步形成多形式办学、多渠道投入的发展局面。加速研究落实企业承担教育费用的办法，促使各类企业尤其是非公有制企业承担部分职教责任。可以逐步实施费改税，按企业职工工资总额的一定比例，向企业征收训练税。借鉴国外经验，制定符合我国国情的教育费分摊办法。

最后加强经费管理。提高经费使用效率，在高职经费安排上向承担技能型紧缺人才培养培训任务的职业院校和专业倾斜，引导高职教育发展方向。积极引导职业学校开展各类培训业务、从事社会服务、创办校办企业，并给予一定税收优惠政策和信贷支持，既拓宽资金来源，又增加实习场所。同时政府有目的地向职教创办者、企业和个人提供津贴以刺激他们对职教的投资，鼓励境内外组织和个人向职业教育捐资助教。

（三）改革高等职业技术教育的管理体制

首先，要理顺中央和地方政府教育管理部门的关系，确立地方政府的主导地位，明确各自的权限和责任范围。由于发展高等职业教育的出发点和落脚点是为地方经济发展服务，而我国地域辽阔，不同地区在自然地理条件、社会文化背景、经济发展水平方面都存在一定差异，导致不同地区对人才的需求不一样，地方政府比中央政府更加了解当地的社会状况和企业发展的需要，更易以较低成本获取全面、详细信息，管理成本相对较低。因此，应当在保证中央政府宏观调控的前提下，给予地方政府更多的管理权力，增加地方政府的自主性、灵活性和积极性，保证各地政府能够根据现实需要，因地制宜、因势制宜采取具体管理措施，提高效率，推动各地高职教育的发展，使其真正为地方经济服务。

其次，应尽快打破部门界限，简化、理顺关系，将分散在各个部门的职教管理职能集中起来，成立一个有权威、有统筹协调能力的职教机构。我国高职教育的管理主体主要有三个：一是国家规定的从中央到地方的各级职教行政部门；二是高职教育的学校管理主体；三是企业。在职业教育证书与培训证书管理方面，教育部门只负责学历证书的管理，而职业资格证书则由劳动、人事部门管理，学历证书和职业资格证书不仅由不同的部门管理，而且各自独立存在，彼此之间没有必然联系。这种条块分割管理，不仅职责交叉，标准各异，而且缺乏协调，各自为政，使被管理者无所适从，不可避免地给有限的教育资源造成了浪费，并且导致高职教育管理在实际操作层面上产生了一系列的问题，如某些学校同时隶属于多个管理主体、企业对高职院校的教育管理漠不关心、学校内部管理决策不科学等。针对多头管理的问题，我们认为，改变这种状况的根本方法，是建立起一个专门的统合机构，以协调各管理主体之间的关系。其主要职责是预测人才需求情况，制定职教发展的总体规划、速度、布局，制定职业标准，组织监督评估，协调教育与经济及教育系统内部的各种关系。同时还要完善内部机制，建设相应的信息机构、研究机构、咨询机构和评估机构，便于提供与职业教育相关的信息服务，对职业教育进行监督评估，保证职业教育质量，引导高职教育的改革和发展。

只有既建立了专门的统合机构，又明确了各层级各部门的职责范围及隶属关系，才能避免政府失灵、企业失职、高职院校有失监管现象的发生。必须强调的是，在高职教育发展中，政府的角色不可或缺。当前我国高职教育存在的诸如发展不平衡、资金投入不足、办学条件差等问题，均离不开各级政府的正确引导和大力扶持。

（四）创新高等职业技术学院的办学体制机制

面对新的经济环境和新形势下高等职业教育发展的新要求，我们应扩大高等职业教育办学主体的范围，突破教育非营利性目的的局限，明确股份制、合作制、集体化等办学形式，着力打造多体制办学管理新平台，从"单一政府办学"向"多元化办学体制"转变。应进一步扩大学校的办学自主权，加强学校内部管理体制建设。首先，建立董事会负责制的管理模式。校董事会可由办学的企业家和相关部门负责人组成，成员可以广泛些，但必须有权威，管理机制可以灵活些，但必须有实权，使董事会决策能得到及时有效的实施。实行校董事会授权下的校长负责制和教师聘任制。校长由董事会聘任，全权负责学校工作，像企业工厂中的领导者那样真正行使校长职权。同时，党委主要发挥政治核心和组织保障作用。校长有权聘任副校长、中层干部及一线教师，对不称职的干部和教师能随时撤免并另行聘任。其次，创新校企合作办学的管理模式。校企合作办学不是权宜之计，而是职业学校根据时代要求所作出的今后一个相当长时期内必须选择的发展道路。校企合作模式的创新，是关系职业学校能否沿着产学结合的办学方向继续朝纵深发展的关键举措。要鼓励企业举办高等职业院校。实践证明，具有企业背景的高职院校具有得天独厚的优势，完全有条件办出质量，办出特色。办好企业所属高职院校既有利于企业，也有利于社会。《国务院关于大力发展职业教育的决定》中指出，要依靠行业企业发展职业教育，企业可以联合举办职业院校，也可以与职业院校合作办学，推动职业院校与企业的密切结合。

一是政府与企业合办。这是一种公办的机制，与普通公办院校不同的是：学校在行政上归企业管理，承担企业的职工教育和培训任务，同时面向社会创办普通高等职业教育。这种途径满足了社会对优质高职教育的需要，促进了企业的改革与发展，符合国家关于推动公办职业学校与企业合作办学，形成前校后厂、校企合一的办学实体的精神。企业扩大了自己的教育资源，职工教育培训质量得到进一步提高，紧缺人才得到及时的培养，企业的社会声誉也会得到很大的提升。二是企业自主民办。政府与企业公办需要政府有一定的经济实力，在发达地区应当优先考虑这样的模式。但对欠发达地区，为了多渠道解决教育投入问题，可以考虑采取企业自主民办，即"公有民办"的模式。按照《中华人民共和国民办教育促进法》的界定，国家机构以外的社会组织或者个人，利用非国家财政性经费，面向社会举办学校及其他教育机构的活动，属于民办教育。并非只有私人举办的学校或教育机构才属于民办教育，企业属于国家机构以外的社会组织，企业不依靠国家财政经费，面向社会举办的普通高职高专教育，理应属于民办教育的范畴。如果能够给企业办高职高专院校以民办教育的政策，必将焕发出无穷的活力。

（五）加大校企合作的政策支持

职业教育的发展需要法律的保障，校企合作需要法律的支持。我国职业教育中的校企合作多流于形式，很大程度上是因为校企合作得不到法律的强有力支持。因此，应对校企合作在高职教育中的重要作用以及校企合作的法律保障现状加以分析，并对完善我国职业教育法律体系加以思考。我国职业教育法律的完善应着重于以下几方面：

首先是完善校企合作中的政策保障机制。高等职业技术学院普遍存在经费不足的问题。《职业教育法》第 32 条"国家支持企业、事业组织、社会团体、其他社会组织及公民个人按照国家有关规定设立职业教育奖学金、贷学金，奖励学习成绩优秀的学生或者资助经济困难的学生"是倡导性规范，仅仅具有提倡、引用的作用，没有强制性，企业不资助也无须承担什么法律责任。当然，法律不应该强制企业向职业教育捐资助教，但是仅有法律的倡导是远远不够的，企业是自主经营、自负盈亏的市场主体，考虑的是投入与产出的关系，法律在鼓励企业捐资助教上，应该更完善灵活一些，使企业在捐资助教的同时也能有所收获。要使企业自觉参与人才培养，政府必须给予必要的政府支持，出台相关政策和规定，尽快从政策和税收等方面鼓励企业积极参与职业教育，使企业成为职业教育的有力推动力量，调动企业接收教师和学生实践的积极性。在德国等发达的工业化国家，法律要求企业必须承担一定的培训义务，履行相关的社会责任。我国也可以借鉴这种做法。对那些积极参与校企合作项目和人才培养，接纳教师和学生实习，为学校实施人才培养提供资金赞助，为学生提供奖学金、助学金的企业，政府应为其减免一定的税费。而这种税费的减免，只是将企业应缴的教育税费预先转让给职业教育而已，并没有损害国家利益，也没有给参与职业教育人才培养的企业增加额外的负担。对于不承担培养任务的企业，也可要求其缴纳一定的费用，由政府统筹用于职业教育。同时落实政府现行的关于工资总额3%用于职工培训的政策，并从实际操作层面，制定把职业教育、企业教育、职业教育人才培养与企业有机结合的政策措施，促进企业的参与行为。

其次是制订行业协会参与专业人才培养的计划。行业协会是对一个国家、地区乃至世界经济起着重要作用的权威性的社会中介机构，是代表成员企业利益，在企业与政府之间发挥"桥梁"和"纽带"作用的民间组织，行政上不受政府约束，但有义务向政府提供行业的有关情况，向协会成员宣传政府的方针政策，并要求成员执行政府所作出的决策。行业协会同单一的企业相比，在诸如对行业发展、行业运行、行业趋势和行业资讯、国际国内市场透析等方面的信息量拥有无可比拟的优势。作为为各行各业培养高技能人才的高等职业教育，在制订其人才培养计划时，理应将行业协会包括其中。人才培养计划是高职院校在教学管理部门指导下制作的培养专业人才所依据的方案，主要内容包括培养目标、行业前景、课程设置、能力结构分析等。目前高职院校的人才培养计划往往是专业指导委员会的成员提出的个人对某个专业前景、培养目标、学制长短及课程内容设置的看法，学校再根据自身的情况对专家的意见进行取舍。虽说专业指导委员会的成员都是某一方面的专家，但同某一行业的协会相比，信息量相对不足，易陷于自身的主观见解当中，不能较好地把握市场人才需求变化趋势。因此，我国《职业教育法》在"职业教育的保障条件"一章中，应明确规定行业协会应参与职业教育人才培养计划的制订。人才培养计划应注重学生应用技术、应用能力的培养，在人才培养目标、课程设置、学制长短、考试方式、教育效果评价等方面应有统一的标准，以保证育人质量，但统一标准，并不等于各院校在同一专业的人才培养计划上是完全一致的，某一专业的人才培养计划还应体现原则性和灵活性的统一，根据专业特色，应有部分内容是学校必须遵守的、不能变更的，有部分内容学校可以根据所在地区的区域特色和自身条件来设置。这样既可保证人才的培养符合企业的要求，同时也可体现各学校在同样专业方面的不同特色。

再次是把接受学生实习作为企业的法定义务。现阶段我国绝大多数高职院校和企业的合作都停留在浅层次合作的层面上，即学校专业方向按企业所需确定，并在企业建立实习基地，建立专业专家指导委员会。这种合作，离真正意义上的校企合作目标——建立起一个可持续发展的良性循环机制，实现教育资源的优化组合，将高职教育资源的势能转化为推动经济增长的动力，实现办学的整体效益相去甚远。多数企业给予学校的资助，亦都停留在实习基地提供、员工培训的短期合作上；尽管提供了实习基地，有些专业的实习也因种种原因流于形式，这与企业对实习的心态有关，认为学生没有实践能力，到企业学习，如果让学生操作的话，会影响企业的正常工作，影响企业的利润，所以从企业的角度来说，不欢迎学生实习。面对众多学生不能达到实习目的的现状，职业教育立法应该明确规定：接受学生实习是企业的一项法定义务，如果企业拒绝接受学生实习，则应承担相应的法律责任。此外，立法还应明确企业与学校的关系，企业与实习生的关系，对三方的权利和义务、实习指导老师的资格等作出详细的规定。因为，高等职业教育与企业是一个共生共荣体，二者是紧密联系、相互促进的关系。并且，我国高职毕业生的实践技能普遍较低，其中主要原因之一就是高职院校普遍缺乏机器设备，即便有也是严重老化，学生普遍缺乏实践操作的机会。如果学生能够在最具竞争力的企业实际现场学习、受训，不仅可以提高实践技能，而且还可以感受到先进的企业文化、竞争机制、管理经验、营销战略，为日后的创业发展成功积累一笔丰硕的财富。

最后是建立预防和妥善处理实习生发生意外伤害机制。在立法调研过程中，企业和职业院校对学生在实习期间发生的意外伤害如何处理特别关注，为解除后顾之忧，《宁波市职业教育校企合作促进条例》从两方面作出了规定：一是明确企业和职业院校的安全义务，如企业对实习学生的安全培训，职业院校对集中实习的学生应指派专职教师；二是要求职业院校为实习学生统一办理意外伤害保险，在意外伤害发生时可以有序处理，考虑到职业院校承担全部保险费用压力比较大，拟规定政府补助部分费用，以减轻职业院校的压力。

（六）改革高等职业技术教育的学制

尽管高等职业教育是高等教育的一个主要类型，但目前我国高职教育仍然有着单一的人才培养层次。高职教育作为高等教育的一种类型，作为高等教育的重要组成部分的地位没有得到充分实现。我国高等教育人才培养的学历层次分为专科、本科、研究生，学位层次分为学士学位、硕士学位、博士学位。作为高等教育组成部分的高职教育目前只局限于专科层次，也没有相应的学位。在教育部管理系统中，高职教育由高教司下属的高职高专处具体管理，高职容易被等同于高专，按照专科层次进行管理。这种管理模式的不足之处主要表现在两个方面：一是限制了高等职业教育作为一个类型的多层次发展；二是受传统专科教育的影响，难以形成高职教育应有的特色和优势。由于层次的限制，高职毕业生就业时，待遇普遍低于普通高校的毕业生。再者，目前我国的中高职人才培养缺乏有效的衔接机制，中等职业教育和高等职业教育基本上相互独立、分别发展，尚未形成相互联系、循序渐进、相互依存、统筹协调、共同发展的局面。中等职业教育与高等职业教育实现衔接培养，不仅可以减少资源浪费，避免重复教育，提高培养质量，缓解就业压力，促进中职教育和高职教育的共同发展，而且也是构建我国现代职业教育体系的必然要求。

为解决以上问题，就要构建一个有效的现代职教体系。《国务院关于大力发展职业教育的决定》（国发〔2005〕35号）明确要求"进一步建立和完善适应社会主义市场经济体制，满足人民群众终身学习需要，与市场需求和劳动就业紧密结合，校企合作、工学结合，结构合理、形式多样，灵活开放、自主发展，有中国特色的现代职业教育体系"。所以，必须根据区域经济社会发展对技能型人才的需求，构建与改革发展相适应的现代职业教育体系。①实现中等职业教育与高等职业教育的衔接培养，满足社会对不同层次人才的需求和中职学生继续深造的需要。②进行高职教育内部多层次发展的探索，发展本科层次或者更高层次的高职教育。在专科高职招生就业相当困难的形势下，我们不能死抱着"现阶段就是要以发展专科层次高职为主"的教条不放，这样可能会造成更大的人才和资源浪费。因此，本科高职要适度发展，并最终在我国建立从专科、本科到研究生的完整的高职教育体系。在这个方面，美国的职业教育（主要是社区学院）的办学模式已经给我们树立了榜样。③采取灵活多样的学制样式，根据专业的教学需要和实际难易程度，突破现有体制约束，大胆尝试新学制，合理设置学习年限，不仅有三年制的，也可以有两年制的、四年制的、五年制的。④规范继续教育与培训教育，制定和落实有关专业技术人员继续教育与培训制度，使终身教育制度化、规范化。

（七）改革高等职业技术院校招生制度

高职是我国高等教育的一个重要组成部分，对培养社会急需的技术应用型人才有着十分重要的作用。但长期以来，人们对报考职业院校普遍兴趣不大，使其沦落为落榜生的"收容所"。职业教育，似乎也成为社会上的"二等教育"，这严重阻碍了我国高等职业教育的发展。伴随着当前我国高职面临的机遇与发展，改变这种传统与落后的观念，树立高职教育发展的信心与社会对其的高认可度，实现高职招生考试的变革是一个必然的途径。一是取消招生政策上的不平等待遇，放宽高职院校的分数限制，改变"末位招生"，制定相关制度鼓励优秀生源流向优秀高职院校；二是改变目前高职生源主要局限于普高毕业生的现象，扩大招生渠道，提高职高毕业生的招生比例；三是把招生范围逐步拓展到社会职工，实现招生形式多样化，生源途径社会化。

人们对高职与普通院校属于不同类型的高校却使用同一张试卷选拔不同标准和不同类型的考试制度提出了质疑。招生制度方面可以尝试采取由国家实行文化课统考，各学校自行进行专业理论和职业技能考试、省级招生的办法。由国家进行统考既有利于提高高职考试的权威性，体现国家对高职教育发展的重视，也有利于提高高职考试的信度和效度。而专业理论和职业技能考试权下放到学校，则有利于扩大高职院校的招生自主权，选拔适合高职教育的优秀学生。由各省进行招生则是符合中央有关文件的规定，即发展高等教育的权利和责任在省级人民政府，其招生计划、招生考试事宜，由省级人民政府自行负责。由省级招生，有利于高职更好地为地方经济服务，有利于地方高等教育大众化。其中有几个关键问题不能回避：在考试内容上，国家的文化课统考必须有别于普通院校的考试，也更加侧重于应用性知识与能力的考核；在考试时间上，应该吸取广西高职招考的经验与教训，考试时间与普通高考时间相一致，或者在普通高考之前进行考试招生，并提前开学，学生如果参加普通高考并得到录取，学生的学费将不会被退回，在保证学生的选择权的同时，也保证高职发展运行的资金。

高职招生考试改革的根本问题不是取消考试，采取凭证入学，而是如何进行招生考试改革，使之适应高职办学特色与发展的问题。从目前的情况来看，立刻从高考选拔的体系中剥离出来，还存在一定难度，因此，在一部分办学有特色、就业比较好、口碑比较好的高职院校进行招生考试改革的试点，不仅是可行的，也是可能的。

（八）创建高职学生的就业保障制度

首先，提高技能人才地位。受几千年封建思想和计划经济模式的影响，我国现行的人事和劳动制度不利于技能型人才的成长与发展，技能型人才的经济收入和社会地位明显低于理论型和学科型人才，这一现象已经成为制约我国高等职业教育发展的关键因素之一。因此，必须重视改善技能型人才的经济待遇和社会地位，真正体现工人阶级在我国社会主义现代化建设中的重要作用和主人翁地位。《国务院关于大力发展职业教育的决定》明确提出要"逐步提高生产服务一线技能人才、特别是高技能人才的社会地位和经济收入，实行优秀技能人才特殊奖励政策和激励办法"，我们各级政府应该切实改变技能型人才的工作环境，提高技能型人才的生活待遇，改变技能型人才艰辛劳动与社会回报不相匹配的现象。并且通过加大舆论宣传力度，在全社会形成尊重技能人才、崇尚技术技艺的良好风尚。

其次，建立全面的就业准入制度和职业资格认证制度。实践表明，职业资格认证不仅对职业教育的发展意义重大，而且对整个社会的人力资源开发，避免人才培养和使用上的盲目性，以及减少学生在择业上的盲目性有重要的作用。我国的高职院校管理体制改革，应在建立完善而又全面的就业准入制度和职业资格认证制度方面做出更大的努力。我国高等职业教育在这方面主要遇到三个问题：一是职业资格证书种类不全，根据《中华人民共和国职业分类大典》，我国职业划分共有 1838 个细类，其中专业技术人员 379 种，而现在劳动及社会保障部公布的必须持证上岗的技术工种是 95 个；二是职业资格证书不统一，同一职业中的同一等级，劳动部门和人事部门各有一套认证办法和标准；三是职业资格证书获得方式不合理，有的行业职业资格证书考试每次只允许一定比例的人通过而不是成绩合格的都能通过，有的职业资格证书不允许在校生报考。因此，要制定严格的劳动就业准入制度，建立全面的国家职业资格证书制度，并要加强对职业资格证书考试、发放的监督，从而提高企业竞争力，提高产品与服务质量的水平。前教育部部长周济在 2005 年全国普通高校毕业生就业工作网络视频会议上就曾指出：要大力实行"订单式"培养，坚决推行"双证书"培训制度。凡是可颁发证书的领域，一定要使80%以上的毕业生拿到"双证"，这是高职院校的一项硬指标和硬任务。经过近几年的努力，这项工作取得了一定的进展，但仍处于起始阶段，今后还有很长的路要走。

第三节　中山火炬职业技术学院体制机制改革的顶层设计

一、体制机制创新的举措

中山火炬职业技术学院是目前中国最年轻的国家级骨干高职院校立项建设单位，国家职业教育体制机制改革试点院校，在校企合作体制机制创新方面，以制度的形式明晰了合作主体之间的利益格局，彼此建立了牢固的利益链，政、校、企三元主体办学模式在以利益链为纽带的机制上良性运行，实现了校企合作的可持续发展。

中山火炬职业技术学院创建于2004年，地处中山火炬高技术产业开发区（以下简称中山高新区）腹地，被七大国家级产业基地和1000多家企业天然包围，办学条件得天独厚。利用中山高新区发展高职教育的天然优势，针对我国高职教育普遍存在以及学院具体存在的一系列问题，学院抓住"体制机制"这个影响全局的"牛鼻子"，重点从治理架构、培养模式、校企合作、队伍建设四个方面改革创新，逐步实现了学院发展方式的四个转变，初步构建了紧密型的合作办学体制和高效灵活的运行机制。

（一）建立董事会治理架构，逐步变一元主体为三元主体，强化了办学的市场导向性

中山高新区通过建设七大工业园区和组建七大区属总（集团）公司，对产业进行归类聚集，实施公司化管理，形成"一公司、一园区、一产业（群、基地）"的发展格局。学院依托工业园区，成立由区管委会、区属七大总（集团）公司、学院三方组成的董事会，形成"三元办学主体"，共同确定学院的发展方向、办学定位、专业设置、实训基地建设、招生、就业等重大事项，强化了办学的市场导向性。通过"学院对接总公司、教学系（部）对接工业

园区、专业（群）对接产业（群、基地）"与市场紧密联系，根据园区产业结构优化升级动态调整专业设置，根据企业技术进步适时优化课程内容，从宏观上引导人才培养的全过程逐步融入园区经济发展的全过程。

（二）推行"335"人才培养组合机制，逐步变单一模式为多元模式，强化了育人过程的实战性

在董事会治理架构下，校企协同推进教学管理和组织形式创新。推行"335"人才培养组合机制，实现"多学期推进，分阶段实施"的工学有序交替。一是将学生的 3 年学习时间划分为"理论学习、实践训练、岗位实习"三个时段，每个时段累计 1 年。二是要求学生获取毕业证、技能证、素质拓展证三种证书。三是将学生的岗位实习切割为"岗前实习教育、技能考证岗位实习、适应性岗位实习、生产性岗位实习、就业性岗位实习"5 个阶段，每个阶段有任务、有监控、有考核。学院根据合作企业的生产任务组织教学，企业根据学院教学需要安排实训，教学过程逐步生产化，生产过程也融入了更多的教学元素。

（三）推行股份合作机制，逐步变财政投入为企业参股，创新了生产性实训基地建设模式

在推进试点工作的过程中，学院不断深化与董事会成员单位的合作，并以股份制的方式合作共建生产性实训校区（中心），创造了"多形式参股"共建实训基地的模式。

一是国有企业以物业和场地入股共建。开发区工业开发总公司以 200 亩的工业用地、超过 12 万 m^2 的物业与学院合作，联合共建第一生产性实训校区。学院投入启动资金和管理，双方通过招商选资共同引进与学院专业对口的企业，建设集"生产、教学、研发、实训、培训和技能鉴定"于一体的生产性实训校区，实现了以较小投入，引入大量社会资源，建成具有实际生产能力的新校区。借鉴这一模式，学院又与中炬高新（上市公司）合作建设近 3 万 m^2 的第二生产性实训校区，进一步发挥这种合作共建模式的辐射作用。

二是私营企业以场地和设备入股共建。中山市骏建集团以超过 1.6 万 m^2 的场地和近 1000 万元的设备入股，学院以包装印刷技术专业的技术和人才入股，共建"骏建生产性实训中心"，并由学院专业教师负责生产组织与技术研发，既及时盘活了该企业的闲置设备，又有效锻炼了师资队伍，还为大批学

生提供了生产实训岗位。

三是对口企业以资金和设备入股共建。目前，实训校区已引入 20 余家与专业对口的企业，进驻企业投入资金、设备和技术，学院提供场地、水电等优惠条件，双方签署合作协议。企业按年度缴纳租金或占产值比例 6‰ 的管理费用（不同企业采取不同的缴纳方式或提成比例），为学院相关专业学生提供实习实训岗位。

（四）实施"政府津贴"激励机制，逐步变企业骨干精英为学院兼职教师，实现了校企人才资源共享共用

为配合试点工作的顺利推进，中山高新区管委会出台了《中山火炬职业技术学院兼职教师政府津贴实施办法》，建立兼职教师资源库，鼓励区内各大企业的骨干精英到学院担任兼职教师。兼职教师除按实际课时领取相应的课酬之外，还有机会获得 5000～20000 元不等的奖励性津贴。此举在较大程度上解决了兼职教师"聘请难"的问题，现有兼职教师与专任教师的比例达到 1：1。专兼职教师通过项目共同开发、技术联合攻关、利益共同分享，实现了校企人才和技术资源互补。同时，学院积极为企业"能工巧匠"提供学历进修和职称晋升服务，帮助企业对员工进行"换血"与"回炉"。该办法实施以来，学院兼职教师队伍在数量上得以有效保证，政府津贴也以每年近 30 万元的幅度增长。

二、体制机制创新的保障

（一）地方政府（区管委会）出台政策，优化高职教育发展环境

学院充分依托中山高新区特色鲜明的"园区经济"模式，发挥政府对职教资源的统筹协调作用，不断优化职业教育发展的政策环境，制定并实施了一系列与董事会制度相关的规章制度，有力地促进了中山高新区职业教育的发展。成立由区管委会主导的学院董事会，吸纳园区内 20 余家著名企业的负责人兼任学院董事，制定董事会章程，明确企业参与高职教育的责权，强化了政府、学院、企业之间的联动。按董事会章程的要求，在区管委会层面成立了校企合作委员会、学生实训工作领导小组、毕业生就业工作领导小组。以上机构的设置和措施的推行，都由区管委会以文件的形式予以明确，强化了政策的行政约束力，提高了实施过程的执行力。

（二）校企双方共同建立合作保障机制，强化教产紧密对接

一是成立实训校区管理委员会，制定《实训校区管理办法》，厘清了政、校、企各方的权责。实训校区管理委员会由区管委会、学院、企业三方组成，按共同开发、共同管理、共同分享的原则开展合作，具体负责实训校区的招商引企、生产教学、日常运作，并积极与工商、税务、供水供电等职能部门沟通，为入驻企业排忧解难。

二是建立实践教学的保障机制，强化学院在实训环节中的主导地位。制定《关于企业参与学院教学的原则意见》，与企业签订具有法律效力的合作协议，明确入驻企业必须承担对口专业的实践教学任务。此举有效突破了"以企业为主组织学生实习实训"（教高〔2006〕8号）的旧格局，确立了学院在实习实训环节中的主导地位，保障了学生在实习实训教学中的主体地位。

三是建立学生权益保障机制，扎实推进"五段式"岗位实习。经校企双方平等协商，以合同形式明确了对参与实习实训学生权益的保障。入驻企业必须积极配合学院实施"五段式"岗位实习。在完成五个阶段的岗位实习任务时，必须保证每位学生至少轮换三个岗位。"五段式"岗位实习既有效避免了实习过程中的"放羊"现象，又进一步丰富了"工学交替"培养模式的内涵。

（三）建立"五位一体"的合作就业机制，努力提高就业质量

除政府的大力推动之外，学院还积极探索政府、学校、学生、企业、家庭"五位一体"的就业新机制，整合优质就业资源，构建多渠道、立体式就业平台，为广大毕业生提供优质就业服务，逐步变数量就业为质量就业。目前，学院考察就业质量，主要看毕业生的月薪收入、就业的岗位层次和专业对口率。建院以来，学院已为中山培养了含继续教育在内的近10000名高技能人才，其中高级技工占2/3以上，大部分在企业生产一线从事生产或技术管理工作，有力支撑了经济社会的转型升级。

（四）建立课程适时优化机制，大力推行"深海探珠"计划

为重构适应高端技能型人才培养的课程体系，学院将课程改革的着力点放在生产一线，让课程体系的根深植于生产一线。鼓励教师带着课程改革的任务，深入到企业生产一线（"深海"），去探取课改的第一手材料（"探珠"），让教材、课程及时反映产业升级和技术进步的最新成果。为此，学院制定了

《"深海探珠"管理办法》，着力推行这项计划。

2010～2012年，实施"深海探珠"计划的教师超过60人。通过在实际生产过程中的学习和实践，专任教师既可与企业合编教材，又可了解企业的管理运行架构和生产流程，熟悉先进生产设备的操作与运用，更能切实了解企业对人才规格的真正需求，并及时将这些"珍珠"运用于教学实践，大大提高人才培养的质量。

（五）制定教师工作室管理制度，打造科研成果产业化的"孵化器"

学院以实训校区为平台，以入驻企业为依托，支持有条件的教师组建工作室，并制定了系列规章制度，保障工作室建设的规范性和标准化。工作室建设坚持服务人才培养、服务科技研发、服务经济社会三大原则，采取校企共建、学院自建和政校联建三种方式，分为研发型和教改试验型两种类型，在满足学生实习实训和教师培训的同时，致力于促进科研成果的产业化。此举有效突破了高校教师主要靠写论文、争课题晋升职称的局面，引导教师实实在在地做"立地"的科研，帮助企业进行技术改良与创新。目前，教师工作室已产生了70余项发明专利，200余项实用新型专利，已培养40余名毕业生进入企业的研发部门，60余名专任教师被聘为企业技术顾问。

三、体制机制创新的成效

各试点项目的深入推进，促使学院走上了又好又快的发展道路。目前，全日制在校学生近8000人，继续教育在册人数超过5000人。教职工420人，兼职教师243人。建立牢固利益链的企业20余家。与学院联合开展重大项目攻关的行业4个，牵头成立中山市光学学会。历届毕业生就业率均达到99%以上，其中60%的毕业生留在中山高新区就业，80%的毕业生在中山就业，为区域经济转型升级提供了有力的技能型人才支撑。推进职业教育改革试点在较大程度上提高了办学效益，并为进一步深化改革积累了经验，集中体现为：

（一）探索出不完全依靠财政投入解决实训资源短缺的新途径，推动学院走上了效益型、创业型的发展道路

学院坚持以服务换资源，以资源促发展，以股份合作的方式与企业共建3个实训校区（中心），成功利用价值近3亿元的企业实训资源，为财政节约了至少6亿元的投入（含土地、物业等），节省了至少3～5年的建设时间，开

创了一条不完全依靠财政投入而又及时有效地解决了实训资源短缺的新路子，同时与合作企业建立了牢固的利益链，实现了校企合作的可持续发展。

（二）探索出推进科研成果产业化的新渠道，树立了职业教育成果引领产业发展的典型范例

学院大力推进研发型教师工作室建设，充分挖掘学院优势资源，提升全院师生创新意识。每个工作室都拥有一个主要由师生组成的创新团队，研发成果不断丰富。仅新能源工作室系列专利的无形资产评估就达7.9亿元，已与企业达成3年框架性生产合同意向，预计产值近80亿元，计划在中山高新区建成总投资达15亿元的充电设备产业基地，引领电动汽车充电产业的发展。

（三）探索出促使企业面向职业院校全面开放人才培养资源的新方法，推动校企双方实现深度合作

随着与合作办学主体利益链的构建，校企合作关系日益紧密，以中荣印刷公司为代表的著名企业，主动向学院开放资源，在合作育人过程中实现合作发展。一是开放兼职教师资源；二是开放场地和设备资源；三是开放实习实训岗位；四是开放核心技术资源。

（四）探索出高职教育省际和国际合作的新模式，推动国家骨干院校不断提升辐射示范能力

试点工作推进以来，学院以缔结校际联盟为突破，以项目切入为抓手，不断扩大合作领域，辐射能力逐步增强。与贵州、湖南、珠三角等省市和地区的部分高职院校建立对口支援关系，开展广泛的合作与交流。与台湾地区的部分高校建立起联合招生关系，打通了国际合作办学通道。

第四章　高职院校人才培养模式改革创新

人才培养模式，是指在一定的现代教育理论、教育思想指导下，按照特定的培养目标和人才规格，以相对稳定的教学内容和课程体系，管理制度和评估方式，实施人才教育过程的总和。近十年来，在我国的高等职业教育界开展了大量关于人才培养模式改革的实践与探索。众多高职院校根据自身的办学条件和特点，在"工学结合"的纲领下，形成了"百花齐放、百家争鸣"的改革局面，形成了很多具有个体化特色的人才培养模式。但总体来看，人才培养模式改革还存在两个问题；一是实践多，理论研究少，缺少在理论指导下的改革；二是通过实践，"工学结合"的人才培养模式逐步得到共识，人才培养过程的方法逐步得到明晰。但由于体制机制改革的滞后，校企合作的稳定性不够，直接导致了在人才培养过程中环节落实不够，或过程实施不稳定，一定程度上影响了教学过程和人才培养的质量。因此，体制机制改革不但是校企合作的基础，也是人才培养改革的保障。

第一节　高职院校人才培养模式现状

中国高职教育经过近 20 年的发展，取得了令人瞩目的成就，在社会主义市场经济大潮中发挥着巨大的作用。新世纪以来，伴随着经济改革的深化、社会发展的转型、教育改革的持续推进，高职教育的发展也由规模增长进入质量提升阶段，如何使得高职教育更加贴近中国经济社会的发展需求，有效地服务社会、提高对经济的贡献率，理论界和教育界进行了不懈的研究与实践，"人才培养模式"的概念也进入了人们的视野。

一、高职院校人才培养模式的内涵

在 1998 年 3 月召开的第一次全国普通高等学校教学工作会议上，"人才培养模式"的概念首次被提出，时任教育部副部长的周远清指出：所谓人才培养模式，实际上就是人才的培养目标、培养规格和基本培养方式，它决定着高等学校所培养人才的基本特征，集中体现了高等教育的思想和教育观念。同年，教育部在《关于深化教学改革，培养适应 21 世纪需要的高质量人才的意见》中将人才培养模式表述为：是学校为学生构建的知识、能力、素质结构，以及实现这种结构的方式，它从根本上规定了人才特征并集中地体现了教育思想和教育观念。简言之，人才培养模式主要解决两个根本问题：第一，培养什么样的人？需要学生具备什么样的人才特征？拥有什么样的知识、能力和素质结构？第二，怎样去培养？采取什么样的培养规格和培养方式？同时还强调，科学的教育思想和教育观念对人才培养模式的构建起着根本作用。

"人才培养模式"概念的提出对高职院校的发展提出了新的要求和契机。2000 年，《教育部关于加强高职高专教育人才培养工作的意见》中指出：人才培养模式的基本特征是：以培养高等技术应用性专门人才为根本任务，学校与社会用人单位结合，师生与实际劳动者结合，理论与实践结合是人才培养的基本途径。政策的颁布有力推动了高职院校人才培养模式的探索与发展。到目前为止，虽然还没有形成系统理论，但是在高职教育快速发展的背景下，人才培养模式的问题也引起了关注，在对人才培养模式内涵的研究中，不同学者给出了不同的意见。

如南京农业大学的龚怡祖教授将人才培养模式界定为："在一定的教育思想和教育理论指导下，为实现培养目标（含培养规格）而采取的培养过程的某种标准构造式样和运行方式，它们在实践中形成了一定的风格或特征，具有明显的系统性与示范性。"

有人认为，人才培养模式是指在一定的现代教育理论、教育思想指导下，按照特定的培养目标和人才规格，以相对稳定的教学内容、课程体系、管理机制和评估方式实施人才教育过程的总和。具体包括四层含义：一是培养目标和规格；二是为实现一定的培养目标和规格的整个培养过程；三是为实现整个培养过程的一整套培养管理评估制度；四是与之相匹配的科学的教学方式、方法和手段。

也有人认为模式既不属于内容范畴，又不属于目的范畴与结果范畴，而是属于一种过程范畴，因此，人才培养模式"是一种对于培养过程的设计，一种对于培养过程的建构，一种对于培养过程的管理，是关于人才培养过程质态的总体性表述"。人才培养模式是一个系统工程，涉及院校的不同部门与教育教学的不同阶段，牵一发而动全身。

上述对人才培养模式内涵的表述虽然各不相同，但以下一些因素是共同的。

（1）人才培养模式是一个系统工程。模式从词义学上讲，即解决问题的范式、范例，指在一定的思想指导下建立起来的由若干要素构成的理论模型与操作样式。因此，人才培养模式既不是"教育活动全要素的总和和全过程的总和"，也不是单一的"人才培养目标的实现方式"或"教学方式方法"，而是突出人才培养过程的设计与建构，是一种比较稳定的结构化样式和运行方式。

（2）人才培养模式不同于人才培养系统，培养模式是"人才培养"系统中最复杂，最富有变化，最有活力，也是最重要的要素系统。它所关心的是培养过程中专业与课程的设计是否科学，教学制度的制定是否合理，教学的组织形式是否有效，教学的管理是否人道等，人才培养模式的构成要素包括人才培养理念、专业设置模式、课程设置模式、教学制度体系、教学组织形式、隐形课程形式、教学管理模式与教育评价方式八大要素。人才培养模式由人才培养过程中的不同要素构成，如培养方案、培养规格、课程体系、培养途径、教学运行机制、教学组织形式等，各要素本身的构造复杂、体系庞大，它们既相对独立又相互作用、相互联系，建立起紧密、有机的关系。

（3）在人才培养模式中，培养目标是指挥棒，也就是说"培养什么样的人"决定了教育各要素的不同走向，任何人才培养模式都是为了实现某种目标及规格而创立的。因此，培养目标和质量规格是人才培养模式的核心因素，对其他因素有制约作用。

二、高职院校人才培养模式的现有类型

进入新世纪，高职教育从规模扩张转向内涵发展，人才培养模式逐步受到重视，2005 年《国务院关于大力发展职业教育的决定》发布，提出大力推行"工学结合、校企合作"的培养模式。与企业紧密联系，加强学生的生产实习和社会实践，改革以学校和课堂为中心的传统人才培养模式。随后"国

家示范性高职院校建设计划"推出，进一步推动了人才培养模式的改革与发展，逐步形成了"工学结合"的人才培养模式。工学结合教育模式是指高职院校和相关企业或行业在共同育人方面遵循平等互利的原则进行优势互补的合作。以培养学生的全面素质、综合能力和就业竞争力为重点，利用学校和企业不同的教育资源和社会资源，采取课堂教学与学生参加实际工作相结合的学习方式。在这种模式下，根据具体情况的不同，又有各种不同的具体实施途径。

（1）工学交替。工学交替在教学安排上有两种方式：一种是学校主导，采取"教学工厂"的组织方式，引进先进的设备和技术，模拟企业的生产环境，通过项目课程教学，实现实践知识与理论知识的整合和交替式学习；另一种是企业主导，交替进行在岗培训与脱产学习，学生可用一半时间在企业接受培训、一半时间在学校学习理论知识；学生既是学习者也是工作者。以上两种方式，都是为了让学生切身体验岗位工作环节。

（2）订单式培养。这也是近年较为流行的人才培养方式，学校在招生前与企业签订联合办学协议，录取时与学生、家长签订委培用工协议，录取时与学生综合测评成绩挂钩，实现招生、实习、就业联体同步。校企双方共同制订教学计划、课程设置、实训标准；学生的基础理论课由学校为主负责完成，专业课由企业为主负责完成，企业参与指导学生的院内实训环节，学生的生产实习、顶岗实习在企业内完成，学校派人参与管理。毕业后即参加工作实现就业，达到了企业人才需求目标。

（3）合作培养模式。高职校企合作模式即学校与企业合作，根据市场上各企业对人才的需求类型进行有针对性的培养，从而在满足企业需求的同时，能够使更多的毕业生找到理想的工作。在不同的院校，基于校企合作的深度与广度，表现的形式不同。

（4）"工学结合"的人才培养模式。2000年以来，国家根据职业教育的发展和国情，对高职领域的人才培养模式逐步统一到校企合作的基础上的"工学结合"人才培养模式。

近10年来，以上几种模式成为各高职院校的主流人才培养模式，但各院校从自身特点出发形成的人才培养模式也是层出不穷。以首批国家示范性高职院校建设方案为例，各种名目繁多的人才培养模式，如"三明治"式、"工学五溶合"、"335"等占总数的65.16%，这说明人才培养模式在高职院校中得到了大量的实践和探索。

三、现有高职人才培养模式存在的主要问题

近年来高职院校非常重视人才培养模式的改革与发展，虽然提出了各种人才培养模式，但在实践中的效果却有待于进一步的检验和理论的指导。高职人才培养模式还存在着这样或那样的问题，归纳起来主要有以下几个方面：

（一）理论基础薄弱

任何教育实践都需要在一定的理论支撑下才能顺利进行，理论根基是改革与发展必备的先导条件，如果缺乏理论支撑，必然会出现这样或那样的问题。目前，高职院校人才培养模式研究还处于起步阶段，尚没有形成系统的理论体系，主要表现在：

（1）高职院校特征不明晰。在高等教育人才培养模式中，普通本科高校才是研究的重镇，某种程度上，高职院校的人才培养模式脱胎于普通高校的人才培养模式，因此带有浓厚的高校色彩，缺乏高职院校的特点。如在专业设置和课程体系安排上，多是高校的"微缩版"，强调知识的系统性，学科本位倾向严重；在教学方式上，教师习惯于"黑板上开机器"，课堂授课占主导；在教师评价标准上，以传统的学术能力和成绩为依据，这些都表明，高职院校的人才培养模式改革缺乏足够的理论准备，模仿的痕迹较重，没有突出高职院校应用性、实践性和技术性的特色。学科型人才培养规律与技能型人才培养规律显然不同，其培养模式理应存在明显差异。因此，高职院校不论是在形式上，还是在实质上都应突破传统的学科型人才培养模式的束缚与惯性影响，切实探索适合高职人才培养规律的人才培养模式。

（2）人才培养模式概念的内涵和外延不清晰。人才培养模式是各个要素按照逻辑结构有机联系的系统，包含了课程体系、教学方法、实训建设、评价体系等因素，牵一发而动全身。在实践中，许多院校的人才培养模式在设计中都没有体现出这样的逻辑关系和有机联系，如有的学校将人才培养模式仅仅等同于教学组织和教学实施。也有的院校人才培养模式包罗万象，将校园氛围、办学模式等都囊括其中，这种盲目缩小或扩大人才培养模式外延的做法会带来目标重复、实效低下等一系列问题。还有的院校对人才培养模式

的逻辑结构把握不准确，误读了模式中各个因素之间的逻辑关系，如在第一批的示范高职院校中有4.29%的院校将培养模式置于课程体系与教学内容之中，颠倒了两者间的逻辑关系。3.57%的院校将培养模式置于教学安排之下，把培养模式看作是教学的一种方式。模式结构紊乱反映了人才培养模式建设理论上准备不足。

（二）形式大于内容现象存在

新世纪以来，人才培养模式的改革成为高职院校建设与发展的主要内容，特别是国家示范高职院校计划的推出大大促进了人才培养模式的发展，许多院校提出了不止一种的人才培养模式，有的学校甚至有4~8种不同模式，但这些模式所起到的实际作用却有待商榷。通过首批示范性高职院校构建人才培养模式过程的考察，发现了诸多问题，突出表现为重形式、轻内容的特征，如重实践基地建设规划和企业参与实践教学，而轻企业内的实践课程规划；重人才培养途径，而轻教学运行机制安排；重人才培养模式的"名"，而轻人才培养模式的"实"。多数院校在改革人才培养模式时都提到要"以就业为导向"，但在实际的培养目标与专业设置上却与经济社会发展的需求相去甚远，培养目标不明确，市场调查不充分，谈不上与社会需求紧密结合，更遑论"就业导向"了。如多数院校都提出建设校内或校外的实训基地，虽然制定了相应的实训管理制度，但缺乏科学性与可操作性，对于实训要达到的具体要求和量化标准，实训质量如何监控，实训效果如何评价等方面的规定欠缺，导致学生的实训流于形式，有的甚至出现"放羊式"管理，严重影响了"工学结合"的效果。

（三）行业企业参与度不高

校企合作是校企双方在各自不同利益基础上寻求共同发展、谋求利益互补的一种需求，在合作的实践中由于双方在思想理念、目标利益、权属体制等方面的差异，以及国家政策滞后等因素导致目前校企合作存在一定的障碍：

1. 政策导向作用不强

目前校企合作处于教育主管部门倡导、高职院校自发的状态，多是学校主动寻求企业合作。学校通过与企业合作可以减少部分实验、实训设备的投入，分解办学成本，合作的积极性和主动性较高；企业在校企合作中要分担一定的人力、财力、物力，政府又没有强制要求，参与与否关系不大，在当前人才相对过剩的情况下，缺乏主动性。

2. 企业参与校企合作的动力和能力不足

企业作为市场主体，往往片面追求经济利益最大化，只对能立即带来利益的成熟技术感兴趣，没有把职业教育的育人功能融入企业价值链中，不能主动承担为社会培养高技能应用性人才的任务；企业内部研发能力不足，在校企合作中只能充当技术的消极接受者，而不是积极的参与者，这不利于以后进一步的合作以及新技术的发展；企业特别是中小企业缺乏资金，无力或不愿意与高职院校开展合作。大多数企业认为培养人才是职业院校的责任和义务，导致"校企合作"只停留在单纯选择人才的层面，要么就是被动地进行捐资助学，不参与或很少参与人才的培养，真正的"工学结合"无法实现。企业的教育和培训仍是薄弱环节，国家虽然出台了关于"一般企业按照职工工资总额的 1.5% 足额提取教育培训经费，从业人员技术要求高，培训任务重、经济效益较好的企业，可按 2.5% 提取"的规定，但执行效果并不理想，企业职工特别是一线职工到高职院校接受教育和培训的机会很少。

（四）学校培养目标与社会脱节

1. 对"校企合作、工学结合"办学理念认识不足

一种形式表现为"以工代学"，简单地认为把学生推到社会上实习就是"校企合作、工学结合"，最常见的是"放羊式"的顶岗实习。另一种表现形式为"以学代工"，把"工学结合"等同于以往的"见识实习"，仍然强调学生以课堂学习为主，学生的综合技能得不到训练。由于实施真正意义上的"校企合作、工学结合"，必然会带来学校管理模式、教学体系的全面变革，对学校职能部门以及专业教师都提出了更高的要求，不仅要求上好课，还要处理好与企业的关系，因此，很多学校的管理部门和教师都存在着"多一事不如少一事"的心理。尤其是教师，他们是"校企合作、工学结合"的直接参与者和执行者，但由于每个人的认识不同，实践能力不同，对教学的理解把握也不同，推进的难度很大。

2. 教学内容缺少行业企业实际工作借鉴

专业设置院校与社会需求仍有脱节。不少高职学校的专业设置，与地方经济发展的需求结合不紧密，高职院校培养的毕业生，高素质、高技能、应用型的人才特色不明显，还无法体现出不可替代性；课程开发多数还不能适

应职业岗位需求。高职院校课程的改革既要符合企业的需求，又要符合职业课程的基本要求，要体现职业知识的科学性、专业性、发展性、实践性和过程性。但现在高职院校课程的改革仅依靠由学校和企业组成的有关组织机构来进行课程内容的选择、知识的编排和课程的设置，没有较权威的组织机构进行审核，势必存在局限性和片面性。真正构建以岗位职业能力和工作过程为导向的课程体系，还有很长的路要走；实训条件仍需改善。首先是实训基本条件不足，无法满足学生基本的技能训练，只有部分专业能做到"边做边学、学做合一"。其次是实训场地不足，无法满足生产性实训的需要。开展生产性实训需要较大的"教学工厂"才能运行，场地问题是制约高职院校开展校企合作、实现生产性实训的"瓶颈"。最后是具有生产性和新技术（新产品）研发功能的设备不足，不能吸引企业来校开展合作，这也是当前我国高职校企合作层次普遍偏低、深度不够的重要原因。高职院校办学越是向纵深发展，层次越是向上延伸，就越要紧密结合经济社会发展和科技进步的实际，关注和研究地方经济和行业企业存在的关键问题，加强与行业、企业的横向科技合作，这样才能吸引企业与学校合作。"双师"素质教师严重不足。虽然调研显示我国高职院校"双师"素质教师已占很高的比例，但其中很多是仅参加一次培训、考取一个职业资格证书就成为"双师"的，真正既具备较高理论知识，又有丰富实践经验，能指导学生实训的"双师"素质教师严重不足，能参与企业新技术、新产品开发的则更少。

3. 传统的教学管理体系不能适应需要

"校企合作、工学结合"的办学模式需要建立相应的教学管理体系。在教学管理运行中，由于行业、企业的参与，工学交替进行，必须做到工学过程科学，工学衔接合理，传统以学校和课堂为中心的教学组织形式已经无法适应工学结合的要求。由于教师习惯了传统的课堂教学方式，对下企业、进车间指导实训有抵触情绪，因此，工学结合在具体落实到每一门课程时往往会遇到很多阻力，而且由于下企业指导教师的业绩考核、工作量难以计算等原因，对校内的业绩考核、津贴分配提出了更高的要求。在教学质量监控上，由于学生分散在不同的企业顶岗实习，很难统一实习成绩的考核标准，而且当前多数院校"工学结合"的质量管理停留在末端检验阶段，缺乏过程管理和实时监控，使"工学结合"的实效大打折扣。

（五）实践环节落实不够

由于体制机制建设滞后，使得学校与企业的合作缺少制度和机制的保障。更多的是依靠一定的关系或情感维系双方的合作。因此，当企业因某种原因发生变动时，学校也只能是被动地接受，从而影响了教学过程的质量。最典型的应属于毕业阶段的实习安排，或顶岗实习，不同程度地存在着"放羊"现象。企业生产经营与院校教学安排不可能完全同步，学校的教学有严格的计划性，而企业的生产则完全由市场来决定，往往企业有生产任务时，学生因理论课还未讲完而不能到企业去；而学生需要实习时，企业的生产任务可能不足而难以安排。另外，校企双方的资源付出不对等。企业为学校师生提供学习先进的生产工艺和管理的机会，学校的受益较为明显；由于高职院校办学时间较短，在科研和技术开发研究方面积累不多，能为企业提供技术支持的能力有限，企业受益周期较长，影响了企业的积极性。以上种种因素成为在教学过程中，很多实践教学环节不能落实的重要原因。

（六）保障机制不足，缺乏稳定性

（1）政府主导作用有待加强。从国外成功的高等教育人才培养模式经验来看，政府在高职教育人才培养模式构建中的导向和支持作用非常重要，如在协调高职教育与社会经济发展的关系，协调高职教育与其他类型如普通本科或中职中专教育的关系过程中的统筹作用；在推动法制法规建设，激发企业参与热情方面的主导作用；在办学经费的管理与使用，办学标准和方案的制定、人才培养模式的改革与研究中的监督作用。由此可见，在人才培养模式的改革中政府扮演着非常重要的角色，加强政府的监督与管理作用对于人才培养模式构建的稳定性和持续性至关重要。

（2）企业参与热情有待提高。从目前状况来看，企业参与高职院校人才培养模式改革的动力不足，校企合作的广度与深度均不尽如人意，良性的校企合作机制尚未形成。如多数高职院校在人才培养方面与企业的合作，仅限于向企业输送实习生、毕业生，企业很少直接深入地参与人才培养的全过程（如人才培养方案的制定、课程设置、教学方式改革，等等）；多数高职院校与企业的合作仍然是一种偶然的、一次性行为，未能与整个行业企业建立长期、稳定的合作。

造成这种情况的原因有很多。首先，企业对于人才培养模式的认识不到位，许多企业仍然觉得培养人才是学校的职责，没有认识到自己是高职教育的直接受益者，不愿意直接投资。其次，企业与学校的追求目标不同，学校追求的是社会效益，而企业追求的则是经济利益，企业只对能立即带来利益的成熟技术感兴趣，不愿意在企业中履行职业教育的功能。最后，企业自身条件限制。大企业具备相应的投资与管理实力，但在就业市场上高素质、高技能人才应聘者趋之若鹜的情况下，缺乏参与高职院校人才培养的动力。小企业急需高技能人才，但又不具备一定的能力和财力来进行大规模的校企合作，只能是小打小闹，临时抱佛脚，进行简单的一次性人才培养合作，与高职院校的合作达不到一定的深度。这对于提升高职整体人才培养质量、构建特色化人才培养模式的作用非常有限，制约了高职院校人才培养模式改革的稳定与可持续发展。

（七）法制法规建设有待加强

高职教育人才培养模式的构建离不开良好的法律法规和政策环境，在我国，高职教育的法律法规建设还有待加强，虽然国家陆续出台了许多政策，但是各个地方在执行和实施的过程中，效果参差不齐，还需要各级政府在具体的实施细则和地方性法规政策建设上持续完善，在 2011 年一份关于高职校长对职业教育制度和政策满意度的调查中，全国高职院长中有高达 81.9% 的人认为法制化建设水平一般或较差。目前社会各界对法制法规建设的期待主要集中在尽快出台或制定促进职业教育大力发展的政策或制度上，如加快《职业教育法》的修订、校企合作促进政策的出台，加强就业准入制度，按照统一制度、全面推行、分类指导的原则，结合我国经济增长、经济结构调整和主导产业对大批适用技术技能人才的要求，进一步完善培训与技能鉴定系统，为劳动力市场主体双方提供职业资格认定服务，引导企业尽快完成企业内工人技术考核向职业技能鉴定社会化管理过渡，以及其他各项法律、规章制度的实施，让职业教育的发展有法可依。

第二节　高职院校人才培养模式改革依据

经济结构的变动主要体现在产业结构和行业结构的变动上。技术的发展和经济结构的变动都会对社会职业岗位体系产生重大影响。经济结构的变化，会对职业岗位结构产生直接的影响。产业结构和行业结构的变化会使得社会原有的某些职业岗位大批消失，与此同时也会新增大批的职业岗位。

一、高职人才培养模式改革的现实依据

经济结构的转型与社会的发展变化、高等教育的普及、就业形势的严峻以及社会观念的变化为高职人才培养模式的改革提供了现实依据。

（一）经济结构转型对高职院校人才培养提出了新的要求

基本实现工业化，大力推进信息化，加快建设现代化，是 21 世纪头 20 年我国经济社会发展的战略任务。实现这个战略任务需要各行各业的高质量、高技能的人才支撑，特别是在信息化和工业化深入发展的当下，技术工人短缺，尤其是高技能人才短缺，已成为制约产业升级、制约经济增长方式转变、影响"中国制造"的突出因素。人才需求的总量和质量，决定了市场经济发展的水平和速度，高技能型人才成为决定经济持续发展的关键因素。而且在不同的时期、不同的区域，因地理、人文和资源优势等多种因素的影响，经济发展对人才的技术结构要求也有较大的差异，这需要高等教育培养多元化的人才，高职教育则是承担这一任务的重要载体。

党的十六大明确指出，要造就数以亿计的高素质劳动者，数以千万计的专门人才和一大批拔尖创新人才，在数以千万计的专门人才中，除了部分要依靠本科院校培养外，更多地要依靠高职院校来培养，这为高职院校的人才培养目标提出了更高的要求，具体表现如下：技术的高速发展，引起职业岗位的不断变动，对技术型人才的要求也随之提高。技术发展的综合化，要求技术型人才具有技术综合应用能力。技术的深度化发展趋势，要求提高技术型人才的相关理论基础。国内外行业间的激烈竞争，迫切需要技术型人才树立敢冒风险的创业精神。

（二）高等教育大众化对高职院校的人才培养提出了新的挑战

进入大众化阶段的高等教育，在宏观层面和总体上，不同层次、不同类型的高等学校有不同的发展目标，有不同的特点和特色，有不同的人才培养类型、层次和规格，所培养的人才也应针对不同的就业领域进行科学定位。我国高等教育由精英阶段迈入了大众化阶段，并逐渐向普及化进军，高等教育的培养目标、培养方式、质量观、价值观等都发生了一定的变化。相应地，

这种变化也对高职教育的人才培养模式提出了挑战。高职教育既是职业技术类型的高等教育，同时也是目前高等教育中学历层次最低的教育，高等教育的大众化严重影响了高职人才培养模式的构建。首先，普通本科院校招生规模不断扩大，不断挤压高职院校的生源规模；其次，部分普通本科院校为了应对就业压力，在人才培养目标和规格上，在专业设置上越来越向应用型靠拢，挤压了高职院校毕业生的就业空间。

高职院校必须认真考虑如何适应大众化教育阶段的特点，遵循高等教育的基本规律，探索高职教育的个性特征，才能够在与其他层次教育类型的竞争中立于不败之地。

（三）日益严峻的就业形势为高职院校的人才培养提供了新的导向

伴随着高等教育的普及和经济结构的转型，就业市场形势越来越严峻，高职教育必须要树立正确的人才培养观念，增强主动服务能力，根据社会发展、经济发展和科技进步对人力资源的需求改善人才培养的目标和规格。市场经济发展带来产业结构的变化，决定高职院校必须以就业为导向设置社会需要的实用专业、课程内容和实践手段。高职学院所设专业符合国家产业经济结构调整方向，适应本区域产业发展的需要，以用人单位对人才技能的要求为培养目标，改革课程内容，强化实践能力培养，人才才能适销对路。否则毕业生知识技能结构不完善、动手能力弱、创新精神匮乏，环境适应、职业迁移能力严重不足。出现学生就不了业，人才"短缺"与"过剩"的矛盾，不利于经济发展，甚至影响学校的生存。一方面，有相当数量的接受过高等教育的毕业生未能及时找到工作，另一方面，掌握高新技术，具备高技能的专门人才却极度短缺。基于此，必须立足环境变化及对人才的新要求，对传统的大学人才培养模式进行变革。

（四）社会观念变化为高职院校的人才培养提供了新的发展契机

培养模式建构是一定社会政治、经济、文化、教育的综合体现，是特定文化传承、发展、创新的过程。在这个过程中，人才与经济、社会、职业、技术的关系总是受教育者的教育哲学和价值观的支配。培养模式中各要素的选择、变化深深地打上了教育价值取向和社会观念的烙印。

长期以来，在我国存在着重本科轻职业院校的观念，许多考生和家长一直将高职看作是考不上大学时的无奈选择，企业和用人单位在应聘时首先考虑的是本科学历毕业生，而非高职院校毕业生。高职院校在这种观念下尴尬存在，对于自身发展也产生了很大影响。如一些高职学院过于强调学科的系统性，忽视了应用能力的培养，教师的实际操作能力偏弱；或者是一些由过去中职、中专升格而来的高职院校，安于现状，不思进取，高等教育办学理念欠缺，教师的理论素养不足。这两者都使得高职院校的办学定位游离于自身的培养目标，高职的办学特色与人才培养模式也就无从谈起。

近年来，伴随着经济结构转型和社会发展变化，人才需要越来越专业化、多样化和高技能化，加之一系列政策的推动和高职院校自身的改革与努力，高职院校正在逐渐受到社会的重新重视，学一门技术，谋一个岗位比拿一个本科学历更重要、更实际。高职院校的招生形势开始好转，到 2012 年，全国共有职业院校近 1.4 万所，在校生近 3100 万人，就业率连续两年超过本科院校，高职院校已成为高素质高技术技能人才的重要来源，社会观念变化带来的良好形势为高职教育提供了难得的发展契机，在从规模化转向内涵发展的过程中，应以人才培养模式改革为抓手推动高职教育的新发展。

二、高职人才培养模式改革的政策依据

从 20 世纪 80 年代出现到现在的内涵式发展，高职教育 30 年的发展历程始终与我国政府与教育部门出台的职业教育政策息息相关。通过不断地颁布和调整政策，对高职院校的办学模式、专业设置、就业等都做出了规划，我国高等职业教育的改革与发展出现了良好的发展前景。而人才培养模式的改革也正是在这种政策指导背景下发展起来的。

（一）高职教育人才培养模式的正式提出

进入 20 世纪 90 年代后，随着改革开放的不断发展，需要出台相关法律政策来完善体制改革，在此背景下，我国高等职业教育政策的出台也随之呈现出规范化的特点，进入法制化建设时期。这一时期出台的主要法规政策包括：《关于推动职业大学改革与建设的几点意见》（1995 年）、《关于开展建设示范性职业大学工作的通知》（1995 年）、《中华人民共和国职业教育法》（1996 年）、《面向二十一世纪深化职业教育教学改革的原则意见》（1998 年）、《关于实施〈职业教育法〉加快发展职业教育的若干意见》（1998 年）、《中华人民共和国高等教育法》（1998 年）。

通过一系列的法律法规与政策建设，为高职发展带来了许多变化：首先，高等职业教育的法律地位得到确认。《职业教育法》和《高等教育法》都明确了高等职业教育的性质，即高等职业教育属于高层次的职业教育，同时也是高等教育的一部分，从法律上确立了高等职业教育在职业教育体系和高等教育体系中的地位。其次，对高等职业学校的设置提出了初步标准和要求。提出设置高等职业学校的条件涉及校长人选、招生规模、教学设备等。再次，拓宽了高职发展的途径，高等职业教育取得了极大的发展，1985 年独立设置的高职院校的招生数只有 3.01 万，在校生 6.31 万人，而截止到 1998 年，我国独立设置的高职院校已有 101 所，招生 6.28 万人，在校生 14.86 万人。最后，初步明确高等职业教育人才培养模式的主要特征及基本原则，首次提出高职培养人才的特征："高等职业教育必须面向地区经济建设和社会发展，适应就业市场的实际需要，培养生产、服务、管理第一线需要的实用人才，真正办出特色。"

尤其是 2000 年的 12 号文件，教育部正式提出了关于人才培养模式的要求：以培养高等技术应用性专门人才为根本任务；以适应社会需要为目标、以培养技术应用能力为主线设计学生的知识、能力、素质结构和培养方案，毕业生应具有基础理论知识适度、技术应用能力强、知识面较宽、素质高等特点；以"应用"为主旨和特征构建课程和教学内容体系；实践教学的主要目的是培养学生的技术应用能力，并在教学计划中占有较大比重；"双师型"（既是教师，又是工程师、会计师等）教师队伍建设是提高高职高专教育教学质量的关键；学校与社会用人部门结合、师生与实际劳动者结合、理论与实践结合是人才培养的基本途径。高职高专不同类型的院校都要按照培养高等技术应用性专门人才的共同宗旨和上述特征，相互学习、共同提高、协作攻关、各创特色。这是我国高职教育大发展中第一次对人才培养模式作出的明确定义和提出的要求。

（二）人才培养模式改革的进展和现状

1999 年 6 月 3 日，中央中共、国务院出台的《关于深化教育改革全面推进素质教育的决定》，再次强调"高等职业教育是高等教育的重要组成部分。要大力发展高等职业教育，培养一大批具有必要的理论知识和较强实践能力，生产、建设、管理、服务第一线和农村急需的专门人才"。同时在管理体制改革上提出："经国务院授权，把发展高等职业教育和大部分高等专科教育的权力以及责任交给省级人民政府，省级人民政府依法管理职业技术学院（或职业学院）和高等专科学院"。

2000 年 1 月 17 日，教育部印发的《关于加强高职高专教育人才培养工作的意见》中明确提出我国高等职业教育今后的发展思路："今后一段时期，高职高专教育人才培养工作的基本思路是：以教育思想、观念改革为先导，以教学改革为核心，以教学基本建设为重点，注重提高质量，努力办出特色。"政策文本中首次提出"高职高专教育人才培养模式的基本特征是：以培养高等技术应用性专门人才为根本任务；以适应社会需要为目标、以培养技术应用能力为主线设计学生的知识、能力、素质结构和培养方案，毕业生应具有基础理论知识适度、技术应用能力强、知识面较宽、素质高等特点；以'应用'为主旨和特征构建课程和教学内容体系；实践教学的主要目的是培养学生的技术应用能力，并在教学计划中占有较大比重；'双师型'（既是教师，又是工程师、会计师等）教师队伍建设是提高高职高专教育教学质量的关键；学校与社会用人部门结合、师生与实际劳动者结合、理论与实践结合是人才培养的基本途径"。

2004 年与 2005 年则是高职院校人才培养模式改革与发展的关键年份，国家相继推出了一系列政策以推动人才培养模式的改革。如《教育部关于以就业为导向深化高等职业教育改革的若干意见》（2004 年）、《教育部关于进一步推进高职高专院校人才培养工作水平评估的若干意见》（2004 年）、《教育部关于进一步推进高职高专院校人才培养工作水平评估的若干意见》（2005 年）。2005 年《国务院关于大力发展职业教育的决定》发布后，"国家示范性高职院校建设计划"的展开推动了我国高职教育走向内涵发展的转型之路，高职教育在人才培养目标定位、人才培养模式选择方面逐步走出了一条特色发展之路。

2011 年《教育部关于推进高等职业教育改革创新引领职业教育科学发展的若干意见》对高职教育人才培养目标表述为"高端技能型人才"。随着我国高职教育从规模扩张向内涵发展的转型，以及人们对高职教育属性和本质认识的深入，高职教育的"职业性"得到不断强化。2012 年 6 月，教育部颁布的《国家教育事业发展第十二个五年规划》对我国中等职业教育和高职教育人才培养方向进行了新定位：要不断完善中等和高等职业学校的布局结构，明确高职教育的人才培养目标定位是"产业转型升级和企业技术创新需要的发展型、复合型和创新型的技术技能人才"。在政府政策的指导下，人才培养模式成为高职院校改革创新的重中之重。

三、高职人才培养模式改革的理论依据

人才培养模式是高职院校培养高素质技能型人才的核心理念与方法，是以一定的理论为基础，经过长期实践，并被证明有效和符合实际的一种代表性方法，是这种培养过程中最具有代表性的核心内容。由于它代表了学校培养人才的目标、过程或标准等重要内容，因此，没有理论基础的人才培养模式是空洞和随意的。

（一）国外人才培养模式的影响与启发

国外职业教育非常发达，起步早，社会高度重视，各种法规制度相对健全，人才培养模式先进。20 世纪 80 年代中期以来，国外 MES、双元制、BTEC、CBE 等职业教育模式相继引进国内，人才培养模式逐渐得到重视。

（1）德国职业教育是以职业院校和企业"双元"形式出现的，坚持以企业培训为主、学校教学为辅的原则，按照企业对人才的要求组织教学和岗位培训，两者共同担负培养人才的任务。国家出台法律保证其实施。德国"双元"制起源于中世纪的手工业行会的师徒制，经过大工业革命时期培养城市手工业及技术工人子弟学校的发展，到 1938 年普通义务职业教育制度的确立，经历了一个漫长的过程才逐步完善建立。德国职业教育是以职业院校和企业"双元"形式出现的，坚持以企业培训为主、学校教学为辅的原则，按照企业对人才的要求组织教学和岗位培训，两者共同担负培养人才的任务。国家出台法律保证其实施。职业学院的学生是由企业招收的具有完全中学学历的徒工，校企合作教育的实施依赖于企业与学徒签订的合同，培训和考试内容来源于企业的需要。这种人才培养模式的培养目标为具有高等教育学历的高级职业人员，教学或课程安排分为两个阶段，在两个学习阶段均实行严格的国家考试。

（2）英国的"合作教育型"。在办学形式灵活多样的英国，"工读交替型"的合作教育是许多英国学校为培养企业适用的工程技术人才而广泛采取

的一种培养模式，也是人们常说的"三明治"（或"夹心饼干"式）式教学计划，具体采取的实施方式是职业教育与工厂实习时间各半。此种人才培养方法分为三个阶段：学生中学毕业后，先在企业工作实践一年，接着在学校里学习完两年或三年的课程，然后再到企业工作实践一年，即所谓的"1＋2＋1"和"1＋3＋1"教育计划。

（3）日本的产学研合作模式。企业办学是日本职业技术教育的一大特色。大企业兴办的"工学院"既为自己的企业培养急需的专门技术人才，也为客户提供技术培训。在企业技能培训与学院教学时间的分配上明显以企业为主、学校为辅，而且学校的教学多半是利用工余时间，其特点是重点多放在科学研究的合作方面。另外以初中为基础的五年制高等专门学校、仿美国社区学院创办的以培养中级技术人员和有专业技能的人才为主的短期大学，以及开设专门课程（主要面向高中毕业生）、高中课程（面向初中毕业生）和一般课程（面向社会各界人士）的灵活、多层次办学的专修学校，支撑起了日本各个层面的职业教育。

除此之外，国外的其他职业教育人才培养模式，如加拿大 CBE 模式，俄罗斯"教学生产联合体"模式、新加坡的"教学工厂"等都被介绍到国内。虽然以上几国高职人才培养模式不同，但专注于就业和实践能力的培养，实现教学和就业之间的零距离结合是其共同的特点，具体表现为：在人才培养目标和规格上以社会需求为主，在人才培养模式构建上以产学结合为机制，在教学上以实践教学和培养职业能力为本位，在人才培养质量上采取社会参与评价的方式监控人才质量。我国高职院校最应该借鉴的是这种以实践为导向的理念，而不是简单模仿和照搬某国具体的人才培养模式。

（二）国内理论研究的推动

目前，国内对于高职院校人才培养模式的研究还处于起步阶段，刚刚脱离旧的人才观和普通高校人才培养模式的巢穴不久，理论研究主要集中在对人才培养模式内涵和构成要素的探讨上。

有人将国内关于人才培养模式研究的几种有代表性的观点总结如下：一种认为人才培养模式等于教学模式，模式是某种事物的结构或过程的主要组成部分，以及这些部分之间的相互关系的一种抽象、简约化的描述。另一种将教学与管理纳入人才培养模式的范畴，认为人才培养模式不仅是对培养过程的设计和建构，也是对培养过程的管理。还有一种将人才培养模式内涵的界定扩大到整个教育活动的范畴内进行考虑，认为高职人才培养模式就是高职教育这一教育类型的教育模式。

此外，还有学者从结构状态分析，认为人才培养模式并不是培养人才的方式方法，也不是构成要素的简单组合，而是培养人才过程中形成的结构状态特征和运行机制。人才培养模式是目标、制度、过程维度上的要素相互联系、相互作用的产物。从培养过程的角度来看，有学者提出，所谓人才培养模式，一般认为，是为实现培养目标而采取的培养过程的构造样式和运行方式，它主要包括专业设置、课程模式、教学设计和教学方法的构成要素，它回答的是高职教育"培养什么样的人才"和"怎么培养人才"这两个根本性的问题。

基于不同的人才培养模式内涵，对人才培养模式构成要素的分析也是不同的。有学者认为，人才培养模式主要包括专业设置、课程模式、教学设计和教育方法等构成要素，这种界定将人才培养模式仅限于教学模式这个范围内。有人认为，人才培养模式是在一定的教育理论、教育思想的指导下，按照特定的人才培养目标和培养规格，以相对稳定的教学内容和课程体系、管理制度和评估方式，实施人才培养的过程的综合，它由培养目标、培养制度、培养过程、培养评价四个方面组成。还有人认为，人才培养模式是在一定的教育思想和理念指导下，以人才培养活动为本体，为实现培养目标所设计形成的整个培养过程，它包括从规划设计、目标确定、实施计划到过程管理的整个过程。后两个概念涉及人才培养的整个环节，涵括了人才培养过程中的各项环境、条件等因素，是对人才培养模式宏观的把握，也是对实践较具指导性的理论。

第三节　高职院校人才培养模式改革创新

总体来看，国内高职院校人才培养模式的理论研究还处于初期的"百花齐放、百家争鸣"阶段。因此，各高职院校和人才培养模式也表现出实践的多样性和丰富性。各院校都在积极实践符合自身实际的人才培养模式，因此近年来才有如此繁多的人才培养模式的名称和内容出现。

一、高职院校人才培养模式改革创新的思路

（1）以理论深化为支撑。当前高职院校人才培养模式的理论研究处于初级阶段，缺乏成熟的理论构建，还有许多理论问题尚待深入，如人才培养目标的定位问题，人才培养的规律特点，如何界定普通高等院校与高职院校在人才培养模式上的区别等问题。这些问题不解决，人才培养模式的改革方向就会出现偏差，如有些学校对人才培养模式的表述出现逻辑错误，在人才培养模式的建设路径上出现结构混乱等。因此，只有通过深入的理论研究，才能确保当前高职院校的改革与创新有理有据，方向正确。

（2）以就业为导向。高职教育是一种特殊的高等教育类型，在人才培养目标及规律上都有别于普通的本科院校。温家宝总理曾指出：以就业为导向，努力提高职业院校办学水平和质量，职业教育要认真贯彻党的教育方针，全面实施素质教育。以就业为导向需要在人才培养模式的各个系统中有机体现，如在人才培养目标上，要重点培养具备实践能力、创新能力和创业精神的高级技能型人才；在专业和课程设置上，要以就业市场为导向，优化设置，更具针对性；在质量评价上，要注重用人单位的反馈，及时灵活调整。通过整个人才培养系统的有机运作，实现以就业为导向的人才培养目标。

（3）树立"以人为本"的教育理念。最新的人才观认为，人是具有不同特长的，人才成长像大树一样是动态的过程。而人才培养的根本目标在于促进人才成长，培养具有全面素质的有用人才。因此，人才培养模式的改革也必须遵循人的成长规律和要求，在环节设计和实施中始终把服务于人的成长作为首要因素，将每一个学生都看成具有个体特性的可造之才，从发展的角度着手实施培养。

（4）以提升质量为目标。人才培养的质量是高职院校的生命线和试金石，高职院校应当以完善人才培养质量作为人才培养模式改革的目标与重心。首先，高职院校需要加强质量标准建设，建立人才培养质量保证体系，以建立优良学风、完善涵盖人才培养全程的质量监测与诊断系统。其次，加强质量监督机制建设，以学校为主、用人单位与社会参与，全员参与、全程监控、

全方位保障。

二、高职人才培养模式改革创新的具体路径

（一）合理定位人才培养目标

（1）突出高技能型。高职教育人才培养目标与培养规格，历来是职教界人士经久不衰的话题；高职教育培养的人才非"白领"已是人们的共识，但对是"蓝领"或是"灰领"或是"银领"则有不同的见解。《教育部关于加强高职高专教育人才培养工作的意见》中明确指出：高等职业教育担负着培养在生产、管理、经营、服务等方面第一线工作的高层次、实用型、技能型高级人才的重任。这为我国的高职院校人才培养目标明确了方向。高职人才培养目标既不同于普通高等教育培养的理论性、工程型人才，即所谓的"白领"和"金领"；又不同于中等职业教育技术的普通技术性工人，即所谓的"蓝领"，而应该是高级技能型人才。而目前我国认定的高级技能型人才有两种：一种是他们的劳动组成成分中智力成分已占相当大的比重，而对劳动力动作技能的要求已相对减少，如检测、计量、调度以及一些高级技术设备的操作和维护岗位人员，另一种是虽对相关专业理论知识有一定的要求，但其劳动组成中的主体仍然是动作技能。通俗来讲，应该是技师、高级技师以及国家、省、市各行业的技术能手，是既掌握理论知识又具备动手能力的复合型人才。因此，职教人认为"银领"更符合高职教育的人才培养规格，更能凸显高职毕业生的价值与作用。因此，应将"银领教育"作为高职人才培养模式改革发展的主要目标。

（2）突出区域经济服务意识。在定位明确的情况下，具体到某一院校，还应该充分考虑到当地的区域经济发展状况与需求。1999年，在《中共中央、国务院关于深化教育改革全面推进素质教育的决定》中明确指出：经国务院授权，把发展高等职业教育和大部分高等专科教育的权力以及责任交给省级人民政府，省级人民政府依法管理职业技术学院（或职业学院）和高等专科学院。这意味着高职教育作为一种面向地方经济建设的高等教育，其传播知识、培养人才、推广科学技术等都是围绕地方经济与社会发展展开的。区域经济结构、产业发展程度和人口构成深刻地影响了高职院校的招生、人才培养与就业，因此，高职人才的培养目标应密切关注区域经济发展的需要，充

分对接，以避免人才培养规格与社会需求的错位。

（3）吸引行业企业参与人才培养模式改革。职业教育是一种二元化的教育，是一种跨界的教育。这一点已被广大高职领域的教育工作者所接受，也正在得到越来越多的行业企业人士的赞同和支持。教育部也在多个文件中提出了学校要与行业企业共同制定人才培养方案，吸引行业企业合作办学参与教学过程，共同评价人才培养效果等。因此，吸引行业企业参与人才培养模式改革是主要途径之一。

（二）优化专业设置与课程体系

（1）专业设置要适当。专业划分是否恰当是影响培养目标的重要因素，是高职教育主动灵活适应社会需求的关键，是实现社会需求与高职院校实际教育教学工作相联系的桥梁和纽带。要做到适当，需要考虑到以下几点：第一，高职院校应针对社会职业岗位或岗位群来设置专业，以体现其职业性，总的原则是"面向社会，突出应用，强化技能，长于实践"。第二，应按照当地经济建设和社会发展的实际需要，对支柱产业和社会需求预测量大的专业从长计议，设置长线专业，对就业市场上需求量小的专业根据实际情况进行调整。第三，注重前瞻性。科技的迅速发展，新材料和新工艺的研发进程加快，对人才需求的层次在不断提升，类型在不断多元化，鉴于人才培养的周期性，专业设置要适当超前，针对有巨大发展潜力的新兴行业，可以适当开设新专业；对于数年后预计可能要淘汰的专业要及时停办；对现有专业，根据社会发展的需要，要及时更新和补充有关知识技能。

（2）课程体系要有适应性。课程体系建设是高职教育的重要环节，也是实现人才培养模式改革与发展的重要途径。新时期的课程建设要遵循以下特征：第一，以培养职业岗位能力为宗旨，职业岗位能力包含了岗位所需要的专业理论知识、操作技能和专门技术的应用能力。人才知识结构要从人才市场的实际要求出发，确定职业方向模块，再按职业岗位技术要求，分析职业素质和能力，确定学生必须掌握的知识和技能，而后进行课程组成形成知识模块，体现了课程的应用性和系统性。第二，以培养个人可持续发展为目标。在高职院校毕业生中，职业生涯初期的职业转换率相当高，这要求学生不仅要掌握岗位所需的知识、技能和技巧，还需要有一定的职业设计能力和再发展能力、良好的个人道德素养和毅力。这些能力需要通过人文科技素质课程模块培养，如公共课和普通文化课等，这些课程虽然与具体的岗位能力和职业能力无直接关联，但是它们是学生理解复杂社会现象的基础；有助于增强学生掌握关键的能力以及理解和创造的能力。这些提升人文素养的课程有助于培养学生的适应性、创新性和敬业精神，这些都是个人长期职业生涯发展和提升的重要因素。第三，吸引企业共同开发课程。企业掌握精准的职业岗位技能要求，了解行业发展现状与趋势，知晓行业职业的宽窄，有能力把握人才培养的规格，把生产、工作过程中的各种技术知识、操作频率、操作顺序、工作态度等内容经过整合提炼，编制出某一专业的具体课程内容，这样既能保证课程开发和内容设置符合社会需要，又能达到适应区域经济发展的目的。

（三）完善教学实训管理制度

教学环节是人才培养模式的重要组成部分，也是人才培养的基本制度。在人才培养模式改革过程中，教学组织与管理扮演着重要角色，需要完善的制度来保证，主要可以从以下几个方面进行：

（1）制订动态教学计划。教学计划是学校最重要的教学文件，是学校各部门及教师从事各项教学活动的纲领性文件，能否严格执行教学计划是衡量一个学校教学规范程度的重要指标。但在新形势下，为拓宽学生就业面，提高学生就业率，必须制订以就业为导向的动态的教学计划。其最佳模式自然是所谓的"订单式"教学，也就是提前一年、两年甚至学生入校即与用人单位签订就业协议，学校按用人单位的合理要求调整教学计划并实施，于学校、学生、用人单位均有益。

（2）善用多元教学方法。各高职院校经过多年的快速发展，在教学设施设备方面均上了一个新台阶，尤其是多媒体网络技术，以其直观性、动态性、交互性、可重复性及大信息量获得高职教师的青睐，也大大地提高了教学质量。但也应注意到多媒体网络技术在教学中存在的一些问题：挤占学生思维空间，教学内容缺少真实感，信息量过大，教学进度加快及重点不突出，等等。因此，在采用多媒体等先进教学手段的同时，必须重视传统教学方法的使用：如在牵涉机械设备等实物结构时，尽量结合使用实物、模型或模板，不能因多媒体设备的使用而取消学生动手操作的应有环节。

（3）加强和改进实训教学制度。校内外实训基地是高职院校开展实验实训教学和科技研究开发的重要平台。实训教学既有别于理论知识教学，又有别于实验教学，是将理论与实验融为一体，通过生产实践，理论联系实际，对学生进行系统的科学实验训练和生产技能操作训练，培养学生的科学研究能力和岗位操作能力。完善实训教学，首先，需要确定实训教学的目标，应当以产业需求为依据，以服务社会为宗旨，以能力培养为重点，以学生就业为目的。其次，合理安排实训教学的内容，区分不同专业、不同层次学生的需求，做到"教学做"三位一体。最后，加强实训教学管理制度建设，高职院校实训基地的管理包括设备管理、资产管理、人员管理、课程管理等多个方面。因此要明确各部门职责，加强教学环节的监督管理，制定实训教学师资队伍建设及实训教学的业绩考评制度。

（四）建立教育质量监督体系

（1）完善人才培养质量监控体系，建立和完善学校教学质量监控与保障体系，正在成为高等职业学校提高人才培养质量的共识，高等职业院校设专职检测人员，及时发布人才培养工作状态数据，公开人才培养质量信息，接受学生、家长、用人单位、合作伙伴、办学及主管部门和社会各界的评价和监督。

（2）重视社会及第三方机构的质量评估。高等职业教育质量的评估主体进一步优化，评估方式方法更加完善。以第三方机构为代表的独立评估，关注行业、企业、用人单位等对教育质量的评价以及学生对教育教学的反馈。多所学校引入教育数据咨询和教育质量评估专业机构麦可思研究院开展第三方评价，为学校提高人才培养质量提供信息参考。

（五）统筹政府、企业与学校间关系

（1）充分发挥政府的职责与职能，明确中央、省、市各级政府在高职教育校企合作中的法律责任和法定义务，职业教育的"公益性"与"市场性"双重特征，决定了在职业教育校企合作中必须强化政府的责任意识和主动行为意识，必须强化政府利用市场机制，调动企业力量的作用，保障职业教育的可持续发展。职业教育跨越了职业与教育、企业与学校、政府与企业的界域，要规范并保障这种"跨界"教育，就必须同时遵循职业和教育规律，政府要在校企合作中充分发挥协调沟通的职能作用。

（2）重视企业的主体地位和利益诉求，调动企业参与校企合作的积极性。

一方面，利用体制约束和制度保障来体现企业的法人主体、市场主体、投入主体、风险承担主体和利益分配主体等主体地位，改变目前我国校企合作主体关系指向不明的问题，凸显企业在校企合作中的主体作用；另一方面，应构建动力驱动机制、利益制衡机制、奖励激励机制和沟通协调机制，来保障企业在校企合作中合法的经济利益和急需的人才利益，改变目前我国校企合作中严重忽视企业主体利益的现象，实现企业利益诉求的愿望。

　　总体来看，高职院校近年来在人才培养模式改革创新方面进行了充分的探索和实践，成效显著。这种进步主要源于体制机制创新所释放的巨大推动力，特别是教育部门在宏观管理上给予了学校更多的自主权，使学校可以根据自己的情况与特色来自主决定课程体系和人才培养方案，因材施教。而政府在高职院校与企业之间的牵线搭桥和政策保障也使得企业可以放心大胆地参与高职教育，能深度参与人才培养方案制定、工学结合和课程开发。唯有政府、企业和高职院校之间形成这种良性互动，才能推动高职院校人才培养模式改革的深入发展。

第四节　中山火炬职业技术学院的人才培养模式创新

　　中山火炬职业技术学院在国家示范高职院校建设过程中，依托园区企业（行业）深入开展人才培养模式改革，实现企业深度参与人才培养模式的构建，并形成了独具特色的"335"人才培养模式。

　　"335"人才培养模式是以"五段式"岗位实习为核心的人才培养模式。第一个"3"指"1+1+1"的人才培养机制。学生累计1年在校学习技术理论，累计1年在校内实训基地实施"教学做"一体化教学，累计1年参与"五段式"岗位实习。第二个"3"指三证书，推行"毕业证+技能证+素质拓展证"的毕业机制，其中"素质拓展证"既有一系列素质教育活动为载体，又有实践基地依托和教材、课程支撑。"5"指"五段式"岗位实习，即半个月的岗位实习教育，1个半月的技能考证实习，1个月的适应性岗位实习，3个月的生产性顶岗实习，3个月的就业性顶岗实习。这种建立在工学结合、企业参与、学生技能递进、理论实践交替融合基础上的人才培养模式，促进和提高了学院人才的培养质量，扩大了学院的社会影响力。2009 年 11 月，广东省高职高专人才培养模式改革现场会在学院召开，省教育厅领导在肯定学院校企深度合作实践的同时，也对学院的发展提出了更高的要求，希望学院在人才培养模式创新方面继续有所作为、有所建树，为全省高职高专院校树立标杆，提供借鉴。

中山火炬职业技术学院探索人才培养模式改革创新，突出体现在以下几个方面：

一、人才培养紧密结合区域经济发展

作为中山第一经济强区的中山火炬高技术产业开发区，近年来，大力推进产业结构优化升级，实现了经济的迅猛发展。2011 年全年实现地区生产总值 1331 亿元，实现工业生产总产值 1183 亿元，成为中山市首个"千亿工业强区"。根据开发区产业转型升级"十二五"战略，到 2015 年，工业总产值达 3000 亿元；率先建成具有全国示范效应的产业集群。

为此，开发区将在继续发展七大国家产业基地、四大新兴产业的基础上，重点建设临海工业园，着力打造珠江口西岸重要的现代物流中心、特色的地区总部经济中心、区域性创业金融服务中心、地区创意中心和中山市东部商务服务中心五大服务业。截至 2011 年年底，中山市技能人才总量为 67.98 万人，其中高级工以上技能人才 6.24 万人，占总量的 9.18%，距离 28% 的发展比重仍有相当大的距离，高技能人才需求量大。据统计，未来五年，中山火炬职业高技术产业开发区对高技能人才的需求，每年将达到 2 万人以上。

学院专业建设紧密对接园区产业群，既服务于工业园区当前的产业布局，又着眼于开发区未来的产业发展规划。现有 8 个系、35 个专业。其中，包装印刷、装备制造系、现代服务与管理系、信息工程系、电子工程系、生物医药系、光电工程系分别对接园区七大国家级产业基地。主干专业群与园区产业（群）高度吻合。包装技术与设计、机械制造与自动化为学院特色建设专业；应用电子技术、生物制药技术为学院重点建设专业。物流管理（保税物流方向）、光电技术等专业对接了园区新兴优势产业。

二、强调就业导向，突出专业特色

中山火炬职业技术学院各专业根据专业教学特点，以工学交替的"五段

式"岗位实习为主线，实施灵活多样的教学组织形式，强化学生职业素养教育，在学院"335"人才培养模式的理念和建构下，根据各专业特点，实践了符合各专业特点的人才培养模式。①各专业建立起常态化专业调剂和调整机制，校企共同设计人才培养方案，共同设计和实施人才培养的各个环节。2011年，结合学院教学改革与内涵建设，完成4个专业的专业建设、人才培养方案与课程体系改革专项调研，参照本行业领域高技能人才要求、岗位能力重构优化课程体系，结合专业特点与合作企业技术骨干共同修订人才培养方案，建设具有本专业特色的课程体系。②在教学组织上，与企业的生产、研发需求紧密结合，根据行业和企业的用人需求，安排学生参加生产性顶岗实习及技术研发，完善"工学交替"人才培养管理制度，制定《工学交替学分制实施方案》、《顶岗实习学生考评方案》，借鉴企业的评价标准，实施校企合作的实习考核方案。③率先在4个重点建设专业，建立"五段式"岗位实习办法与考核标准；完成4个重点建设专业企业参与各专业人才质量评价的制度与实施方案，实施毕业生跟踪调查，建立学院人才培养质量保障体系。

三、多形式的工学结合

校企合作是工学结合的基础。学院为加强人才培养模式改革中的企业元素，积极整合社会资源，与企业共同建设了"生产性实训校区"，以小投入，引来企业几亿元的设备与资金的大投入，这种花小钱办大事的新型实训基地建设被广泛誉为"中山火炬模式"。其校企股份制合作共建生产性实训校区的实践探索在高职领域产生了广泛影响。主要表现为董事会架构下"多形式参股"共建生产性实训基地的合作机制：

（1）构建"多形式参股"的深度合作共建模式：①国有企业以物业和场地入股的共建模式。②私营企业以场地和设备入股的共建模式。③与专业对口的企业以设备和资金入股的共建模式。

（2）构建"多形式参股"的长效合作机制。三年建设期内，主要从以下4个方面建立合作共建新机制，突破目前制约高技能人才培养的"瓶颈"。

①制定《关于企业参与学院教学的原则意见》，明确入驻实训校区内的企业必须承担相关专业的实践教学任务、接受实训学生的人数，企业生产能力的20%～30%用于教学，其他企业参与教学要落实相关的鼓励政策，4个重

点建设专业与实训校区内企业形成共同设计、共同实施、共同评价的专业人才培养方案，共同制订学生实习计划，共同管理，充分发挥学院在实习教学中的主导地位，制定弹性、灵活、符合工学结合要求的实习方案，建立企业参与教学年度总结评价制度，并将结果上报上级主管部门，提请开发区管委会通过各种形式对积极参与教学、人才培养的企业在场地使用、技术支持等方面给予优惠和支持。

②建立人力资源"互兼互聘，共管共用"的双向互动机制。

③建立教学、研发"项目工单，成果共享"的互利双赢机制。

④建立顶岗实习与就业质量双向互评的新机制。与企业签订学生顶岗实习协议，明确企业承担学生顶岗实习的保险、工资等具体要求，通过合作双方签署的法律性协议，建立长效机制，确保顶岗实习和学生权利的落实，发挥董事会的治理作用，对接七大国家级产业基地，建立顶岗实习和学生就业质量评价制度，并将评价结果作为教学的重要参考和绩效分配的重要依据。

（3）强化订单机制，创建高端人才指定培养基地。中山火炬职业技术学院有良好的企业合作模式，如与中山市松德包装机械股份有限公司的合作。该公司提供凹印包装机械设备，学院提供实训校区的厂房和设施，共同开设"松德凹印机长班"，实施订单式培养，该企业的营销模式是：机器卖到哪里，毕业生就随机器到哪里就业，是典型的"人机一体化"培养机制，学生不但掌握了本行业的核心技术，而且就业得到保障，在"松德模式"的带动下，中山火炬职业技术学院有针对性地为企业行业培养高技能专门人才，在继续办好"纬创资通班"、"中荣印刷班"、"松德凹印机长班"、"君达丝网印刷班"、"中智药业班"的基础上进一步拓展订单式培养工作，使各专业订单培养人数达 600 人。

四、教学方法创新

教学方法改革和创新是提高人才培养质量的必然路径，是人才培养模式改革的必由之路。学院各专业在教学方法改革和创新中进行了大量的实践。

（1）课程设置对应学习阶段。在"1+1+1"的人才培养机制中，学生累计1年在校学习技术理论，对应的课程包括思想政治教育、英语、数学、电子技术、电路基础等公共基础学习领域的课程，累计1年的校内实训基地

"教学做"一体化教学，主要对应专业学习领域的项目化实训类课程，而累计1年的在企业的岗位实习，对应着专业拓展领域的实习课程。在"三证书"的毕业机制中，毕业证的获得必须通过培养方案中规定的课程考核，获得相应的学分，技能证书的获得必须通过相关职业资格证书类的课程考核，获得素质拓展证必须要通过相关的人文以及素质拓展类课程的考核。

（2）教学模式突出专业特色。如在应用电子专业，实施"产品导向、能力递进"和"导师制"等新型教学模式，以具有丰富研发经验的专业老师指导学生完成实训项目的方式开发制作光电源及开关电源产品，在为企业提供技术服务的同时全面培养学生的职业能力。同时通过岗位轮换和素质拓展培养学生的多岗适应能力和可持续发展能力。在机械制造及自动化专业，以岗位职业群构建教学体系，将企业典型产品和生产模式引入教学过程，引入专业核心课程的教学中，利用典型产品做项目载体，实施项目教学，融"教学做"为一体，着重锻炼学生的实践能力。

（3）强化"双师"队伍内功。展开"深海探珠"计划，实行"35岁以下年轻教师5年工作经验，累计有2年到企业实践经历"制度，提高教师的实践能力和操作能力，以实训校区为主要基地满足院内青年专业教师的实践锻炼。同时，以津贴为驱动，吸引企业骨干成为学院实践教学的主力军。正是通过这种双管齐下的方式，中山火炬职业技术学院专业专任教师与兼职教师达到1∶1的比例，具有"双师"素质的专业教师比例达到80%以上，有效带动了教学质量的提升。

五、注重人才培养保障机制建设

制度建设与创新是中山火炬职业学院人才培养模式改革得以顺利进行的重要保障。体制机制建设主要体现在以下几个方面：

（1）依托董事会制度，实现政府、企业与学校的深度合作。中山火炬职业技术学院在建院伊始，就由中山高新管委会协调，成立了学院董事会，董事会以区管委和学院为主体，区属六大总公司加盟，总公司负责人担任董事。董事会的建立，搭建了政府主导、学院主体、企业主动的"三元主体"管理平台，建立了"三方联动"的运行机制，密切了政府、企业与学院之间的关系，为实现校企深度合作起到了有力的推动作用。

（2）构建了政府、学院、企业、学生、家长"五位一体"的人才培养动态监控机制。密切关注企业与家长对人才培养质量的反馈，快速反应，灵活调整。

（3）完善各项管理制度，如专业建设管理委员会工作条例、校企合作项目建设协议、专业人才培养方案动态调研与修订管理办法、专业及专业群共建项目管理办法、兼职教师政府津贴和课酬实施管理办法、学生顶岗实习管理办法等，通过完善的制度建设，为人才培养模式的稳定与发展提供了有力的保障。

综上所述，"335"人才培养模式在理论上提出了"1＋1＋1"的分段式教学组合，通过对教学类型的统计，基本上形成了一年基础知识学习、一年"教、学、做"一体化训练、一年顶岗实习的学时累计结果。从形式上看是三个阶段，但在实际教学组织过程中，三个阶段并不是完全割裂的，而是交叉和相互融合的。在不同的专业中又有不同的比例和时间性安排。它改变了过去在高职教学中提倡的"理论够用"的基础教学观，体现了基础理论知识服务专业的新思想；同时大胆尝试和提出了一年"技能训练"和一年顶岗实习的新的教学计划安排。"三证书"的提出，是从提高学生的综合素养角度将以往各学校的德育教育和职业素养训练相结合，明确提出了要拓展学生的各项社会能力和技能，并结合中国传统文化教育和各类学生活动、社团活动以及企业文化进行综合考核，以取得素质拓展证为标准的一种素质教育形式。这种方式从形式和目标上明确了素质教育和养成目标的标准，从训练内容上增加了很多诸如"中国古典文化"、素质拓展训练、企业文化讲座等，从考核形式上增加了证书的获取，以期在学生心理上形成重要的印记，使学生从思想和行动上潜移默化地对素质教育产生认同感和重视，不失为一种有效的手段和方法。

德国学者德莱福斯认为，人的职业能力的发展是按照从"门外汉"到"专家"的过程进行的，这个过程总共经历5个阶段，即"门外汉"（初学者）、"高级初学者"、"有能力者"、"熟练者"和"专家"。职业教育的任务，是把处于低级阶段的人通过合适的方法带入更高级的阶段（德莱福斯，1987）。而中山火炬职业技术学院提出的"五段式"岗位实习，是根据各专业与企业的实际研究而提出的5个阶段，虽然恰好从分段数上对应了德莱福斯所说的 5 个阶段的划分，但从内涵上是否也能够充分体现其各阶段的内容，还需要在实践与理论总结上进行大量的研究，但"五段式"岗位实习无疑是"335"人才培养模式在理论上创新的集中体现。"五段式"岗位实习首次将高职院校学生的实践教学划分为 5 个阶段，依次是半个月的岗位实习教育、1 个半月的技能考证实习、1 个月的适应性岗位实习、3 个月的生产性顶岗实习、3 个月的就业性顶岗实习。这种建立在工学结合，企业参与、学生技能递进、理论实践交替融合基础上的实践教学组织安排符合职业人才培养的"从门外汉到专家"的一般规律。并突破了职业教育中"可迁移经验"的理念，将工作过程的理念融入其中，这在高职院校中处于较早的改革阶段。当然，这种"五段式"的划分是否科学，还有待于进一步的实践检验和理论探讨（即使是在中山火炬职业技术学院内部，也有不同的看法），但这种敢于创新和探索的精神无疑是十分可贵和需要的。尤其在我国高职教育"工学结合"人才培养模式改革的重要实践时期。

在实践中，学院各专业根据专业教学特点，以工学交替的"段式"岗位实习为主线，实施灵活多样的教学组织形式，强化学生职业素养培育，建立符合各专业特点的人才培养模式。

一是各专业建立起常态化专业调研和调整机制，校企共同设计人才培养方案，共同设计和实施人才培养的各个环节。2011 年，结合学院教学改革与内涵建设，完成 4 个专业的专业建设、人才培养方案与课程体系改革专项调研，参照本行业领域高技能人才要求、岗位能力重构（优化）课程体系；结合专业特点与合作企业技术骨干共同修订人才培养方案，建设具有本专业特色的课程体系。

二是率先在 4 个重点建设专业，建立"五段式"岗位实习实施办法与考核标准；完成 4 个重点建设专业企业参与各专业人才质量评价的制度与实施方案。

通过各专业不断探索，学院人才培养质量得到提高，新生报到率由目前的 90% 提升到 93%，毕业生就业率稳定在 99% 以上；毕业生专业对口率由目前的 75% 提升到 81%，企业满意度由目前的 88% 提升到 94%。

从实践的角度看，中山火炬职业技术学院的人才培养模式改革无疑是最为成功的。这其中最有代表性的是广东省人民政府政策研究室在中山火炬办学经验（材料）中将其人才培养模式改革的内容高度概括总结为"335"人才培养模式，无疑是对学院最大的鼓励和肯定。

人才培养模式改革，离不开行业企业的参与和配合。在机制创新上，中山火炬职业技术学院从教学组织上，与企业的生产、研发需求紧密结合，根据行业和企业的用人需求，安排学生参加生产性顶岗实习及技术研发；完善工学交替人才培养管理制度；制定了《工学交替学分制实施方案》、《顶岗实习学生考评方案》，借鉴企业的评价标准，实施校企合作的实习考核方案。形成了与企业合作的"五段式"岗位实习。

通过近五年的实践，学院各专业不断探索全面发展的高端技能型人才培养规律，提高学生的综合能力、专业能力和文化素养教育。目前，"335"人才培养模式已在学院各专业得到了不断的探索和实践，已取得了一定的经验，并得到了上级和兄弟院校的肯定。

第五章　高职院校专业建设改革创新

专业是职业学校与社会的接口，专业建设水平是衡量高职院校办学和人才培养质量的最重要指标。由于职业教育的职业性，高职院校专业建设自然离不开行业企业的参与，而体制机制改革的程度和效果直接影响着行业企业参与职业教育的积极性。本章试图从我国高职院校专业建设的现状出发，探讨高职院校在专业建设方面存在的问题，以及如何通过体制机制改革更好地促进专业建设。在分享中山火炬职业技术学院专业设置创新实践的基础之上，以期为我国高职院校专业建设提出具有创新意义的思路，从而推动我国高等职业院校办学水平的提高。

第一节　高职院校专业建设现状

中国高等职业教育起始于 20 世纪 80 年代，经过二三十年的发展，我国的高等职业院校已经占据高等教育的半壁江山。高职教育在优化高等教育结构体系、促进高等教育大众化、培养高技能人才等方面立下了不可磨灭的功勋。随着规模的不断扩大，门类也不断完善，主要体现在专业数量的增多，专业覆盖面的扩展，专业设置不断规范。

一、专业建设取得的成绩

（一）专业规模逐年扩大，门类不断完善规范

2004 年我国教育部颁布了《普通高等学校高职高专教育指导性专业目录（试行）》（以下简称《目录》）和《普通高等学校高职高专教育指导性专业目录管理办法（试行）》，这是我国高等职业教育专业设置的纲领性文件，《目录》分为 19 个专业大类，下设 78 个二级类，下分为 532 个专业。《目录》是国家对高职高专教育进行宏观管理的一项基础指导性文件，是指导高等学校设置、调整高职高专教育专业，制定培养方案、组织教育教学，安排招生，组织毕业生就业，以及行政管理部门进行教育统计和人才预测等工作的主要依据。在《目录》指导下我国高等职业教育专业设置得到极大的规范。依据高等职业教育研究会 166 所会员学校所设的专业情况来看，全国高等职业院校所设专业共计 3068 个，合并各重复专业后仍有 1504 个，专业基本上覆盖了农林牧渔类、交通类、生化制药类、资源开发与测绘类、材料与能源类、土建类、水利类、制造类、电子信息类、环保气象和安全类、轻纺食品类、财经类、医药卫生类、旅游类、公共事业类、文化教育类、艺术设计传媒类、公安类、法律类共 19 个大类。在教育部公布的《2012 年普通高等教育高职高专专业设置备案结果》中，共有 19 个大类、78 个二级类、1150 种专业、46676 个专业点，专业设置基本满足了经济社会发展对高职专业的需求。

（二）专业职业教育的特点不断凸显

20 世纪 80 年代初期，我国高等职业院校主要依据普通专科、本科的专业设置原则来进行专业设置与调整，无法体现高等职业教育人才培养的目标要求。经过几十年的努力，高职院校职业特点逐渐凸显，逐步摆脱了普通高等专科、本科的影响，走上了以市场为导向，重技术与技能，按照职业岗位需要来设置专业的轨道，具体表现在以下几个方面：①从专业设置的依据看，高等职业教育已逐渐依据市场的需要设置专业，而不是按学科设置专业；②从专业设置的目标来看，高等职业教育开始将人才培养的目标定位于生产、经营、管理与服务一线的高等技术应用性人才，而逐渐摆脱普通高等教育以培养学术研究型人才目标的影响；③专业设置服务区域经济的功能逐渐加强，伴随着改革开放，尤其是 20 世纪 90 年代市场经济的建设发展起来的高等职业教育，正是在服务地方经济的基础上发展起来的，职业教育与地方经济关系紧密；④专业更新与调整加快，普通高等教育的专业设置以学科为依据，学科相对比较稳定，而以市场和职业为依据的高等职业教育，随着我国经济的高速发展，经济结构急速转型，专业更新的步伐明显加快，这恰是高职院校职业教育特征的体现。

（三）近十年高职院校专业建设成绩

从 2006 年开始实施国家示范性高职院校建设计划，经过 3 年多的建设，

100 所建设单位和 443 个重点建设专业已经确定，15 个专业教学资源库已经启动，首批 28 所院校已经验收通过。示范高职院校建设除了在促进学校办学实力、教学质量、管理水平、办学效益和辐射能力等方面进行提高以外，在创新人才培养模式、建设高水平专兼结合教学团队上进行了较大投入，而其中人才培养模式和教学团队建设均以专业（群）为基础，由此形成的以专业为基点，建立开放式管理平台，形成"1221"系统的经验，大大促进了专业建设水平的提高。尤其是在示范建设进程中，突出强调重点专业建设，强调重点专业带动专业群。重点专业带头人培养，专业人才培养方案的规范与创新，以专业为单元的社会服务能力和校企合作机制的建立，专业教学资源库建设，专业核心课程及体系建设，围绕专业建设专兼结合教学团队，围绕专业建设校内外实训基地，围绕专业开发职业资格证书等，都大大促进了高职教育的改革和发展，有力推进了学生就业和创业，将让学生受益的目标落到了实处。

二、专业建设中存在的问题

经过二三十年的努力，我国的高等职业教育获得了长足的发展，也为我国经济社会发展作出了巨大的贡献，但是，由于社会上依然存在重知识轻技术的观念，技能型人才不受重视，致使我国高等职业教育还存在很多问题。随着我国经济的不断发展，经济结构的转型，尤其是在经济全球化的今天，我国的高等职业教育还不能很好地适应国家经济和社会的发展，以及人民群众对接受高质量职业教育的要求。就专业建设而言，归纳起来有以下几个方面的问题。

（一）办学理念传统

观念上的偏差仍然是造成高等职业教育发展滞缓的重要因素。主要表现在：①从社会大环境看，中国人是很重视技艺的，素有"身怀绝技而走天下"之说。但是，随着市场经济的发展和扑面而来的知识经济，人们追求管理型、高新技能型人才的意识逐步强化，认为只有达到这样的高度才是一个真正的人才，因而不屑于接受高等职业教育。加上社会的分配机制不健全、不合理，使得技能型人才没有相应的社会地位，致使他们失去了继续接受高等职业教育的信心。当人们对高等职业教育缺乏兴趣的时候，高等职业教育必遭冷落。

②从职业教育自身看，传统的职业教育观依然是发展高等职业教育的"瓶颈"。在传统职业教育制约之下，我们还是从简单的从业需要的角度来确立职业教育原则，让接受职业教育者掌握一门技能。这种教育思想没有看到当今世界发展之迅速，技能人才不断提高自己的重要意义，从而忽视了培养全面发展型人才的迫切性。国外发达国家以人为本的职业教育倾向不仅使受教育者从中学到了技能，而且突出地发展了自我，提高了开发创新能力，增强了技能人才的工作责任感。我国产业布局和结构的调整对人才培养的结构和素质必然提出新的更高的要求，为此，高等职业教育在人才培养目标的调整方面还有许多工作要做。

（二）专业名称不规范，专业内涵不明确

当前，我国高职院校的专业名称显得不够规范，有些专业名称相同，专业内涵不同，有的专业内涵相同，专业名称不同，甚至有些专业命名本身就不科学，内涵也不明确。专业名称的不规范，既会影响到专业培养目标、教学计划、课程设置，同时，也给学生选择专业和用人单位选人带来诸多的困扰。因此，专业名称的规范势在必行，虽然国家于2004年公布了高职高专指导性专业目录，但是很多高校为了吸引家长和考生，还是在专业名称上玩花样，专业名称不规范的现象普遍存在。

（三）专业设置整体规划欠缺

1. 缺乏论证和调研，专业设置缺乏针对性

很多学校对专业设置缺乏整体的规划，新专业的设置缺乏严格的论证和市场调研，不论证当地人才市场和经济社会发展，也不考虑开设该专业的自身师资力量和教学条件是否需要，什么热门就上什么，缺乏针对性，专业设置短期行为明显，只求一时的效应，急功近利。这样的专业往往不能和行业建立真正的依托关系，缺乏针对性，一旦经济热点专业发生了变化就会对该专业的生存带来极大的冲击。同时，大家都争着办热门专业，也容易造成供过于求，造成人力、物力、财力的大量浪费。

2. 专业规模小，专业设置更新频繁

正是由于专业设置缺乏针对性，导致在专业设置的过程中具有极大的随意性和盲目性，盲目争办一些热门专业，导致招生规模不足，难以形成规模效益。同时，为了跟风，办热门专业，带来的必然是，频繁更换专业，专业

设置周期短，有的甚至只招一两届学生，就被迫停办，严重违背了教育的规律，既影响教学质量也会造成教育资源的极大浪费。

3. 专业设置缺乏特色

上述专业设置过程的不足，必然会带来高等职业院校在专业设置过程中过于同质化，缺乏办学特色等问题。我们知道，每个学校和地区经济都有自己的特点，有自己的优势，如果将大量的资金和人力、物力投入到热门专业上，势必会影响自己的优势专业，久而久之，优势也会丧失，各个学校也就越来越同质化，办学特色和效益也就难以形成。

（四）专业设置与市场需求的关系处理不当

高职院校经过多年努力正在走向以市场为导向设置专业，逐渐摆脱了普通高等教育以学科为导向设置专业的影响，但是，对专业设置与市场需求关系的处理还存在两个极端：一个是过分依赖市场，导致专业过于集中，专业规模小；另一个就是，对市场反应显得过于迟钝，专业设置滞后。我们在上面提到的问题大多都与前一个极端有关，后一个现在虽说是少数，但仍然存在，现实的表现就是在专业的设置过程中，追求大而全，或是小而全，完全不考虑市场，以为专业多了就能立于不败之地。因此，我们需要在专业设置和市场需求之间找到平衡，既要以市场为导向，也要注意教育的规律，不能盲目地跟随市场。

（五）"高"与"职"的关系处理不当

一方面，在专业设置上忽略了高职院校的"高"，一味只专注于"职"，认为高职教育只是本科专业的一个细分，让学生掌握一门手艺和技术就可以，没有意识到高职院校在职业教育中"高"的层次，抹杀了与技术学校和中等职业教育的不同；另一方面，有些高校在专业设置上只注重"高"，而未注意"职"，将原有本科专业设置稍微改头换面，专业内容或者课程设置没有太大的改动，实际就是普通高等教育的变种，没有体现出职业教育的特点。

（六）专业与企业的联系不足

缺乏企业参与，是我国职业教育发展的薄弱环节。尽管高职院校强调"实训"，并注重实训基地建设，注重企业的参与，但是，现实中在校企合作方面，往往是学校积极性比较高，企业态度并不积极，校企合作的机制没有真正形成，办学活力不足。

（七）专业分布不均

上面已经提到我国高等职业教育的专业设置规模不断扩大，门类也比较齐全，但是这些专业的分布还不是很均匀，比如专业设置主要集中在财经、电子信息、制造、文化教育4个大类，尤其是这些大类下会计、电子商务、文秘、计算机应用等专业招生规模庞大，远远超过了市场的需求，而农牧、生化、资源、环保等类的分布则显得不足，尤其是近年来随着我国产业结构和消费结构的变化，诸如数控、模具、机电一体化技术、汽车检测与维修、护理等专业规模不足，不能满足市场的需求，另外，新专业的设置还不够，比如家具设计与制造、会展策划与管理、工程项目管理等新兴的专业推广不足，导致规模小，专业分布不均。

第二节　高职院校专业建设的政策与管理

在我国现有的教育体制下，虽然按照我国《教育法》及有关法律的规定，高职院校可以根据市场需要自主设置专业，但是，各级教育主管部门的宏观调控是必不可少的，因此，各类高职院校在进行专业设置的过程中，应依据国家、地方教育主管部门制定的法律法规以及有关规定，这是专业设置必不可少的制度依据。

一、专业建设的政策

2004年教育部印发了《普通高等学校高职高专教育专业设置管理办法（试行）》（教高［2004］4号）和《普通高等学校高职高专教育指导性专业目录（试行）》，以及教育部公布的《2012年普通高等教育高职高专专业设置备案结果》，这些文件使我国高等职业教育在专业设置名称上有规可循，使专业设置及其管理规范化，是指导高等学校设置和调整专业的重要制度依据。

二、专业设置的理论依据

古往今来，人类发展史上的许多思想都是我们可以在专业设置的过程中借鉴的理论依据，这些思想极大地丰富和推进了现代教育，下面介绍几个专业设置过程中常用到的理论。

（一）经济理论

专业建设关系到高职院校服务于经济建设和社会发展的方向性和有效性，也关系到学校能否满足学生就业的需要，从而吸引到最广泛的生源，事关学校的可持续发展。具体地说：一是要通过专业来彰显学校属性。专业尤其是品牌和特色专业是高职院校走向社会的名片和标签；二是要以特色专业彰显学校特色。特色专业就是具有自身优势，能彰显自身办学特色的专业。因此，高等职业教育是一种与经济和社会发展紧密联系，直接为区域经济服务和为地方培养适应生产、建设、管理、服务第一线需要的高级应用性人才的教育形式，其人才培养目标的性质决定了高等职业教育专业结构调整和专业设置必须得跟上区域产业结构调整的步伐，使之与产业结构相适应，促进区域经济的发展。因此，高职专业结构调整和专业设置，要从区域产业结构的调整，支柱产业的大局出发，考虑和研究区域范围内的专业结构布局问题。

（二）素质教育理论

在当前我国教育改革走向深化的过程中，"素质教育"的提出和实施，关系到教育改革的核心问题，即人才培养模式的根本改变。具体到高职教育，实施素质教育的目的就是全面提高高职学生的整体素质和综合能力，使其成为建设国家、振兴民族的有用人才。职业教育的对象——人，不是被动的存储器，我们要培养的目标也不是创造一个被动的技能机器人，我们要培养的是社会需要的职业人，但是又不仅仅是一个纯粹的职业人，而是一个要生存、要发展的活生生的社会人。

素质是人内在的稳定的经常起作用的基本品质结构，技术属于知识的范畴，是人的外在之物，技术不等于素质，要把科学技术转化为人的科技素质，要经过内化（理解）、固化（巩固）、外化（应用），如此循环往复，科学技术才能转化成人的科技素质。高等职业教育是职业教育的最高层次，又是高等教育的重要组成部分，要求把提高学生的基本素质和职业素质作为根本。因此，高职教育的专业设置及调整必须要着眼于学生的全面发展，在能力取向的基础上，以提高综合职业能力为核心，以致力于人的素质完善为目标，不断提升知识、情意、人性在高职教育专业中的地位，以确保学生素质的整体性发展。

（三）多元智力理论

多元智力理论最初是由美国哈佛大学教授、发展心理学家霍华德·加德纳提出的，加德纳认为，多元智力理论的核心是认真对待个别差异。高等职业院校的学生相对于普通高等学校的学生来说，整体上是有差异的。在我国，高考作为一种选拔型的考试，分数在整体上还是区分出了考生能力的差异，高职的学生整体上在语言能力和数学逻辑智力方面或许表现为弱项，但是，这并不代表高职学生在其他方面也处于劣势，他们的优势完全有可能表现在动手操作能力、人际交往能力、空间能力等智力方面。因此，高职教育要根据自身的办学条件和优势教育资源，紧跟时代的要求，创办多个专业，拓展专业门类，摆脱普通高等教育的专业影响，为高职学生提供更多适合他们能力的专业选择。如让身体运动智力特别好的学生就读体育、保安专业，让音乐节奏感觉敏锐的学生学习音乐艺术、幼儿教育专业，让人际关系智力较突出的学生就读导游、营销专业等，根据不同学生的智力特点和学习风格开设相应的专业，给予每个学生以最大限度的发展机会。

（四）终身学习理论

俗话说：活到老，学到老。随着现代社会的发展，技术发展的日新月异对劳动者提出了更高的要求，时代要求我们不断地更新知识，否则就会被社会所淘汰，同时，随着社会的进步，科技的发展，人的期望寿命大大延长，必要劳动时间不断缩短，闲暇时间增多，人们开始追求生活质量，关注发展自己的兴趣爱好，丰富自己的个性，追求有意义而充实的人生。高等职业教育面对时代的这些变化扮演了重要的角色，是我们应对社会和科技发展的很好依托。1999 年联合国教科文组织在首尔举办的第二届国际技术与职业教育大会上，围绕一系列有关全民终身教育与人才培养的问题，对 21 世纪的职业教育提出了不少全新的观念和要求，不少有识之士把职业教育在未来终身教育体系中的位置提高到了核心地位的高度。高等职业教育作为终身教育体系中的一个重要组成部分，也是实现终身教育和终身学习理论的基本条件。因而，在调整高职专业设置的理论研究与具体实践的过程中，贯彻终身教育与终身学习理论是一个十分关键的问题。高职教育要根据社会需要和自身的特点，开设一些劳动者进修新知识，以应对职业需求，同时，开设一些满足人民提高文化生活质量的学习要求而并非就业直接需要的学科专业和课程，以满足不同人的不同需要。

三、专业建设与改革的现实依据

(一) 社会职业现状和发展趋势

职业是社会分工的产物，不同职业的性质和内容不同，决定了各类职业对从业人员的技能、学识、经历等也会有不同要求，因而，按从业人员所从事的职业种类和性质的不同进行不同专业内容的职业教育，就是一种必然的选择。高等职业教育是按社会职业划分与归类而进行的职业知识、能力与态度的教育，是通过具体的专业教育形式体现出来的。因此，专业的设置宏观上必定要以一定时期社会职业的分类和发展作为依据。

具体而言，社会职业分类首先决定了高校高等教育的专业种类和专业结构，这也是最根本的前提，因为高等职业教育根据社会需要培养各种应用型人才，专业设置必须依据社会职业的需要来设置，否则职业教育就失去意义了。高职专业也许不能做到与社会职业的一一对应，但是至少一个专业设置可以覆盖若干相近的职业。其次社会职业分类制约高等职业教育专业口径的宽窄，人类社会实践证明，越是先进的社会部门和行业，专业化就越高，其职业性质就具有更多的专门知识和严格的工业程序，因此，越是专业性强的职业对从业者要求就越高，不经过严格系统的专业化训练是难以胜任的，面对这样的职业要求，专业设置就要窄些，比如珠宝专业和飞行专业等。最后需要清楚的是社会职业的分类是动态的而不是静态的，社会职业分类的发展变化也决定了专业设置。随着生产力的发展，现代科学技术的广泛应用，社会职业的分类和内涵都发生了极大的变化，比如，传统产业如纺织、钢铁和采掘等行业日趋减少，而一些新兴的行业如电子、计算机等日趋发展，社会职业岗位及其内涵的变化，对从业人员的技能、知识和素质不断提出新的要求。对高职院校来说，也要适应这一变化不断调整专业设置。

(二) 区域产业结构的现状和发展趋势

我国幅员辽阔，由于历史的原因，现在区域间经济和社会发展极其不平衡，从而形成了差别巨大的区域产业结构，因此，在专业设置和调整上，必须立足本地区经济发展的需要。在这方面，北京的高职专业设置与布局就有很好的经验，北京的一些高职院校早在 20 世纪 90 年代就开始立足本地，根据北京的产业结构现状和发展趋势，研究和调整专业设置，调整传统专业，设立新兴专业，依托行业或企业进行专业建设，为高薪技术支柱产业及其他产业培养了大批专门应用型人才，最具代表性的是北京联合大学和北京海淀走读大学，在重点大学林立的北京积极开展高等职业教育，在北京人才社会需求的坐标系中找准了本校的位置，成为高校职业教育的典范。

需要注意的是，区域的产业结构是在不断变化和调整的，因此，高职专业设置也要具有前瞻性，及时作出调整以适应经济的发展。在这方面，美国就是很好的例子，美国社区学院经常通过对社会经济发展和区域经济结构变化的调查，对专业设置进行及时的调整，从而更好地服务当地的经济建设。

（三）区域教育资源的现状

高等职业院校的专业设置与当地的教育资源是紧密相关的，它不仅是专业设置的基础，也是未来专业建设水平的基础，因此，在专业设置的过程中，区域的教育资源是必须充分考虑的因素，成为专业设置的重要依据。区域的教育资源，不仅包括学校内部固有的物质资源和人力资源，而且还包括本地区可以利用的社会教育资源。学校内部的教育资源主要包括现有的校舍、场地、教学设施、实习与实训设备等，而人力资源则是指教学的管理人员、专业理论课教师和实习与实训指导老师的数量和质量等。举办高等职业教育的目的是为地方经济和社会发展服务的，高职院校必须根据区域经济社会发展的需要设置和调整专业，但是如果没有必要的资源条件就仓促开设新专业，那只能是一个美好的愿望，其教育教学质量也就可想而知了。

由于高等职业教育的特殊性，办学模式一般必须走产学结合、校企结合的道路，这就要求在专业设置和建设的过程中充分考虑和利用当地社会和企业的教育资源。科学的专业设置不仅有利于学校内部教育资源的合理配置，同时也能最大限度地利用社会上的教育资源。通过与当地企业联合办学，建立实习实训基地，引进企业兼职教师等形式，既补充了学校办学经费，拓宽了资金来源渠道，又能够发挥企业参与培养高职人才的积极性，特别是聘请企业中既有实践经验又有一定理论基础的科研人员作为学校的兼职教师，已经成为国外高职教育的重要经验。国外一些国家的社区学院除了通用课程或基础课程的教师是专职的外，大多数是学院从社会和企业聘请技术好、经验丰富的工程技术人员和管理人员作为兼职教师。除了企业的教育资源外，普通高校的资源也是高等职业院校的重要资源，当地如果有良好的普通高校教育资源也可以为高职院校的专业设置弥补师资的不足。总之，本地的各种教育资源是高职院校专业设置的重要依据，只有充分考虑这些因素才能保证专业设置的合理性，保证教育质量，促进学校的良性发展，并更好地为地方经济服务。

第三节　高职院校专业建设创新

如前所述，我国的高等职业教育经过二十多年的努力取得了可喜的成绩，但是，也存在很多的不足，尤其是进入 21 世纪之后，科技依然保持着高速地发展，随之而来的是经济依然高速地前进，整个社会的经济结构依然在不断地进行调整，旧的产业要么没落，要么有了新的内涵，新的产业不断产生壮大，作为为社会提供大量实用性人才的高职院校，必须对这些要有清醒的意识，在专业设置上大胆创新，更好地提升我国高职院校的办学水平，从而更好地为国家经济服务。下面本章从以下几个方面谈谈在新形势下如何创新高职院校的专业设置。

一、加强校企合作　落实以市场为导向

众所周知，高等职业院校的专业设置要以市场为导向，与地方经济发展的需要相适应，根据地方产业结构的不断变化进行调整，这可以说是现在高职院校专业设置的最基本原则，也早已为大家所熟知。如何做到这一点，现在各界也已达成共识，就是要加强校企合作，只有这样，才能使高等职业院校的专业设置近距离地与市场和产业结构的调整联系起来，从而能较为敏感地感触市场需求，真正使高职院校的专业设置做到以市场为导向。

加强校企合作的根本就是在专业设置和建设上给企业更多的发言权，让企业参与到专业设置和建设中去。首先，在专业设置上，学校可以成立有企业代表参加的专业咨询指导委员会，而且要以企业为中心，在企业代表的建议和指导下，设置专业，进而确定课程体系，制定人才培养方案，确保培养出的毕业生既有出路，同时又是可以马上走上工作岗位的合格技术人才。其次，在专业建设上，校企合作的方式更多，现在较为新颖的方法有如下两种：

其一，"订单式"模式，这一模式很好地解决了两个问题，一个是毕业生的就业，另一个是企业所需的人才，这种模式建立在企业和学校所签订的培养协议上，校企共同制订人才培养计划，组织教学，学生毕业后直接到企业就业。事实上，这种模式在国内早有尝试，并取得了很多经验，但是，也存在很多问题，校企合作很多时候只是名义上的，企业并没有真正地参与到专业教学和学生的培养上，这里面既有学校的原因，也有企业的原因。因此，如何规范校企的合作成为迫切的需要，在这方面，国家要有所担当，要完善规范校企合作的有关法律法规，通过法律法规制约高职院校和企业，规定他们的责任和义务，真正建立起校企合作共同参与职业教育的机制。其二，工学交替的"双元制"模式，这一模式来自于德国，和"订单式"模式有相通的地方，但是，更加宏观，不仅仅涉及学校和企业，还涉及国家层面，是整个国家职业教育机制的体现，"订单式"模式还只是一种零散的校企合作模式。因此，从这个角度，要在我国积极地构建起高等职业院校的"双元制"模式。"双元制"模式是德国职业教育的核心和精华，一元是指职业学校，主要职能是传授与职业技能有关的专业知识和普通文化知识；另一元是企业或公共事业单位等校外的实训场所，其目的在于解决就业体系中的"能力缺口"或"职业断层"问题。"双元制"模式采用企业主导，政府调控，多方参与的方式，企业向学校和国家负责专业设置的部门提供人才需求的信息，学校根据企业的用人需求设置专业，企业则为职业学院的学生提供这些专业的实习岗位，并实际参与到对学生的培训和管理中，学生整个学习过程分为学校学习和企业工作两个交替进行的过程，一边学习一边工作，学用结合。

上述只是宏观地介绍了校企合作的模式，具体到现实中，全国有很多职业院校的做法是值得借鉴的，现在介绍几个典型：①建立"企业校区"，就是在企业设置课堂。学校负责教育教学的管理，企业负责安排专业技术人员担任学习指导教师，协助学校开展实训教学，这种做法实际就是我们上面提到的"工学一体化"，把学校的课堂开设在工厂、企业以及公司，而不是传统的教室里。深圳宝安职业技术学校、浙江工贸职业技术学院都是这方面的典型代表。②建设"校中厂"，"企业校区"的做法是把学校的教室地点设在工厂或企业，是"走出去"的模式，而与这种做法相似的另外一种形式是"请进来"，也就是吸引企业在学校建立"校中厂"，实现校企合作办学。这种模式一般是学校提供场地和厂房，企业提供生产设备和运营资金，建成校内的标准车间，厂房提供给企业进行生产，供学生进行生产性实训。比如，滨州职业技术学院在校内与滨威活塞公司联合建立了生产线，同时还与山东唐骏欧玲有限公司联合建立了"唐骏欧玲汽修实验室"。③建立"政校企联盟"，这种模式就是在校企合作的基础上，又增加了政府一方，在具体的实施过程中，由学院、地方政府、主管厅局、企业、行业协会等联合成立协调领导小组，开设专业，指导就业，达到地方政府、学院、企业多赢的效果。例如，陕西杨凌职业技术学院实施的"百县千企联盟"就是典型代表。④创建"职业教育集团"，这是一种更大范围的合作模式，按照"政府牵头，市场导向，龙头带动，区镇互动，校企联姻"的理念构建，集团成员包括高职院校、成人学校、职业学校、大型企业、行业协会、海外教育机构、培训中心等机构，在职业教育集团的统领下，协调各方资源，开展深度合作。现在，全国这样的集团日益增多，比如广东南海职业教育集团、湖南建筑职业教育集团、广西农业职业教育集团等。

二、培育精品专业　走特色发展道路

特色精品专业是高等职业院校的支柱和窗口，它可以保证学校教学的稳定性并为学校创造品牌效应，在增强学校的吸引力、提高学校的竞争力方面具有重要的意义。一个专业是否有特色和优势，主要体现在以下几个方面：一是独有和个性，即人无我有；二是优势，即人有我优，人优我精；三是不可替代，即在教学质量、教学体系和方法上有独特的或是不可替代的地位。创建特色精品专业就是要创造条件，发挥优势，突出个性，尽量取得别人不可替代的地位。

精品专业的培养，首先，从专业的设置上，要尽力做到超前性或是前瞻性，也就是在对区域经济结构和职业变更分析的基础上，开办别人没有而可能产生职业变化趋势的专业，如果能够找到这样的专业，一定是人无我有，这种专业因为超前的性质，决定了它一定是具有生命力和前景广阔的专业，当然这种专业建设期可能较长，投入较多，但是坚持积累下去，就能创出品牌，收到良好的办学效益。其次，从专业的建设上，如何体现出"人有我优"来，这是一个综合的工程，简要地说，可以从以下几个方面入手：第一，从教学内容上，要力图构建差异化的专业课程、特色课程，通过这些课程，培养出具有差异化的毕业生，从而体现出自己的特色。比如，会计专业是几乎所有的高职院校都会开设的专业，但是，不同行业的会计显然会有不同的要求，其课程设置、教学内容安排也应存在差异性。如金融行业背景下的会计专业，培养的应是"熟练掌握工商企业财会业务和金融企业柜台业务双重从业技能"的技能型会计人才。因此，高职院校应根据自身专业的培养目标与定位，参照岗位职业资格标准，深入分析不同行业、区域背景下的岗位职业能力要求，打破传统科学体系，改革课程体系和教学内容，从而构建出差异化的专业课程，走出一条特色之路。第二，从人才培养的模式和方法上，铭记高等职业教育培养的是高级技术应用性人才，要形成自己独特、新颖、有效的人才培养途径、手段和方法。关于这个方面，我们上面提到的校企合作的人才培养模式就是很好的借鉴，各个学校可以根据自己的实际情况，走出一条适合自身发展的特色之路。第三，从师资的建设上，师资构成是专业特色的保证，要形成教学团队特色，高职院校应进一步强化合作意识，与行业企业合作，共建专兼职相结合的"双师结构"教学团队。与本科院校的要求不尽相同，高职院校应以建设师德高尚、教育观念新、改革意识强、具有较高教学水平和较强实践能力的"双师结构"教学团队为目标，以师资队伍建设工程为抓手，以实践能力、职业教育能力提升为中心，以优秀的专业带头人、骨干教师、"双师"素质教师培养为重点，形成师资队伍建设的有效机制。同时，高职院校还应进一步重视和发挥行业兼职教师在人才培养等方面的作用，建立起兼职教师聘任与管理的长效机制，如通过与兼职教师所在单位的人力资源部共同管理，校企共同开发设计专业人才培养方案，根据教学的需要，统一安排兼职教师开展专业实践技能课程教学、毕业设计指导、企业岗前培训等，使校企双方实现"你中有我，我中有你"的格局，形成紧密合作型"双师结构"教学团队。

三、注重就业调查　建立专业预警机制

高等职业教育的目标是为社会培养在生产、建设、管理和服务等第一线工作的高级技术应用性人才，教育的职业性定位强，因此，就业就成为检验一所高职院校及其专业设置成败的关键因素，这就要求高等职业教育在专业

设置上与学生就业紧密结合。通过跟踪调查毕业生的就业境况，了解各专业与人才市场需求的吻合度，进而对专业设置进行合理的评估和调整，形成良好的专业预警机制。

毕业生的就业调查主要包含两个方面的内容：一是就业率，二是专业的对口率。前者能综合反映所设专业、专业规模、专业结构与本地区经济结构的匹配程度、与就业市场需求的适应程度、与用人单位对人才要求的符合程度，以及学生择业志向的满意程度。后者更直接地反映出学校的专业设置与社会需求的具体吻合度，专业对口度高，说明市场对专业对口岗位多，与市场吻合度高，反之就低，专业不对口不仅造成教育资源利用率低，而且在一定程度上削弱了毕业生的就业竞争力。对于毕业生的就业调查，可以分为短期（毕业半年后）、中期（毕业三年后）、长期（毕业十年后）的就业状况，了解本校各专业毕业生主要的职业、雇主、地区流向，并请毕业生就各专业课程对工作的有用性、满意程度、需要改进的方面予以反馈。同时，对专业的失业率和失业量，以及专业的不对口率等进行综合的分析。根据分析的结果对各专业作出预警评估，将那些失业量大，就业率低，专业对口率低的专业定为高风险专业，进而对这些专业进行有效的调整，比如控制招生人数，调整专业课程，甚至暂时或长期停办这些专业。

总之，在我国目前的就业形势下，人才市场对高职毕业生种类和数量的需求决定了专业设置的方向，高职院校只有适应人才市场的需求现状和发展趋势，才能在激烈的竞争中取得生存与发展，因此，注重毕业生就业调查，建立有效的专业预警机制，对于高职院校显得尤为重要。

第四节　中山火炬职业技术学院专业建设创新

中山火炬职业技术学院地处中国改革开放前沿的珠三角地区，具有得天独厚的区域经济优势和教育资源，学院在分析地方经济结构调整的基础上，形成专业建设的思路：紧密围绕开发区重点产业发展建设品牌专业、围绕新型产业开发新专业、不断调整传统专业以适应中山市及开发区的经济转型和升级。

学院专业建设紧密对接园区产业群，既服务于工业园区当前的产业布局，又着眼于开发区未来的产业发展规划。现有 8 个系、35 个专业。其中，包装印刷系、装备制造系、现代服务与管理系、信息工程系、电子工程系、生物医药系、光电工程系分别对接园区七大国家级产业基地。主干专业群与园区产业（群）高度吻合。包装技术与设计、机械制造与自动化为学院特色建设专业；应用电子技术、生物制药技术为学院重点建设专业；物流管理（保税物流方向）、光电技术等专业对接了园区新兴优势产业。

（一）建立政府指导、企业参与和专业建设机制

1. 专业建设以服务开发区经济转型升级为目标

学院积极服务开发区的经济转型升级，为开发区的发展提供人才支撑。开发区也把学院的发展纳入园区规划当中，积极为学院提供园区内产业调整和企业发展的信息，搭建学院与企业信息互通的桥梁，使学院专业发展不再盲目，而是有一个明确的目标，也得到了地方政府和企业的大力支持，走上了一条良性的发展道路。

2. 成立专业建设委员会保证专业建设的科学性

与名企、强企合作，聘请企业专家成立包装技术与设计专业建设委员会，下设主任和副主任各 1 人，分别由系主任和副主任担任；秘书 1 人，由专业带头人或相关教研室主任担任；委员 3~4 人，由本专业（群）有实践经验的教师和行业、企业专家组成，其中校外专家 2~3 人。

专业建设委员会的职责主要包括：①负责专业市场的调研、论证和申报工作；②研究审议专业人才培养方案；③开展专业课程体系建设及课程建设与改革工作；④指导本专业开展校企合作与产学合作；⑤指导本专业学生就业工作；⑥参与本专业其他相关教学改革与建设工作。

（二）以重点专业建设为龙头，带动学院专业整体发展

学院依托国家级中山火炬高新技术开发区包装企业和校内实训校区，在学校"335"人才培养模式的理念下，形成"工学交替，分段实施"的人才培养模式。结合包装专业的特点，将实践教学环节分为：认识实习、职业技能鉴定、适应性岗位实习、生产性岗位实习与就业性顶岗实习，企业实习与学校学习交替进行，建立校企共同育人培养机制。

在教学过程中，通过课程考核、评价模式改革，提高学生参与教学活动

的积极性和主动性；开展毕业学生职业人才成长跟踪调查，根据调查结果，修改课程体系，从而建立人才培养的动态修正机制。

在课程教学中，根据学生学习的情况，合理划分教、学、做的时间，分段实施；根据教学内容的需要，教学场所按"教学做"一体化教室、生产实训校区和校外企业合理划分；推行专兼职教师共同完成一个教学任务，各取所长，优势互补。

（三）以专业对接企业，建立生产性实训基地

学院在专业建设的机制建设中，提出了"专业对接企业"的建设理念。即在学院的牵线搭桥下，学院每个专业都要与企业直接联系，就建立与本专业对口的实训基地进行深入合作。尤其是在学院的生产性实训基地建设中，学院四个国家骨干重点建设专业都与引进的企业建立了生产性实训基地。并与企业就教学安排、生产与实践教学环节的对接进行研讨和制定。

例如：学院重点建设的包装与设计专业与松德公司合作建设订单班，即"松德班"。为了保证"松德班"的实践教学质量，松德公司与学校共建"松德凹印机长培训中心"，其设备为一条完整的软包装生产线，包括塑料凹版印刷机、软包装材料分切机、软包装材料复合机和制袋机，共计设备价值230万元，该生产线主要承担本专业学生的生产性实训和松德公司销售设备人员的培训。通过引入第三方经营，可形成一定的生产规模，在第三方盈利的同时，为学生生产性实训和松德公司人员培训提供了场地，也降低了实训过程中的耗材成本，为本专业软包装系列课程提供强有力的实践保障，学生可全天候在该生产线实习，一方面加强了学生的专业素养，同时也为该生产线的稳定生产提供了一定的人力支持，该培训中心可接纳学生实训人数120人，接收教师锻炼人数4名。建立校企共同监管的质量监控体系，共同监管学生的学习，学生像企业员工一样参与生产过程。同时达到了培养学生和培养员工的目的。

（四）建立了"互兼互聘"的兼职教师队伍

1. "双师素质"教师培养

深入企业历练，提升专任教师"双师素质"。充分发挥和借助包装行业企业的人才资源、企业优势、市场背景及学院的相关政策，特别是学院地处国家级火炬开发区的得天独厚的工业园区优势，积极培养专任教师的"双师素

质"教师队伍，主要措施有：

（1）实施"深海探珠"计划，全额带薪，鼓励教师到包装企业、车间、生产一线去获取课程改革的第一手珍贵资料。

（2）落实定期"生产性实训校区企业兼职锻炼"，要求教师在生产性实训校区内兼职锻炼，如工程师、研发人员、工艺师、销售管理等职业岗位。

（3）参与"企业实际项目"，推行工作室制度，要求每个教师参与工作室建设，实现企业与工作室对接，教师主动为企业和社会服务，结合企业实际与教学需求编写各类校内特色教材。

（4）推行教师"双证书"，要求该专业的骨干教师都必须参加相关业务培训或进修，力争同时具有高教系列职称和相关包装行业的职业技能或考评员证书。

2．兼职教师队伍建设

利用地方政策和地缘优势，采取拓宽用人渠道，利用中山火炬高技术产业开发区实行"兼职教师政府津贴"机制，吸引本区企业的包装行业高端人才到系里兼职任教，充分调动企业参与人才培养的积极性和责任感，让行业企业的精英骨干力量参与到合作的课程和项目、技能竞赛中。

3．专业带头人培养

根据包装技术与设计专业的特色及专业群建设要求，培养1名具有高级职称、思想素质过硬并在包装技术与设计方面有较高造诣、具备较丰富的企业工作经验的教师作为专业带头人，通过多种渠道、方式与措施，培养出技艺精湛、设计水平高、熟悉珠三角地区包装市场、掌握高职教育规律，教学实践能力强，在广东省有较大影响的专业带头人。

4．骨干教师培养

"多管齐下"提升教师能力，根据该专业核心课程和核心能力的建设要求，计划重点培养包装技术与设计专业方向的中青年骨干教师6名。通过安排到境内外的对口企业和院校考察、培训，参加境内外行业学术研讨会及骨干教师培训班等措施，建立专业骨干教师培养机制，兼职教师通过参与课程建设、顶岗实习、毕业综合实践项目、工作室运行等举措，承担的专业课学时比例达到50%。同时配合学校要求，加大对兼职教师的教学、培养、评价等管理考核力度，确保兼职教师资源库的有效建立和完善，并保持合理的流动性，以优选兼职教师。

通过多渠道培养，做到专兼结合，力争构建一支实践能力强、知识结构合理、能适应高等职业教育改革与发展需要的"双师"结构的省级专业教学团队。

建设效果：完善实训校区的建设，引进软包装和纸箱方面的企业，构造校外、校内实践教学互补，实验、实训、实习相结合的"递进式"实践教学条件。

5. 加强学生企业顶岗实习管理与考核体系建设

建立学生实训的"学校、企业、学生"三方职责管理制度；同时，制定包装技术与设计专业学生"五段式"岗位实习标准；依据实习具体情况制定并完善学生实习、实训、企业顶岗实习的考核标准；完善与企业长期合作的机制，保证学生的顶岗实习顺利进行。

专业建设虽然是学院内部的业务，在体制建设上与上级并无太大的关系，但运行机制却不无重要。中山火炬职业技术学院由于深入地融入当地经济发展中，使得政府和企业都非常重视学院的建设，将园区产业调整信息和企业相关信息积极提供给学院，这无疑为学院专业建设提供了重要参考，这种互动机制是专业建设的一大突破。

"专业与企业对接"是学院在专业建设上的又一理论和实践创新。学院于2009年提出了专业建设的"专业与企业对接"，其主要内容是：学院各专业都要直接与相关企业建设直接联系；与企业合作建设生产性实训基地，将"教学做"一体化教室建在企业车间；与企业共同设计实践教学与企业生产的衔接；有条件的专业（学院国家骨干院校建设的重点专业）加强教师与企业技术人员互相聘用等深层次的合作要求。近五年采，学院专业与企业共建生产性实训基地28个，与企业人才共同设计"五段式"岗位津贴实习标准4个，与企业共同建设"教师工作室"10个，与企业技术人员共同开发课程20门，共建技术研发平台11个。无论从理论到实践，均取得了较大的进展和良好的效果。

第六章　高职院校课程改革

课程是人才培养的核心和关键。教育部在《关于全面提高高等职业教育教学质量的若干意见》中明确指出："课程建设与改革是提高教学质量的核心，也是教学改革的重点和难点。"在新时期、新形势下，根据高等职业教育的人才培养目标，结合国家现代产业战略布局和区域产业升级要求，针对高职院校课程设置中存在的问题和不足，探索高职院校课程设置的改革和创新，对提升学生综合素质、强化学生的职业能力、增强学生的职业竞争力以及促进学生职业生涯持续发展，具有非常重要的理论价值和现实意义。

第一节　高职院校课程改革现状

2012 年教育部颁布了《国家教育事业发展第十二个五年计划》，明确了职业教育在第十二个五年中的目标："建立职业教育与产业体系建设同步协调制度，实现职业教育体系与现代产业体系、公共服务体系的融合发展。""加强职业教育与普通教育、继续教育的相互沟通。建立学分银行，完善学分互认、累积制度，探索同一层次普通学校和职业学校之间的课程互设、学分互认、学生互转的机制，推动应用型本科课程进入职业院校。鼓励开放实训基地、示范专业、名师名课、精品课程等职业教育资源，为各类学生提供职业教育课程和技能培训。"[①] 文件充分肯定了高等职业学校在服务经济社会发展和改革中的重大作用，并且指明了高等职业改革的目标和方向。从文件中，可以看出高等职业院校的课程改革是全面提高高等职业教育质量的关键内容，如何深化校企合作、工学结合、促进高等职业学校办出特色以及提升其服务

---

① 《国家教育事业发展第十二个五年计划》（2012）。

经济社会发展的能力等，都依赖于对高职课程设置的认识和改革。

一、概念辨析：高职院校课程

我国《大百科全书》给课程的定义是："课业及其进程。"《辞海》（1999年版）对"课程"有两种描述：一是指"功误的进程"；二是从"广义上指为实现各级各类学校的培养目标而确定的教育内容的范围、结构和进程安排。狭义指教学计划中设置的一门学科"。《现代汉语词典》（2005年版）中定义课程为："学校教学的科目和进程。"现代教育学认为，课程是"在学校指导下学生获得的全部经验或从学校文化中的全部习得"。[①]

而在国外，英国教育家斯宾塞（H. Spencer）最早在其著作《什么知识最有价值?》中提出对"课程"一词的解释。他认为"课程"一词是从拉丁语"currere"派生而来。"currere"意指"奔跑"、"跑步"等，引申为"跑道"或"过程"。根据这个词源，关于课程最常见的定义是"学习的进程"，简称为"学程"。后随着班级授课制的施行和赫尔巴特学派"五段教学法"的引入，人们开始关注教学的程序及设计，于是课程的含义从"学程"变成了"教程"。在教育中，人们一般把课程引申为学习或教学的内容和进程。

故而，课程是指学校为实现人才培养目标而设置的教学科目、教学内容及相应的教学进程的总和。具体到高职院校课程而言，可以理解为高职院校根据高等职业教育目标、社会对高职学生的素质要求和高职学生实际情况而设计的校内课堂学习、课外活动和校外社会实践以及企业实习与顶岗的内容体系和进程的总和。

高职院校课程设置是指在一定的教育理念指导下，从教育的本质与高职教育的人才培养目标出发，结合社会的需求和高职学生的实际情况来对高职院校的课程目标、课程内容、课程结构、课程体系以及各门课程的具体进程等进行的整体设计。从高职院校的性质上看，职业教育实施的是专门教育，即根据职业门类划分，将课程组合成不同的专业化领域。故而高职院校课程设置与普通高等教育课程设置相比，有其职业定向性和受一定经济社会条件下的产业结构和技术要求、职业和就业结构制约的特性。

---

① 张楚廷，教学论纲，北京：高等教育出版社，1999：120.

二、当代国际高职课程设置变革及现状

课程设置变革的出发点是课程取向。"二战"后，世界高职课程取向的变化可以归纳为在两个端点之间的运动，一点是普适性的课程，另一点是专业性的课程。欧美各国的高职课程一直围绕构成人的素质结构所需的知识结构、能力结构和人格品质等要素在两个端点之间变动。据此，国外高职课程的发展可大致划分为四个阶段：学科式的普适性课程设置（"二战"结束至20世纪70年代）；岗位式的专业性课程设置（20世纪70年代至20世纪80年代）；关注迁移能力的专业性课程设置（20世纪80年代后期至20世纪90年代中期）；强调继续学习能力的普适性课程（20世纪90年代后期至今）。

（一）学科式的普适性课程设置（"二战"结束至20世纪70年代）

第二次世界大战给世界各国带来了严重的创伤，极大地消耗了参战各国的财力、物力和人力。随着战争的结束，各国政府和人民都希望尽快摆脱战争阴影，恢复生产和经济，走上现代化的道路。而要恢复经济和生产，就需要大量的人才作为支撑。因此，"二战"后欧美各国几乎都出现了各类人才供不应求的现象。

在这种渴望经济快速恢复和发展而人才又供不应求的情况下，教育就自然而然地担当了为经济社会恢复和发展培养各类人才的使命。按照人力结构理论，在企业的人力资源金字塔结构中，初级、中级人才占了企业人力资源的大部分。因此，在世界各国的经济发展中，从事基层和中层劳动岗位的人才最为缺乏，急需各国政府积极扩大教育规模，其中包括高职的规模。

在此背景下，人民和政府关注的重点都是数量的增长，对质量没有很高的要求。高职教授的内容倾向于学科式，具有比较明显的普适性特点。原因可归结为以下几点：

（1）"二战"后的经济复苏和社会重建过程中，教育被看作是最大的指望，于是规模的增长就顺理成章了。另外，由于原有的高等教育规模有限，无法容纳数量庞大的求学者，同时又不能让如此多的人流浪街头，政府力求保持社会稳定，并赋予这些人基本的工作技能，于是希望新建或组建更多的学校。

（2）在新建或组建的学校里，政府希望它们能履行与传统大学不同的职

责，即帮助无业者获得就业的技能。但当时对就业技能的定义和现在不一样，并且新建的学校基本沿袭了以往高校的课程，或做部分的压缩及调整，但总体上并没有摆脱"学科式"模式。

（3）"二战"后，整个市场属于卖方市场，人才供不应求，因此企业对高等院校毕业的学生往往照单全收，对其质量没有条件做更多的要求。

（4）当时高职处于和普通高等教育同样紧俏的地位，其教育内部没有提高质量的动力；同时外部因素只关注其规模的扩张，而不关注其质量的提高，因此，也没有压力要求其进行课程的改革。其课程的普适性特点在一定程度上成为与一般高等教育高级阶段衔接的便利因素。

在这一阶段，尽管世界各国高职的课程总体上具有学科式的普适性特点，但这并不表明各国及地区课程的这一特点处于相同的程度。澳大利亚和西德更偏重专业性。当时澳大利亚的高职机构是高等教育学院，它教授的课程完全与职业挂钩，职业需要的就教，不需要的就不教。西德于20世纪60年代成立了高等专科学校，培养一线的高级技术人员。

（二）岗位式的专业性课程设置（20世纪70年代至20世纪80年代）

20世纪70年代，中东石油危机给世界主要发达国家带来了规模空前的经济危机，失业人员大幅度增加，世界人力资源市场迅速从卖方市场转变为买方市场。在激烈的就业竞争中，人们发现职业教育培养的人才，特别是高等职业教育培养的人才，颇受用人单位青睐，他们成了社会的"紧俏货"。而高职教育内部也对经济危机带来的人员失业问题进行了反思并积极寻找对策。于是各国的高职教育发生了大逆转，即从传统的知识本位转向能力本位，欧美各国相继采取了一系列教育教学改革措施来加强高等职业教育，以增强高等职业教育的应用性，提高高等职业教育与就业的关联度。这时，世界各国的高职课程纷纷向专业性方向转变，而且几乎是从一个端点迅速走向另一个端点，其专业性特征中还特别体现了岗位式的要点，也就是说，强调毕业就能上岗，就能工作。这样较大幅度的转变主要源于如下动因：

（1）经济危机爆发，失业人员大幅度增加，整个市场迅速从卖方市场转变为买方市场，人才市场供过于求。

（2）在买方市场，人才的高消费现象成为习以为常的事情，在中职毕业生和高职毕业生当中，用人单位更愿意录用后者，高职生成为社会紧俏人才，于是人们纷纷投入高职院校。

（3）有了前一阶段数量的积累后，这一时期世界各国的高职院校更多的是考虑内涵和质量，于是继续深化了产学合作，把就业能力甚至上岗能力作为高职课程首要考虑的问题。

（4）由于当时职业教育进入了"职业教育与培训"阶段，越来越多的职业资格认证充斥市场，高职教育也融入了对这些资格的培训，而这些资格与企业的岗位要求联系最为紧密。

可以说，世界高职课程在这一阶段发生了180°的大转变，从内部而言，高职教育追求新型大学的特色，区别于传统的精英类大学教育；从外部而言，就业的压力使得高职课程不得不走向实用性，强调针对市场培养人才。在这一阶段，世界各国及地区在专业性和普适性两端点之间更偏向于前者，各国相继以能力本位为取向来建构与实施课程，在课程的设置与实施中重视对职业岗位的分析，重视教学中动手操作等实践能力的培养，重视学生在职业学习中以自身的知识和经验为基础，重视通过岗位实践训练来培养自身的职业能力。

如英国对继续教育进行了改革，创立了规模较大的第三级学院，主要针对16～19岁的青年开设不同层次和不同兴趣的职业性与技术性课程。普适性最强的美国开始讲求"生计教育"，这是由美国教育总署署长西德尼·P. 马兰于20世纪70年代初在教育改革中提出并推广的。"生计教育"的目的是将职业教育与普通教育有机结合，将教育内容扩展到就业与社区服务领域，增加学校教育与社会职业的相关性，使学校的课程建构与学生今后的社会工作紧密联系。

具体到课程结构设置，这一时期先后出现了加拿大的 CBE 课程模式、国际劳工组织的 MES（模块式技能培训）课程模式、英国的 BTEC 课程模式和德国的"双元制"模式等。

CBE（Competency－based Education）是一种职业教育与培训思想，在这种思想指导下形成的课程模式，称为能力本位的课程模式。CBE 产生于"二战"时美国对技术工人的培训，在20世纪60年代被用于职业教育的师资培训，不久传到加拿大。20世纪80年代后，又逐渐推广到欧洲、亚洲、大洋洲等的许多国家和地区，被应用于职业教育与培训，其中最出名、最出色的是加拿大"社区学院"的应用。所以，有时候也被直接称为加拿大 CBE 模式。它是一种"以能力训练为基础"的课程模式，该模式以工作岗位能力为学习内容与评价标准，以具体工作任务为学习内容与课程组织依据，注重学生在学习中个体主动性的发挥，紧密联系社会与经济需求。由于其表现形式为模块式，所以，CBE 也被称为模块式课程模式。CBE 课程模式通过经济形势和教育形势分析、人才市场需求调查与分析、职业能力分析、教学分析等步骤来设计、开发、实施及评价课程。这种课程模式最大的特点是以岗位技能为基础，按照由职业分析和工作分析得来的职业能力本身的结构方式设置课程，开展教学。

　　MES（Modules of Employable Skills，模块式技能培训）课程模式是 20 世纪 70 年代初由国际劳工组织召集了一大批职业教育专家经过近十年的研究开发出来的新型职教课程模式，被认为是提供了一种不同发达程度的国家和地区都能采用的培训方法。这种教学模式以现场教学为主，以技能培训为核心。MES 的课程是以对具体工种的任务和技能进行科学分析为前提，严格按照工作规范开发出来的。这种课程模式可称为"任务模块式"，它把每项职业都划分为若干模块，每个模块便是这项职业的一个相对独立的完整部分（即技能与知识的结合体），这样进行职业分析其实就是对组成该职业的一些模块进行讨论；而每个模块所表示的工作任务则由若干工作步骤来实现，每个工作步骤又可看成是由各个单项的技能或知识所组成的，这些单项便称为"学习单元"，这样分析某一模块便是对组成该模块的一些学习单元进行讨论。学生学完一个模块便可获得一种最基本的单项技能或知识，但学习每个模块是否需要学完该模块的全部学校单元则取决于学生此前的学习经历。这种 MES 课程模式是融知识和技能于一体的模块组合而成的，就其整个教学过程来看，它是在教师指导下以学生自学为主的过程，形成了一种以学生活动为中心的课程模式。这种"任务模块式"的课程目标十分明确，除总体目标外，每个模块和学习单元也都有一个可测量的学习目标，学生能够清楚地了解完成每一个学习环节将要达到的目标。这种模式特别注重使个人在某一职业中较在其他职业中更能胜任，这也说明学生在接受了这些课程后将成为具备某一职业的入行技能的操作人才，因此分专业工种教学是 MES 教育的主要特色。

　　BTEC 是英国商业与技术教育委员会（Businessed & Technology Education

Council）的简称，该机构成立于 1986 年，它由商业教育委员会（BEC）与技术教育委员会（TEC）两大职业资格评估机构合并而成，其主要任务是课程开发、教学大纲编写及国家职业资格证书的颁发。BTEC 课程就是对该组织开发并操作运行的课程的简称。该课程模式主要是按照职业资格标准，把企业需要的知识、能力组织成若干个课程目标，并据此编写出教学大纲，指导学生按照课程目标并以任务、问题为导向去自己分析、解决问题，其重心直接放在职业能力的培养上。这种课程以学生为主体，重视学生的个性发展，重视教师的情境设计与指导，以"职业资格证"为依据来考核学生的学习质量，整个过程注重培养学生的自学能力、创新能力和团队合作精神等，体现的是一种综合能力本位的课程思想。

德国的"双元制"课程模式则是基于校企合作和工学结合的一种课程模式，它以职业活动为中心，通过学校和企业两个教学主体来进行教学，职业学校负责传授普通文化知识和与职业有关的专业知识，企业负责让学生在企业里接受职业技能和相应专业知识的培训。它将学校与企业、理论与实践紧密结合起来，其主要目标是培养学生的综合职业能力。所谓综合能力，是指观察能力、实践能力、思维能力、整合能力和交流能力，也就是学生将来在社会上就业、适应竞争和发展的能力。

具体到课程设置上，课程内容编排按照基础教育、专业教育、专长教育三个阶段依次展开，这是一种建立在宽厚的专业训练基础之上的、综合性的，并以职业活动为核心的课程结构。其课程又分为理论课程和实践课程，所有课程又将相关的专业技术知识综合成一个体系，分为三个层次，即基础培训、专业培训和专长培训，三个层次呈阶梯式逐渐上升。基础培训主要在学校里进行，包括理论、文化和专业基础；专业培训和专长培训主要在工厂、企业内进行，重在实践。但不管在哪一个阶梯层次，其培训都围绕着职业活动的实践来开展。

（三）关注迁移能力的专业性课程设置（20 世纪 80 年代后期至 20 世纪 90 年代中期）

20 世纪 80 年代后期到 90 年代中期，世界经济处于高速发展期，职业教育也进入了"职业培训"阶段。中等教育进入普及化阶段，高等教育陆续进入大众化阶段，于是大量专业性很强的中等教育后培训课程充斥市场。此时的世界高职课程也因此呈现出专业性特征，但这种专业性与上一阶段相比，程度上有所降低，同时也开始关注学生迁移能力的培养，因此称其为关注迁移能力的专业性课程阶段。这与当时的社会背景有很大联系：

（1）20世纪70年代后期，能力本位课程模式相继在世界多国推广开来，并广受欢迎。与此同时，人们发现在普通教育和职业教育两个分明的体系中，没有任何桥梁，无法实现沟通。而恰恰有些个体需要在不同的体系中转换。

（2）由于科技的发展，传统产业和新兴产业之间发生更替，同时人们转岗或转行的现象越来越频繁，企业界开始抱怨教育无法为人们的转岗与转行提供必要的嫁接，对个体而言，还得从头学起。于是，职业迁移能力成为高职课程改革的关键。出现了"关键能力"及"核心技能"的说法，最典型的案例是英国，其不得不出台了GNVQs体系。

（3）"终身学习"思潮的涌动，让人们接受了"人的一生需要不断学习，不断更新"的观念，于是为生涯做准备而不是为即时就业做准备的思想深入人心。

GNVQs（General National Vocational Qualifications）是英国政府于20世纪90年代初根据社会就业需要，在NVQ（National Vocaitional Qualification，国家职业资格）的基础上，推行的为就业做准备的职业资格证书，称作通用国家职业资格证书。1991年，英国教育部发表了《面向21世纪的教育和培训》白皮书，提出了通用国家职业资格证书（GNVQs），目的是实现普通教育与职业教育的连通。

GNVQs是16岁后的学生可选择的第三条学习路径，它把职业教育与学术教育联系起来，给学生提供了更大的自由。GNVQs要求学生除了掌握职业技能外，还必须了解相关领域的知识和作为一名劳动者所需具备的一般技能，这三个方面的能力和知识分别通过学习一定数量的必修单元、选修单元和核心技能单元来获得，其中核心技能单元是GNVQs的一个重要特色，通过对核心技能单元的学习，使学生掌握一些必不可少的基本职业能力，这些能力包括交际能力、数学应用能力、信息技术能力、自我管理和与他人合作能力、以及解决问题的能力，其中前三项核心技能已成为所有GNVQs等级必须学习的内容。GNVQs自1992年开始试行，1993年正式实施以来，受到社会各界和学生的广泛欢迎，目前GNVQs有三个能力等级：初级、中级和高级。20世纪 90 年代以来，英国 BTEC 课程体系已明确包含 GNVQs。

德国的"双元制"也于这一时期提出了"关键能力"的目标，关键能力是指与纯粹的、专门的职业技能和职业知识无直接关系，超出职业技能和职业知识范畴之外的能力。它强调的是，当职业变更，或者当劳动组织发生变化的时候，劳动者不会因为原有的专业知识和技能对新的生产过程及工作组织形式不适应，相反，他能够利用其自身所具有的关键能力在变化的环境中很快获得职业技能和知识。

（四）强调继续学习能力的普适性课程（20 世纪 90 年代后期至今）

20 世纪 90 年代后期到新世纪初，世界各国纷纷开始进行经济转型和产业结构调整，劳动力密集型产业逐渐减少，知识技术密集型产业逐步增加，与之相应地，社会各界受到知识经济、网络时代、学习型社会等观念的冲击。市场对人才的知识、能力和人格等需求标准开始转变，总体趋势是社会越来越青睐全面的或综合型的高素质人才。于是迫使各级各类教育进行改革，高职也同样发生了新的转变，其变化的方向是往普适性发展，但此时的普适性却不同于第一阶段的普适性，它强调的不是传统大学中的学科，而是继续学习的能力。导致这一转变的社会背景如下：

（1）知识经济代替工业经济，网络时代与现实世界共存，于是知识和技能的老化周期大大缩短。这对原来的教育包括职业教育产生莫大的冲击，教授知识和技能不但没有意义，而且逐渐成为不可能，因为很难断定教师的知识和技能一定高于学生。

（2）人本主义运动的蔓延，使得整个职业教育关注的焦点从满足职业世界的需求转为关注个体本身的发展需求。高职的课程也越来越关注人的全面发展。

（3）新的时代中，职业岗位之间的界限越来越模糊，甚至存在被打破的可能性。职业世界对人才的需求不再那么精确，而是需要复合型的、具有可持续发展能力的人才。

（4）学习型社会的到来，对高职的要求不单单是培养就业能力，还必须满足与就业关系不大的其他能力，如更好的生存能力、继续学习能力等。

在这些社会变化的促动下，世界高职课程的取向再次发生变化，加强了继续学习能力的培养，从以往单一的重视知识学习、能力培养或人格培育转向用"素质"将三者整合于一体。

国际教育组织也明确认识到素质本位对高职院校教育的重要性，1999 年，联合国第二届国际技术与职业教育大会通过的《技术和职业教育与培训：21 世纪展望——致联合国秘书长的建议书》认为，"21 世纪对人的素质要求在变化，不仅是知识、技能水平的提高，更重要的是能应变、生存、发展"；"未来的技术和职业教育与培训不仅要培养适应在信息社会就业的人，而且要使他们成为有责任感、高素质的公民"；"大学水平的技术和职业教育，除了开设高级专业化课程之外，课程中还应该包括使那些在科学技术领域内负主要责任的人，树立起把他们的专业与更伟大的人类目标紧密联系的态度"。

这一阶段，英国取消了"双重制"，所有的多科技术学院升格为科技大学，而且逐渐放开招收普通高中毕业生的大门，原来明晰且行之有效的双轨体系开始瓦解；同时采取措施改革了国家职业资格认证体系，承认 GNVQs 和 NVQ 与普通教育高级水平考试（A – levels）具有同等地位，从而有效地促进了不同职业资格课程体系的融合。

20 世纪末，德国针对"双元制"职业学校误程中存在的专业系统性太强、内容重复滞后和忽视经验性知识等问题，呼吁开展职业教育课程改革。1996 年，德国各州文教部部长联系会议颁布了职业学校"学习领域"课程改革方案，并在全国掀起了一场基于工作过程和行动导向的课程与教学改革运动。通过这种"学习领域"的课程设计和基于工作过程与行动导向的课程实施，在进一步加强学生能力培养的同时，强化了基本素质的养成。

1995 年，美国国家职业教育研究中心（NCRVE）在"关于生计的教育与培训的立法原则建议"中指出："关于教育的目标，理论和传统的学科教育或职业教育相比，都更为宽广。它应使学生在完成高中或高中教育之后获得就业的预备，同时又获得边工作、边继续学习的基础。应排除只教某种职业岗位技能的课程。"

日本则在 1994 年的第三次教育改革中，明确其目标是："在向终身学习社会过渡中，把学生培养成具有丰富的内心世界，具有主动、创造性的生存素质和能力，在社会生活中能灵活地适应周围的环境，能扩大自我实现可能的人。"在其高职教育的课程构建中，平衡设置了职业人文修养课程和职业专业课程，着力培养既懂得职业专业知识和技术，又能够从人文、法律、伦理和社会等多个角度思考技术价值和创造创新的人。

三、我国高职课程改革现状

目前我国高职院校课程改革成绩与不足并存。具体表现为职业院校的课程经过多年的改革，正不断适应人才培养目标的要求，并与职业资格对接，不断吸收行业企业的新技术、新标准；精品课程、网络课程、精品资源共享课建设取得众多成绩；同时还存在课程目标定位模糊、课程体系结构失衡、课程实施方式落后、课程评价机制单一、课程资源配置不当等问题。总体来看，高职院校课程建设经历了一个持续改进、多头试点、多模式尝试的发展历程。

（一）我国现行的四种课程模式

我国现行的高等职业教育课程模式主要有三类，即三段式、平台式和"宽基础、活模块"（群集式模块）。最近 5 年逐渐探索出了具有中国特色的"工作过程系统化课程模式"。本节将比较性地分析和介绍这四种课程模式。

1. 三段式课程模式

三段式课程模式是我国高职课程设置的一种主要模式，它是将课程分为基础课、专业基础课、专业课三类，或分为公共基础课、专业基础课、专业课、专业方向课四类，并按照基础课、专业基础课、专业课、专业方向课的顺序安排的课程模式（称为"三段式"或"四段式"课程模式）。其课程基本结构如图 6-1 所示，这种模式沿袭传统本专科的课程结构模式，以学科本位为主线构建。各职业院校根据人才的培养目标，在课程设置时，强调加强实践性教学环节，突出学生技术应用能力培养和综合职业素质教育，使三段式课程模式的内涵发生了一些变化，但总的来说，以学科教育为基础的课程框架未能突破。

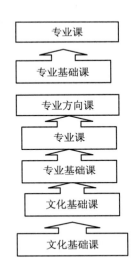

图 6-1　三段式课程模式图

三段式课程模式以传授知识为基础，课程结构由文化基础课、专业基础课和专业课三大部分所组成，通常将理论与实践课程并列，实践课单独设课自成系统，这样比较有利于学校组织教学和进行课程评价。三段式课程虽然看似三个阶段互相联系、互相依托、依层递进。但是在具体实施的过程中，由于长期的专业课和理论课分工教学，担任基础理论课教学的教师对专业课教学内容知之甚少；担任专业基础课的教师往往不精通理论课，对前述的教学过程抽检力度较小，理论课教师和专业课教师各自在规定的授课时数内完成各自承担的教学任务，互不联系，各自为阵，使学生这个受众面比较孤立和静止地看待并学习这三个既有联系又有区别的教学内容。

2. 平台式课程模式

平台式课程模式是将课程按公共基础课、专业大类基础课、专业或专业方向课、特色课程等分层构建为"三级平台"或"四级平台"，按授课时间的先后顺序纵向排列的课程模式。平台式与楼层式在形式上有些相似，但其内涵不同。平台的覆盖面宽，而楼层的口径窄。平台式模式是按专业大类，拓宽专业口径设计的一种课程模式；公共基础课平台主要是向相关学科基础拓宽，增加人文社会科学和素质教育的有关课程；专业大类基础课平台，则打通原来几个专业的专业基础课，对课程和教学内容进行重组和整合，构建成新的统一的大类专业的基础课群；专业或专业方向课平台，是一个个的"套间"，每个"套间"由专业大类下的专业课组成专业课组或专业方向课组，由学生选学其中的 1 组或 2 组，有利于学生的个性发展。在各个平台上既有必修课程，也有选修课程。平台式模式拓宽了专业口径，增强了适应性，有利于学生今后的发展和职业更换。

平台式课程模式是转型过渡期存在的一种课程模式，根据专业大类，构建统一的大类专业的基础课程群，这多用于通识类课程和人文社科课程，多见于专业基础课和素质教育课程。在专业课层面进行平台式课程的搭建，操作上有一定的难度。平台式课程模式虽然从课程体系设置上拓宽了专业口径，增强了适应性，但是平台式的课程模式不能适用于所有的专业，在平台式模式上进行修改和发展是高职课程发展的必然方向。比如：近年出现的"平台＋模块"课程模式、"平台＋岗位"课程模式、"平台＋资源"课程模式等都是对平台式课程模式的拓展。

3. "宽基础、活模块"课程模式

"宽基础、活模块"课程模式是我国在 20 世纪 80 年代末 90 年代初兴起的一种职业教育课程模式，是在借鉴国外先进职业教育课程模式的基础上，以"广吸收，不套用"为特征，充分结合我国国情而开发出来的一种课程模式。该模式以终身教育思想为指导，强调的是为学生以后的发展打下基础，通过设置"宽基础"和"活模块"两大板块，增强学生继续学习的能力、职业转岗能力以及顺利就业和有竞争力就业的能力，强调在培养学生专业能力的同时，突出强调对学生社会能力和方法能力的培养，该模式培养的是具有一线工作能力的中级技术人员。通过"宽基础"阶段的设置，培养学生广博的知识和能力，为学生以后的就业转岗能力的发展打下坚实的基础，"活模块"阶段重在培养学生精通某一专业的能力，为学生以后的顺利就业和有竞争力的就业奠定基础，"宽基础、活模块"课程模式在课程开发中吸收了目标模式、过程模式、情境模式的优点，从而开创出了具有中国特色的职业教育课程模式。同一时期，我国也进行了各种课程模式的实验和改革，比如借鉴德国"双元制"模式中以分科为基础的综合课程模式，国际劳工组织的 MES 模式等，而"宽基础、活模块"课程模式就是其中一种有效的尝试。其课程结构如图 6-2 所示。

图 6-2 "宽基础、活模块"课程模式图

所谓"宽基础"，是指学生在学校所学的不是针对某一岗位或某一职业的知识和技能，而是面向某一职业群所必备的知识和技能，着眼于学生的发展"后劲"，为学生继续学习和在某一类职业范围内转岗打下基础，强调通用技能的训练和关键能力的培养。如机床的安装与拆卸、计算机的组装、打印机的安装，虽然大小不一、形态各异，但是可以发现它们的主要零件是相同的，只是组合的方式、零件的大小、性能不一样，那么这些相同的部分就可以作为"宽基础"课程部分的内容。宽基础主要由四大板块所组成：政治文化类板块、工具类板块、公关类板块、职业群专业类板块。

所谓活模块，是指学生所学的内容是针对日后工作中某一特定的工作岗位所必备的知识和技能，着眼于强化从业能力，并能够"多取证"，提高学生的就业竞争能力。在活模块中有必修模块和选修模块，必修模块是学生专业学习所必须学习的模块，而选修模块是学生根据自己的兴趣特长和意愿而选择的模块。

"宽基础"阶段由文化基础模块、能力应用模块和专业能力模块组成，其中以必修课为主，选修课较少。然后进入"活模块"阶段，它是由主修模块、辅修模块和选修模块组成的，其中选修课比例加大。主修模块为学生必选模块，然后他们可以根据自己的兴趣选择辅修模块和选修模块。这种模式大大提高了课程设置的灵活性，也使学生有了更多地选择课程的自由。

"宽基础、活模块"课程模式力图摆脱学科课程模式的弊端，强调学生综合能力和关键能力的形成和培养。通过"宽基础"阶段的学习，学生可以在更广泛的范围内实现就业和顺利转岗，通过"活模块"阶段的学习，学生可以最大限度地获得就业时所需要的各种证书，增加自身的就业竞争力。

"宽基础、活模块"课程模式是我国目前探索符合我国国情的一种新模式，但仍存在问题，主要有如下三个方面：

（1）"宽基础、活模块"课程强调在"宽基础"阶段课程设置要宽，尤其是在职业群专业类板块，按照"宽基础"阶段根据职业群来设计和开发课程，在课程的设置上会导致专业理论课的膨胀，导致学生对理论知识的学习过多。由于高职学生在校学习的时间有限，会导致学生动手实践能力发展的不足，而理论知识的学习是以学科和知识为导向的，这样就使"宽基础、活模块"成为一种以传授理论知识和学科本位的课程模式，而职业教育是以能力为本位、以实践为导向的教育，"宽基础、活模块"与这一导向是相违背的。

（2）"宽基础、活模块"强调要为学生以后的职业生涯奠定"宽基础"，但是在设计"宽基础"的过程中，只是在"学科知识"上的宽，并不是学生职业能力的宽，"宽基础、活模块"课程把"宽基础"等同于宽知识，其实"宽基础"并非只是宽知识，因为知识本身并不能直接迁移成为能力，知识和能力之间并不存在必然的联系，知识和能力是并列的关系而不是演绎的关系。

（3）"宽基础、活模块"课程提出的人才培养目标定位与现实学生的能力之间存在差距。"宽基础、活模块"课程的人才培养目标是在学校期间通过"宽基础"阶段的学习，在学习自己专业的同时，大量学习与自己专业相关的知识，以提高学生的就业转岗能力和综合素质；通过"活模块"阶段的学习，学生可以在自己的专业上更加深入地钻研，从而提高自己的专业能力和专业素养，这样可以为学生以后的顺利就业和有竞争力的就业打下基础。可以肯定，这样的人才培养目标在理论上是正确的，但是，这样的人才培养目标并没有完全考虑到学生现有的能力和水平。

（4）在课程设置上没有充分关注到与社会企业之间的联系。在具体的实施过程中，"宽基础、活模块"课程是以学校教学的方式进行的，课程的设置一般集中在前3年（四年制）和前2年（三年制）。学校在贯彻"宽基础、活模块"课程，提倡"宽基础"的基础上，设置了大量的模块及课程，这些模块的实施又是以学校教学的形式开展的，这样，就容易割裂学校和社会之间的联系，而在课程开发阶段，行业企业参与不足，必然导致学校的课程不能完全适应企业的需要，同样也不利于校企合作的开展。

（5）在教学内容的选择、组织和实施上未能突破传统的单科分段式课程模式。"宽基础、活模块"课程模式在课程内容的选择上，还是以分科为主，在组织和实施上以分科教学为主，只是把传统单科分段式课程模式中的公共基础课变为"宽基础"中的政治文化类板块和工具类板块，把专业基础课变为"宽基础"阶段中的职业群专业类板块，把专业方向课变为"活模块"中的模块课程。我们从各校的专业课程设置方案中，并没有看到课程真正实现综合化，课程的组织和实施还是以课堂教学、分科教学为主，并没有真正建立起课程与课程之间的联系，还是在保持原有学科课程独立性的基础上开展教学。

（6）强调课程综合化，与现有教材的综合化程度之间存在矛盾。"宽基础、活模块"课程模式强调课程应该综合化，强调课程模式应该采用目标模式、过程模式和情境模式之所长来设计，强调课程与课程之间应该有所渗透和衔接，主张打破课程之间的界限，强调研究对象的整体性，但是，在具体的实施中还是以分科教学为主，并没有摆脱传统分段式的教学模式，仍然以教材为主向学生传授知识，教材也并没有真正实现综合化。如现有高职学校的教材不利于真正实现"宽基础、活模块"课程模式所提倡的课程综合化，它普遍存在以下几个问题：知识较陈旧，知识与现在科技的发展相脱节；教材内容单一，忽视教材的专业针对性；高职学校教材的学科本位的编排方式不利于课程的综合化，现有高职学校的教材仍然以知识的系统性和逻辑性为立足点，相对忽视学生动手实践能力的培养；高职教材的编写者对高职学生的具体特点了解不足，高职学校教材需要有理论的层次，但是更需要的是实际的操作指导；高职学校教材的理论程度在一定程度上对高职学生的要求很高，导致学生对教材上的理论知识失去兴趣。

总之，集群式模块课程如果仅仅停留在"宽基础、活模块"的课程结构成果上还远远不够，后续的集群式模块课程应在原有的基础上，注入新时期课程模式的改革内容，着眼于提高学生的就业和创业能力，注重学以致用的教学内容，培养企业需要的高职人才。以往的单纯以学科为中心的课程模式过分强调知识系统性，忽视了实践性教学与理论教学的互动性，致使教学以教师为中心，学生的主观能动性没有得到充分发挥，学科与学科间相互独立，关联度较少。我们应根据不同专业、不同教育培训项目和学习者的实际需要，实行灵活的学制和学习方式，这样才能使高职课程模式适应社会发展的需要。

4. 工作过程系统化课程模式

所谓工作过程，指的是个体为完成一项工作任务并获得工作成果而进行的一个完整的工作程序，它是一个综合的、时刻处于运动状态但结构相对固定的系统。工作过程系统化课程理念是在借鉴了德国工作导向课程的基础上，并结合了我国职业教育改革的经验提出来的一种教育理念，它是对高职院校课程本质——"过程"的回归。这种以学生为中心设计的课程，让学生通过在完成工作任务过程中形成直接经验的形式来掌握融合于各项实践行动中的知识、技能和技巧。由此可知：工作过程系统化课程即以满足社会职业岗位和学生职业发展需要为目标、以具有范例性的工作任务为内容，按照工作过程来组织知识，学生在职业化的学习情境中通过完成工作任务进行学习、获得可迁移的工作过程性知识。

工作过程系统化课程开发一般遵循以下步骤：第一步，工作任务分析。从工作岗位或岗位群出发，对其进行工作任务分析，并在此基础上确定典型的工作任务。这里需要采用问卷调查、现场访谈、案例分析、头脑风暴、抽样分析等多种方法。

第二步，行动领域归纳。在对典型工作任务做进一步分析的基础上，通过能力整合，包括同类项合并等措施，将典型工作加以归纳形成能力领域，这里称之为行动领域。它是工作过程系统化课程开发的平台，是与本专业紧密相关的职业情境中构成职业能力的工作任务的总和，是一个"集合"的概念。采用工作过程描述的方式，行动领域体现了职业、社会和个人的需求。

从工作任务到行动领域，是职业分析与归纳的结果，主要在企业里进行。至此所做的工作及其结果，仅仅与企业（工作岗位）相关。在这里，样本的选择要有说服力，例如，可以遵循"2：1"原则，即 2/3 的样本代表目前普遍水平的工作岗位或 1/3 的样本代表未来发展趋势的工作岗位或企业。

第三步，学习领域转换。自这一步开始，必须在企业的目标中融入教育的因素。因此，作为职业分析结果的行动领域必须根据职业教育的基本规律将其转换为学习领域。所谓学习领域即课程，它包括由职业能力描述的学习目标、工作任务陈述的学习内容和实践理论综合的学习时间（基本学时）三部分。由学习领域构成的职业教育课程体系，其排序必须遵循两个规律：另一个是认知学习的规律，这是所有教育都必须遵循的普适性规律；一个是职业成长的规律，这是职业教育必须遵循的特殊性规律。两者结合正是职业教育作为一种类型教育的特点。在这里，学习领域也是一个"集合"的概念。

第四步，学习情境设计。学习领域的课程要通过多个学习情境来实现。所谓学习情境，是在工作任务及其工作过程的背景下，将学习领域中的能力目标及学习内容进行基于教学论和方法论的转换后，在学习领域框架内构成多个"小型"的主题学习单元。这又是一个演绎的过程，如前所述，学习情境的设计也必须遵循两个原则：一是具有典型的工作过程特征，要凸显不同职业在工作的对象、内容、手段、组织、产品和环境上的六要素特征；二是实现完整的思维过程训练，要完成资讯、决策、计划、实施、检查、评价的"六步法"训练。

总之，第一步到第二步是工作任务分析与归纳，第二步到第三步是课程门类设置与规划，第三步到第四步是课程教学设计与实施。第一步到第二步强调的是工作过程，第三步到第四步强调的是教学过程，而其中的第二步到第三步则要求：在行动领域这一源于职业的工作的集合概念，与学习领域这一高于职业的教育的集合概念之间，应实现有机链接，以架设一座连接工作与学习的桥梁。因此，要通过工作过程来开发教学过程，就必须提高职业院校教师基于工作过程的教学过程的设计能力和实施能力。

我国的工作过程系统化课程不同于国外的工作过程导向的课程，它是植根于中国高职教育的土壤成长起来的一棵极具生命力的小树。它的出现与发展，主要基于以下的思考：课程开发必须是在有序性、整体性和生成性的原则下，从实际工作的需要和高职教育的需要这两个维度上予以整体设计，必须有系统的逻辑路线。高职学生能力的培养必须遵循职业成长和认知学习这两个规律，在从新手到专家、从简单到复杂的学习过程中，使得知识、技能和价值观的学习实现融合，集成于一体，而不是分离。目前，该课程模式正处于积极探索和实践的过程中，关于课程建设的理论知识还有待进一步深入、各专业课程体系还有待完善。

（二）精品资源共享课程开发

随着职业教育的进一步开放化和信息技术的发展，多种学习形式不断进入课程改革的视野。教育部也在高职领域开展了精品资源共享课建设。

1. 精品资源共享课建设的目标与任务

精品资源共享课建设是国家精品开放课程建设项目的组成部分，旨在促进教育教学观念转变，引领教学内容和教学方法改革，推动高等学校优质课程教学资源通过现代信息技术手段共建共享，提高人才培养质量，服务学习型社会的建设。

精品资源共享课以量大面广的公共基础课、专业基础课和专业核心课为重点，以课程资源系统、丰富和适合网络传播为基本要求，经过国家、省、校三级建设，形成普通本科教育、高等职业教育、网络教育多层次、多类型的优质课程教学资源共建共享体系，为高校师生和社会学习者提供优质课程教学资源。

"十二五"期间，教育部计划在原国家精品课程建设成果的基础上，科学规划，合理布局，优化结构，支持建设5000门国家级精品资源共享课。其中，2012年和2013年重点开展原国家精品课程转型升级为国家级精品资源共享课的建设，采取遴选准入方式选拔课程；同时，从2013年起，适应新需求，结合高等教育发展趋势和教学改革成果，采取招标建设和遴选准入两种方式建设一批新的课程。

2. 精品资源共享课建设

教育部负责精品资源共享课建设项目的总体规划，制定国家级精品资源共享课建设计划，并按照普通本科教育、高等职业教育、网络教育和教师教育的特点和要求，制订课程建设计划和遴选、评价标准，分类指导和组织国家级精品资源共享课建设和使用；各省级教育行政部门依据教育部总体规划，根据区域经济发展和学科、专业布局，制定省级建设规划，组织实施省级精品资源共享课建设和使用，并按照国家级精品资源共享课建设要求择优向教育部推荐课程；高等学校是精品资源共享课建设的主体，按照精品资源共享课建设要求，根据办学特色和专业优势做好本校精品资源共享课的建设计划，组织教师建设校级精品资源共享课，实行学校和主讲教师负责制，确保课程质量，并向省级教育行政部门择优申报课程；在精品资源共享课建设中，教育部鼓励高职院校采取校际联合、学校与社会联合等方式，建设精品资源共享课，实现课程共建共享。教育部组织建设国家开放课程共享系统，并通过协议约定，实现课程的基本资源免费共享、拓展资源有条件共享，保证国家级精品资源共享课的便捷获取和使用，满足高校师生和社会学习者的多样化需求。

国家级精品资源共享课是信息时代背景下的课程改革项目，富含大量文字、图片、影像、动画等信息，一般应该由学术造诣深、教学经验丰富的教师主持建设，建设团队应含行业企业的技术人员和专业教师以及教育技术骨干，体现专兼结合的"双师型"教学团队特点。

精品资源共享课的课程内容要能够涵盖课程相应领域的基本知识、基本概念、基本原理、基本方法、基本技能、典型案例、综合应用、前沿专题、热点问题等内容，具有基础性、系统性、先进性、适应性和针对性等特征，适合在网上公开使用；应结合实际教学需要，以服务课程教与学为重点，以课程资源的系统、完整为基本要求，以资源丰富、充分开放共享为基本目标，注重课程资源的适用性和易用性。①基本资源。基本资源指能反映课程教学思想、教学内容、教学方法、教学过程的核心资源，包括课程介绍、教学大纲、教学日历、教案或演示文稿、重点难点指导、作业、参考资料目录和课程全程教学录像等反映教学活动必需的资源。②拓展资源。拓展资源指反映课程特点，应用于各教学与学习环节，支持课程教学和学习过程，较为成熟的多样性、交互性辅助资源。例如：案例库、专题讲座库、素材资源库，学科专业知识检索系统、演示/虚拟/仿真实验实训（实习）系统、试题库系统、作业系统、在线自测/考试系统，课程教学、学习和交流工具及综合应用多媒体技术建设的网络课程等。

"大力开发数字化教学资源，推动优质教学资源共建共享，拓展学生学习空间，促进学生自主学习。推进现代化教学手段和方法改革，开发虚拟流程、虚拟工艺、虚拟生产线等，提升实践教学和技能训练的效率和效果。搭建校企互动信息化教学平台，探索将企业的生产过程、工作流程等信息实时传送到学校课堂和企业兼职教师在生产现场远程开展专业教学的改革。"这是职业教育课程改革的新形势。

目前高职院校大力开展的精品资源共享课建设是我国正在探索的课程模式实现教育信息化的改革方向和目标。目前教育部、各地方政府正在组织和大力推广在高职领域开展"精品课程建设、精品开放资源课建设"，各院校依据自身情况也在积极地开展网络课程建设。

第二节　高职院校课程改革依据

高职院校课程改革必须按照当代先进职业教育观念的原则来进行。这些原则是什么呢？一方面要紧跟社会需求，根据职业岗位要求、国家有关文件精神、最新的职业资格标准、专业标准（教育部正在推行和各地、院校正在实践中）的内容，设置课程。另一方面还要有明确而有特色的职业教育观念。

课程改革也应遵循从应试导向到就业导向；从校内封闭教学到开放式的工学结合教学；从智育基础到素质基础；从知识目标到能力目标；从逻辑载体到项目载体；从概念推导到行动引导；从知识展示到能力实训；从灌输学习到建构学习；从教师主体到学生主体；从理论实践分离到一体化教学，等等。与这些先进观念相对应的理论主要有：建构主义学习理论、多元智能理论、行动引导教学理论等。基于上述观念和理论的先进高职课程教育模式也很多，主要有：德国的双元制、加拿大的 CBE、英国的 NVQ、澳大利严的TAFE、美国的"社区学院"等。

虽然"他山之石，可以攻玉"，但国外经验必须结合我国国情大胆改革创新，才能有特色和持续发展的生命力。根据我国面对的学院实际情况，经过仔细分析、比较，我国高职课程设置中必须改革的当务之急是以下六项：

①工学结合、职业活动导向；②突出能力目标；③项目载体；④能力实训；⑤学生主体；⑥知识、理论、实践一体化的课程教学。

上述课程设置的六项原则是基于我国职业教育课程面临的客观新情况、高职教育的培养目标以及国际高职教育的成功经验探索得出的。

一、我国职业教育课程面临的客观新情况

首先，经济全球化和我国"入世"背景下的职业教育和培训，一方面要适应世界产业结构的转移和中国从"制造业大国"转向"制造业强国"、从"世界工厂"转向"自主创新"的大国战略目标；另一方面随着知识社会或知识经济时代的来临，职业教育要培养具有创造、创新、管理能力的技术人才；面临科技发展的需求，现代社会需要具备适应能力、整合能力、应变能力、综合能力的人才；职业教育要培育能使所学的知识激发、扩散与应用之技术人才，学生必须具有"创新"与"再学习"的能力。

其次，市场经济大潮奔涌，价值观念急剧转变。高职院校办学从封闭的校园走向开放的社会，在外在条件和内在条件的双重挤压下其价值取向也发生了急剧变化，社会价值由简单趋于复杂，单向度分歧为多向度，仅求温饱的理念提升为舒适与享受。因此，职业教育课程发展必须考虑多元需求与途径。个别学生出现"能量释放错位"现象，如个人利益至上，社会上的不正之风和腐败现象被某些学生模仿来追求个人利益。社会环境的变迁与价值转变过程中的人才培育，应关注"潜在课程"的发展，创设人文环境，运用所具有的特质——理性、道德、价值观、自由意志等，关注价值判断力的培养和个性健康发展。

在课程改革中，教育信息化是当今信息社会下人才教育的重要内容和有力支撑。我国教育改革和发展正面临着前所未有的机遇和挑战。以教育信息化带动教育现代化，破解制约我国教育发展的难题，促进教育的创新与变革，是加快从教育大国向教育强国迈进的重大战略抉择。教育信息化充分发挥现代信息技术优势，注重信息技术与教育的全面深度融合，在促进教育公平和实现优质教育资源广泛共享、提高教育质量和建设学习型社会、推动教育理念变革和培养具有国际竞争力的创新人才等方面具有独特的重要作用，是实现我国教育现代化宏伟目标不可或缺的动力与支撑。故而，《国家中长期教育

改革和发展规划纲要（2010～2020）》明确指出："信息技术对教育发展具有革命性影响，必须予以高度重视。"随后该纲要具体勾画了下一个十年教育教育信息化的发展目标：统筹规划、整体部署教育信息化发展任务。通过优质数字教育资源共建共享、信息技术与教育全面深度融合、促进教育教学和管理创新，助力破解教育改革和发展的难点问题，促进教育公平、提高教育质量、建设学习型社会；通过建设信息化公共支撑环境、增强队伍能力、创新体制机制，解决教育信息化发展的重点问题，实现教育信息化的可持续发展。

　　在国家大力提供职业教育工学结合、校企合作的背景下，高职院校的课程改革也将从一元化开发转而成为学校与行业企业的二元化合作。如何搭建合作平台，鼓励教师走出校门主动与企业合作？如何吸引行业企业参与到学校的课程开发中？为了解决这两个问题，高职院校的内部改革也应适应这种变化，同时，与行业企业合作的有关制度内容也应为这种合作提供保障。

　　从国际上来看，联合国教科文组织（UNESCO）于1996年提出的报告《学习：财富蕴藏其中》强调，人类要适应社会变迁的需要，必须进行终身学习。21世纪教育的"四大支柱"：学会认知、学会做事、学会共同生活和学会生存，其核心在于将学习和工作作为提升生活质量的重要手段和途径。职业教育是教育体系的重要组成部分，与基础教育、高等教育具有"等值"的地位，培养学生的学习能力和"再学习能力"，加强"基础学力"，以"带着走的能力"激发创造力并符合企业需求，将是职业教育课程必须深思熟虑的重要课题。这是因为1997年年初，经济合作与发展组织（OECD）在《1996年科学、技术与产业展望》的报告中，提出了人类知识分类的一种新视角。其主要内容是把知识分为两大类、四个方面，即事实知识（know-what）、原理和规律知识（know-why）、技能知识（know-how）和人力知识（know-who）。OECD将第一和第二方面知识称为"可编撰的知识"（codified knowledge）或"明确的知识"（explicit knowledge）；将第三和第四方面知识归结为"意会知识"（tacit knowledge）。具体而言，"明确知识"中的"事实知识"指的是人类对某些事物的基本认识和所掌握的基本情况，即"是什么"的知识；所谓"原理和规律知识"是"为什么"的知识，即产生某些事情及对发生事件的原因和规律性的认识，也就是我们通常所说的科学理论，也可以简称为原理知识。"意会知识"中的"技能知识"是"怎样做"的知识，包括做事的方法、技艺、技能或能力等；所谓"人力知识"的源头，即"是谁创造"的知识。报告强调，"意会知识"，即"技能知识"和"人力知识"对于经济发展和社会进步具有特别重要的意义。"意会知识"的概念最初由匈牙利裔英国哲学家波兰尼（Michael Polanyi，1691～1976年）于1958年在《个体知识》一书中提出。相对于"明确知识"而言，"意会知识"本质上是一种理解力，是一种领会，它把握经验、重组经验，以实现理智的控制能力，它在人类认识的各个层面都起着主导作用。"意会知识"提出了知识的公共性和个体性的关系问题。与此相类似的知识分类还有德国曾于1996～1998年进行了一次为期两年的由科学家和教育家组成的调查，提出"知识分类"的新观点。将知识分为三大领域：①最具动态发展特征的知识领域（如信息与媒体领域，新技术领域，医学与人体领域，环境与环境保护领域，经济与劳动世界领域，社会、知识与艺术领域等）；②最具学科合作特征的知识领域（如环境领域、全球化领域、人学领域、技术领域、社会秩序领域等）；③最重要的通用知识（工具范畴、人格范畴、社会范畴以及常识范畴等）。在知识社会或自主创新、改变经济增长模式进程中，"知识只有在应用中才能生存"（德鲁克，1992）。

二、高职院校的培养目标与高职课程的教学目标

（一）高职院校课程改革的特点

按照"以就业为导向，以服务为宗旨"的职业教育目标，高职院校培养的学生应当具有良好的职业道德和职业素质，应当具有熟练的职业技能，走上职业岗位之后具备持续发展的能力，还应当具有扎实的、系统的专业应用知识。具有"系统的应用知识"而不是具有"系统的专业知识"或"专业理论"，这个要求把高职学生与普通高校学生区别开来。"具有系统的应用知识和持续发展的能力"这个要求，就把高职学生与中职学生区别开了。

高职院校的学生应当具有良好的综合素质，应当能够从职业岗位的第一线起步。从第一线起步时，不会在思想认识上或职业技能上产生阻力。所谓起步，就是在第一线工作不但能够胜任，还能迅速脱颖而出，展示自己学习和工作的潜力。高职院校的学生要能解决职业岗位上的实际问题，具有自我学习、持续发展的能力，相当一部分学生还应当具有创新和创业的能力。高

职院校培养的毕业生应当是"高技能人才"，并不满足于仅在第一线充当一个劳动力。从工作领域看，高职院校的学生主要从事技术、营销、生产、管理、服务等领域的工作；而不是从事科学研究和专业领域的开发、设计工作。

高职院校培养的人才类型是技术应用型、技术技能型或操作型的高技能人才，不是研究、设计型的人才。这样的培养目标和人才定位，就把高职院校与普通高校区别开来，同时又把高职与中职区别开来。

普通高校中的理科院校，培养的是科学研究型人才。他们以发现自然规律为己任，要依据自然规律创造新的专业理论和学科体系。这类院校承担着在基础科学领域里攀登科学高峰的光荣任务。这种院校培养的是科学研究型人才，要求学生具备高度的抽象思维能力、推理能力和计算能力。社会对这类人才质量的要求是很高的，但需求数量却是很少的，尤其是在社会主义市场经济的初级阶段。

普通高校中的工科院校，培养的是工程设计型人才。他们以某个工程领域的设计工作为己任，要根据现有学科体系和理论系统设计出符合当前社会需要的工程项目，开发出新的设计规范和模式。在经济建设大发展时期，社会对这类人才要求的数量比较多。

市场经济的迅猛发展，还需要大量的技术应用型高技能人才。这些人主要不是从事科研，也不是从事工程领域设计，而是从事生产、营销、管理、服务类的工作。例如，生产工艺设计、在生产线上从事制造工作，特别是高技能操作、制图，小型产品开发、设计、生产，产品营销、生产管理，设备运行（网络运行）、设备维修；经济管理事务的操作、运行（如报关、跟单）、管理、辅助管理（如秘书、翻译）等工作。他们在整个科研、设计、生产链条中占有不可或缺的重要位置。他们需要具备做事的能力、知识应用的能力、熟练处理人际关系的能力和本专业中的高级技能。当前以至今后很长一段时期，社会对这类高技能人才的需求数量非常大，这类人才就由高等职业技术院校负责培养。

可见，三种高校的类型不同、培养目标不同、人才定位不同，所以课程的内容、教学方法、教学模式也相应地有所不同。传统大学课程教学以学科为导向、以知识为目标、以教师为主体、以应试为基础、以逻辑为载体、可以开设理论和实践分离的课程；而高等职业教育必须以职业活动为导向、以能力为目标、以学生为主体、以素质为基础、以项目为载体，开设知识、理论和实践一体化的课程。

（二）高职院校课程改革的理念

然而，今天在高职院校的职业教育课堂上，到处都可以看到不适当的教学模式、教学内容和教学方法。这种做法无视职业教育的职责和定位，把传统高校的一套做法直接搬到职业教育课堂中，形成普通高校课程的"压缩饼干"。由于"生源"质量与普通高校不同，许多高职学生尚不具备上普通大学所需的计算能力、抽象思维能力、表达能力和推理能力。如果按照普通高校的要求，学生就会认为老师总是讲一些自己不擅长的东西，讲一些无用的东西，讲一些无趣的东西。为了得到毕业证书，学生不得不勉强应付，学生的态度又会引起教师的反感，老师觉得自己的工作没有得到相应的尊重和回报。"生源"质量太差，许多高职学生根本不具备上大学的基础，这样的现象在高职院校中存在了较长一段时间。

目前的职业教育院校教师受传统"一次性教育"的影响很深，总是希望在学校里把尽可能完整的知识系统灌输给学生，没有考虑建立"自我学习、终身学习"的现代学习观。在课程教学中重视知识的传授、积累，忽视学生"学习能力"的培养、训练。结果是高职院校学生毕业后上手快，上岗竞争时有优势。但是基本功（数学、外语、自学能力）不足，随着形势的变化、技术的更新，需要在工作岗位上自我学习时，可能会落在别人后面。这就叫"好用、不经用"，可持续发展能力不足。因此，在高职院校所有课程的教学目标中，强调"自我学习能力"是形势的迫切需要。

作为高职院校课程改革的目标，其任务是：在了解学生特点的同时，更要找出学生的长处，要了解学生的兴奋点，引导学生的兴趣，建立学生的自信心。为此，必须研究和宣传职业教育（教育）的新观念：多元智能观、多元人才观、多元成功观、建构学习观、行动导向教学法、工程思维方式等。按照职业教育特点和认知规律来设计课程、安排教学，以实现高职人才培养的目标。

（三）职业能力是高职院校课程的教学目标

为了达到职业教育的培养目标，还需要为职业教育课程寻找恰当的教学目标。上述"培养目标"是院校教学的宏观目标，"课程教学目标"则是教师和课程具体的微观目标。

掌握知识。这是大家公认的课程教学目标，但在职业教育中，知识目标仅仅是第二位的目标。当前职业教育院校中最常见的问题就是知识的盲目传授和盲目积累。职业教育课程必须首先确定明确的能力目标。按照职业教育的定位，学生的职业岗位能力可以细分为单项技能和综合技能两种。

掌握单项技能。如电子专业中的焊接技能、某种仪器的使用技能等。传统的"单项实训"是训练单项技能的常用方式。最好的训练方式是在完成实际任务过程中对各种单项技能进行实训。

掌握综合技能。可以在仿真的任务（项目）环境中训练学生的综合技能。项目是能力训练的载体，课程中是否有恰当的项目和任务，成为课程教学设计成败的关键之一。练成解决实际问题的技能。只有在实际岗位上，学生顶岗实习才能训练出解决实际问题的综合能力。职业教育课程的最终目标，就是具有实战能力——解决实际问题的综合能力。不是单纯掌握专业知识体系、不是把学生训练成"技法的仓库"，甚至不仅是掌握单纯的专业技能。要求学生掌握技术、知识，去完成某种指定的工作活动。这里不但要有人的主动性、目的性，运用技术技法解决问题、实现目标的能力，而且还包括许多非智力因素（如勇气、意志等）。

总之，高职院校今天要培养的是面向市场的高技能的企业人，而不是面向考场的博学的读书人。所以，新的职业教育课程的设计原则就有以下几项：教师要以职业为主体，以项目为载体，以实训为手段，设计出知识、理论、实践一体化的课程。在高职院校所有的课程教学过程中，必须把"职业能力"和学生的"自我学习能力"放在突出的位置，以保证能够使学生获得"生存之根本"的职业技能和走上社会之后的持续发展能力。

三、当代国际高职课程设置变革的经验启示

纵观当代国际高职课程设置变革的历程，可以对我国课程设置变革提供以下启示：

1. 社会各界参与课程开发、课程实施

由于高职课程对实践性动手能力要求比较高，要求培养出来的学生能很快满足企业的上岗要求。因此，许多国家的高等职业教育机构与企业界保持

着密切的联系。企业不仅参与学校课程开发，而且参与到学校课程的实施中，为高职学生提供实习实践的机会。学校设有与社会联系的机构，这些机构可以使高职课程内容紧跟社会的发展，更具职业性，将最新的工作岗位要求反映到学校课程中来，突出培养人才的时代性。如美国"社区学院"中各系科和专业均聘有当地有关成员担任顾问，这些顾问是学院与社区各部门和各单位保持密切联系的纽带，能对有关专业的课程设置、教学内容等提出具体意见。全校每年召开一次全体顾问会议，具体问题由各专业顾问与教师定期商讨解决。德国职业学院的技术委员会是其各专业领域的最高学术机构，它的成员是由院长聘任的，主要由学校、企业和社会上本专业的有关专家和学者若干人组成。其任务是为院长提供专业教学领域的咨询；研究和审定教学计划、教学大纲和教材；在高职院校统一的培训内容下对学校和企业两个培训地点的专业型问题负责；选择和评估兼职教师。澳大利亚的技术与继续教育学院均有院一级的董事会，主席和绝大部分成员是来自企业第一线的资深行业专家。董事会通常每季度开一次会，对学院的办学规模、基建计划、教育产品开发、人事安排、经费筹措等进行研究和做出决策。课程配合业界的脉动，许多课程都有实习的机会，任课教师大都在相关行业中任职，为学生提供最新的专业信息。英国多科性技术大学课程有企业主、从业人员及资深教师组成学术委员会负责，确认未来走向，并邀请校外专家审查，以确保课程符合社会需求。

2. 课程中实践环节多

高职课程中普遍注重实践，加强理论与实践之间的联系。通常在课内教学中即有大量实践性教学，此外，还安排有大量的社会实践机会。如美国的"社区学院"与社会用人机构展开合作教育，学生边工作边学习，既可给学生提供实践的机会，也可以满足社会对某些急需人才的需求。合作教育可分为两种形式，一种是仅参加一般性的职业工作，工作内容不一定与所学专业密切相关，目的是获得一般工作经验，了解就业情况；另一种是参加的工作与自己所学专业和将来就业目标完全结合，这样更有利于专业训练。德国职业学院的学生有一半时间到企业实践，专科高等学校课程设置有 1~2 个实习学期要求学生到工厂去实习。英国的多科性技术大学实行的是工读交替的"三明治"课程，安排为期一年的实践，安排学生到工厂和有关部门的各种不同岗位上工作和劳动。由于每所多科性技术大学都与当地的许多企业有联系（接受它们的经费，为它们培养所需要的人才），因此，这一年的工作实践通常由这些企业帮助安排解决。

3. 课程的多样化、弹性化

课程设置多样化，开设较多选修课，实行学分制管理，学生具有较多选课自由。

在一个专业内开设多个专业方向的课程，给学生以更多的选择机会。如德国柏林技术专科高等学校建筑艺术专业分设有 3 个专业方向：建筑计划、建筑经济学、建筑维护。美国的"社区学院"开设有大量选修课，以满足学生的不同需要。在课程管理上，实行学分制，对所要修习的总学分加以规定，课程设置则采用灵活的方式，学生可方便地选择适当的时候学习，也可以中断学业进入社会工作一段时间再返回学校学习，德国的专科高等学校与美国的"社区学院"均是如此。日本的高等专门学校（日本的高专是招收初中毕业生 5 年制的高职教育机构）设置基准中规定，经校方允许，学生可在其他高专或文部省认定的其他教育机构履修与专业相关的课程，在 30 学分范围内可作为本校的学分加以认定。

4. 课程价值取向走向社会需要与个人发展的统一

社会需要是指课程的价值取向以课程能否满足社会经济、政治和文化发展的需要为基本取向，个人发展是指课程的价值以能否满足个体发展的需要为基本取向。随着社会的发展和进步，社会的需要与个人发展的需要逐步走向一致，以往那种社会发展和个人发展相对立的矛盾已日趋缓解，在发达国家的高职教育课程中，不可避免地反映出社会需要与个人发展的有机结合。

从世界高职教育课程改革的趋势看，无论是美国的"社区学院"课程的建构，还是英国的通用国家职业资格课程体系的创新；无论是德国学习领域课程方案的指定，还是日本职业教育课程的改革，其课程价值取向整体上都出现了一个从社会需要向社会需要和个人发展有机统一的走向。如美国职业教育课程建构中，"劳动力本位"的提法就是课程价值取向走向社会需要与个体发展有机统一的很好的例证；日本的"培养完美人性"的"人格本位"教育主张，其实质也是要通过培养学生的完美人格来实现社会需要与个人发展的有机统一。

5. 强调综合素质和学生职业生涯的持续发展

从国际高职教育课程变革的历程可以看出，国际高职教育正在从过去的训练单一职业技能向培养胜任多种职业的综合职业素质转变。在这个转变中，经历了从知识本位向能力本位和人格本位的发展历程，而且在能力本位的发展历程中也经历了一个从单一的职业技能培养到整体能力培养再到综合能力培养的发展历程。进入 21 世纪后，随着终身教育理念的深入人心，国际上又显示出重视开设基础性素质课程的趋势，即在课程建构中既重视基本知识的学习，又重视职业能力的培养，还关注人格品质的培育，综合性职业素质的培养日益受到各国的提倡。

相应地，学生的继续学习能力成为重要的课程设置目标，因此各国设置高职课程时不仅仅立足于学生毕业后能顺利就业，还以学生职业生涯发展的变化和学生职业生涯的持续发展为目标来选择课程内容，力求将其纳入终身教育的体系中。特别是美国，自 20 世纪 90 年代以来，其课程目标的重心放在使作为未来劳动力的学生从"学校到工作"的过渡上；到 90 年代末，又把课程的目标"从学校到工作"（STW）拓展为"从学校到生涯"（STC）。这一教育理念的转变反映了 21 世纪以人为本的世界教育改革主旋律——着眼于职业生涯发展的职业素质培养，其目的是通过采取促进职业教育与普通教育、学校本位与工作本位的有机结合，使其所培养的学生具有能自如地应对未来职业上和非职业上不确定因素的能力。

6. 倡导职业教育课程与普通教育课程之间的融合衔接

从国际高职教育典型的课程模式来看，西方主要发达国家都非常重视职业教育课程与普通教育课程之间的融合与衔接，力求为学生搭建普通文化素质与职业素质有机融合的立体化、多元化的发展通道，服务于学生的多向发展和全面发展。如在美国社区学院，职业教育与普通教育被结合成综合课程向学生提供，其课程分为三大类型：一是无证书课程，此类课程属于专业培训、知识更新、个人提高的性质，时间可长可短；二是授予证书的课程，此类专业学制 1～2 年，属职业教育性质，学生毕业获得证书，可在社区内就业；三是授予学位的课程（副学士学位，又称协士学位），此类专业学制两年，与一般大学前两年的课程相同，属基础性课程，为州高等教育委员会所认可，属于高等教育的范畴。最后一种授予学位的教育相当于我国专科层次的高等职业教育。取得协士学位所修的总学分中有近四分之一的学分是普通教育类，包括自然科学、人文科学、社会科学、语言类、体育类等。英国、法国、西班牙、瑞典、意大利、德国和日本等国在设置其高职教育课程时也先后不同程度地考虑并实现了职业教育与普通教育的融合。

国际高职教育课程建构中倡导职业教育课程和普通教育课程融合衔接的发展趋势，有助于学生综合素质的提高和多方向发展，对于全面提高学生的综合职业素质有着非常重要的现实意义。

四、高职课程改革任重而道远

目前我国高职院校教育与国际高职院校教育还有较大差距，课程设置体系改革是专业建设的龙头。要分步骤完成专业课程设置改革：

1. 以素质为基础，以能力为目标整合课程

这里的核心仍然是如何根据职业岗位需求，设计课程的项目和任务。有了恰当的项目（任务），整个课程体系的框架就建立起来了。在专业课程体系中，各课程项目和任务的选择所依据的标准，以工学结合职业活动为内容导向；按照职业活动设课；按照项目产品设课；将职业技能证书内容吸引到课程中来。依此改造实践教学条件（生产性实践条件，实践场所与教学场所一体化）、师资队伍（专业能力、职业教育能力、双师型）、管理政策（工作量计算、评价标准等）、大纲教材（优质核心课程、大纲、设计、教研组）、评价标准（督导、教师课程评价、评优等）。与此同时，创建先进专业、示范专业，设立课程首席教师（课程开发、实施、监控，联系企业、带特长生、指导第二课堂、组织竞赛），建设精品课程，开发新教材。

改革的目的是解决实践与理论教学衔接的问题、解决不同课程之间衔接的问题、解决与企业共建课程的问题；解决用企业标准评价学生和课程教学的问题；解决如何强化实践教学（认识性实践、单项技能训练、综合技能训练、顶岗实习等）的问题；解决如何将德育和外语贯穿于全部课程教学中的问题；改革盲目传授知识、盲目积累知识的学科体系。

2. 高职课程教学新模式

高职课程改革的新趋势应该是强化职业岗位活动导向、能力目标的课程和第二课堂教学，建设能够适应学生自主实践的生产、研发、创业基地，使

课程教学模式与工学结合的要求全面接轨。

改革和开发的方法应运用先进职业教育理念，在以能力为主要目标的基础上，创造新的高职课程教学模式，使之与工学结合、校企结合、产学研结合的要求全面接轨，把先进的职业教育观念落实到新创的高职课程教学模式中。其核心是在学校创造企业环境和企业氛围，以企业理念、企业文化要求师生；以企业理念、企业文化改造课程和教学；以企业理念、企业文化改革学院管理，探索工学结合、校企深度融合的道路，对现有课程进行深入改革，使高职课程教学与工学结合的理念从内涵上接轨。

3. 通过资源共享课建设开放式课程新平台

充分发挥信息技术优势，优化教育教学过程，提高实习实训、项目教学、案例分析、职业竞赛和技能鉴定的信息化水平。改革人才培养模式，以信息技术支撑产教结合、工学结合、校企合作、顶岗实习。创新教育内容，促进信息技术与专业课程的融合，着力提高教师运用现代信息技术的能力和学生的岗位信息技术职业能力。加强实践教学，创新仿真实训资源应用模式，提高使用效益。

以关键技术应用为突破口，适应职业教育的多样化需求，以信息技术促进教育与产业、学校与企业、专业与岗位、教材与技术的深度结合。开展人才需求、就业预警和专业调整等方面的信息分析，增强职业教育适应人才市场需要的针对性与支撑产业发展的吻合度。大力发展远程职业教育培训，共享优质数字教育资源，支撑职业教育面向人人、面向社会。

第三节　中山火炬职业技术学院课程改革与创新

课程，作为教育体系中最基本、最重要的组成部分，是实现教育者将自己的教育理念、教学目标与实际教学相连接的桥梁。近年来，职业教育的课程改革已在百花齐放中逐步完成从单纯的学校教育向校企合作、工学结合的跨界合作。职业教育者深刻体会到了从培养职业人的角度来说，应当是做什么决定教什么。而做什么，需要从不同的职业岗位和实际工作中汲取素材和精华。

中山火炬职业技术学院在人才培养和建设国家示范（骨干）高职院校过程中，紧紧抓住课程这个职业教育的核心环节，开展了近 3 年的"深海探珠"等教师下企业活动。学院专业教师在企业中深入探求各职业岗位对人才职业技能的要求，掌握和了解了大量职业岗位人才能力要求第一手的珍贵资料，再结合现代教育理念和教学理论开发课程。在这一卓有成效的实践改革中，自然而然地出现了许多理论创新和实践创新，这种对长期以来高职领域课程建设模式的冲击和创新尝试，是职业教育课程改革走向深入的必然，从而也搭建起了学院"高、特、新、精"的办学理念与职业教育课程开发这个教学微观领域的桥梁。学院教师广泛借鉴德国"双元制"课程模式，以工作过程系统化课程开发为主线，与企业共同开发建设了一批既有实践理论基础，更兼操作应用内容的高职专业精品课程。

一、搭建了校企深度融合的课程开发合作平台

学院在"校中厂"、"厂中校"建设经验的基础上，最大程度地利用社会资源，吸引企业参与职业教育人才培养，建设以"生产性实训校区"为主的新型校企合作形式，并制定相关制度保障和长久合作机制；解决长期困扰职业院校校企合作的企业动力不足与职业院校课程开发远离企业实际需求的矛盾，为学院课程的开发提供了有力支撑。

1. 企业参与教学

学院制定了《关于企业参与学院教学的原则意见》，实训校区内企业必须在合作协议中明确承担学院相关专业实践教学的内容与接受学生人数，生产能力的 20%～30% 用于教学；其他合作形式企业参与教学要落实相关的鼓励政策；各专业与实训校区内企业形成共同设计、共同实施、共同评价专业人才培养方案，共同制订学生实习计划、共同管理. 充分发挥学院在实习教学中的主导地位，制定弹性、灵活，符合工学结合要求的实习方案；形成年度企业参与教学总结评价制度，并通过各种形式对积极参与教学和课程开发、人才培养的企业在场地使用、技术支持方面给予优惠和支持。

2. 企业兼职教师参与课程开发

学院制定了《兼职教师政府津贴申报实施办法》和《兼职教师聘任标准与管理办法》，从学院制度、系部具体实施上构建顺畅、高效、优惠的兼职教

师聘任机制；学院重点专业聘请本行业企业国内知名技术专家作为课程开发的带头人，为行业企业技术人员参加学院的课程开发提供多方面优惠政策与待遇；与社会、企业共建"教师工作室"，共同建设技术产品研发中心，使课程开发与技术更新紧密结合。

3. 与企业共建标准化课室

建立具有真实生产环境的"教学做"标准化课室：由合作企业投入资金建立的、具有先进行业技术与生产水平的、可以开展技术研发的本行业领先的院内"标准化课室"两个，提升学院一体化教学建设水平，推动一体化教学质量的提高；在标准化课室运行上，由企业提供技术和师资，校企联合组织生产、实训，为学生提供真实的岗位训练、营造职场氛围和企业文化。标准化课室的建设，为课程标准化建设搭建了又一个行业企业参考的内容。

4. "深海探珠"——教师下企业

2011年，学院启动实施"深海探珠"——教师下企业的相关政策，安排专业教师下企业；教师在企业中深入了解行业、企业技术标准及发展情况；了解各工作岗位对学生职业能力、技能的要求；收集和归纳第一手资料，成为课程开发的最佳素材。学院还与企业合作，共同开展学院教师、企业兼职教师的培养培训工作，并在天域电子、松德印刷等企业建立专业教师实践基地。

二、建设精品开放课程

1. 树立品牌意识、提高内涵质量

学院根据中山及开发区产业结构调整升级，优化专业发展，实现和保持专业与产业的紧密对接：面向传统优势产业，重点发展包装印刷、信息技术专业群；面向战略新兴产业，重点发展现代服务、生物制药专业群；面向绿色节能战略，重点发展电子技术、光电产品制造专业群；面向临海装备制造基地，与央企合作，重点发展现代装备制造专业群；依托中山光学学会、现代服务业协会，共同建设学院光电工程系等专业与现代服务业专业群。

学院与行业企业共建专业、共同实施人才培养合作，通过与行业企业的深入合作，实现专业课程内容与职业标准的对接。

在条件成熟专业，引入国际化生产的工艺流程、产品标准、服务规范等作为教学内容，适应产业国际化转移对人才的需求，增强学生进入国际化企

业、跨国公司等知名企业的就业能力与机会，提高学院参与国际竞争的能力。

建立行业企业参与学院教学质量评价、人才质量评价的机制，提高行业企业对学院学生的认可度，提升专业质量内涵，扩大品牌专业的影响力和带动力。

2. 建设精品开放课程

树立课程始终是人才培养核心的理念，坚持以就业为导向、职业为载体的人的全面发展的课程观；制定学院核心课程建设指标和课程建设的激励制度；以工作过程系统化课程开发方法完成所有重点课程的开发，为学院整体课程建设树立示范作用，带动学院整体课程质量的提升，在高职院校同类专业课程中处于领先水平。未来五年，学院每年将投入 500 万元用于课程等重点教学内涵建设。

学院课程建设的思路是引入企业新技术、新工艺，与企业合作共同开发专业课程和教学资源。相关政策已于 2011 年出台，在后续实施过程中，将不断完善并加大行业企业参与的力度。

3. 院士工作室建设为提高课程质量提供了精心指导

发挥两院院士的高端引领作用、引导帮助学院提高服务区域经济发展能力是学院提升办学水平的思路之一。通过建设院士工作室，将科学技术领域最前沿的成果介绍给学院师生；研究设立学院专业教师院士指导项目，将能够极大地促进学院技能型人才培养质量的提高和师资队伍的建设。

建立院士学校办学顾问制度。通过建立学院院士工作室，使院士指导学院办学工作成为可能，为学校的重大决策提供咨询和把关，提高学院办学决策的科学性。

建立院士与师生对话平台。通过建设院士工作室，形成院士与学院学生、教师的对话平台，加强院士与学生和教师的交流，探索建立院士指导职业教育改革发展的机制，并通过各种方式加强院士对学院专业建设与人才培养、技术开发与应用的指导。

建设方式。采用"学院投入、政府资助、项目支撑、成果转化、服务收费、市场导向"的方式运营。学院提供场地、日常管理和院士工作室建设，吸引企业参与，推广院士及专家个人成果。2011 年，建设院士工作室一个；2012 年，建设院士工作室两个，完成院士工作室网络平台建设、完成院士网络工作室建设（远程面对面交流）；2013 年，建设院士工作室 3 个，使院士指导学院建设发展形成有效机制，技术转化成果实现实际效益。

4. 课程开发是教师工作室的主要任务之一

建设"教师工作室"是学院从教学生产型向教学生产研发型转型升级的重要举措之一。它是学院为改变专业教师脱离行业企业生产技术一线的局面，充分发挥专业领军人才的示范引领作用，打造学校品牌，加强专业教师的技术能力培养，鼓励教师主动与行业企业合作，共同开发项目而提出的重点建设内容。

"教师工作室"以项目为载体，承担技术研发、专业教师培养、学院实践教学等任务。通过建设，推广教师专利与技术，提升学生实习内在质量，促进人才培养质量的提高。

创新人才培养模式。将工作室作为培养拔尖创新人才改革试点：关注学生不同特点和个性差异，推进"分层教学"、"导师制"等教学管理制度改革，全面锻炼学生的职业能力和就业竞争能力，实现"优生优育"工程。每个工作室年接待相关专业学生实习不少于 30 人。

促进技术成果转化。工作室建设以专业为基础，面向市场、服务社会。通过建设，实现产品和技术的商品化运作，实现产业化，产生一定的经济效益，实现规模化滚动发展与自我造血功能。

实施目标：2011 年，学院计划共投入 150 万元与企业共建 6 个示范性工作室，重点推进新型节能汽车充电器等项目的成果转化；2012 年，与企业共同建设 4 个教师工作室，完善教师工作室工作量计算办法等运行机制建设内容，使教师工作室运行步入正轨；教师参与工作室技术研发占到专业教师总人数的 10%；2013 年，继续建设教师工作室 3~5 个；与企业合作项目成果为 10 个/年；年产值达 3000 万元/年。

5. 课程开发及技能培训鉴定与培训标准开发同步进行

依托生产性实训中心，利用中央财政支持的包装印刷、机械装备制造两个实训基地、中国包装联合会华南培训基地，建设面向社会开放的技能培训与鉴定中心，服务中山及珠三角相关行业企业人员。

（1）职业技能鉴定。依托现有职业技能鉴定所，积极拓展技能鉴定项目。三年内，技能鉴定项目达到 30 个。职业鉴定年培训考证达 3000 人次。依托现代服务业职业培训学校，面向全市高等院校学生及社会人员，重点围绕"现代服务业"相关行业，主要在金融管理、企业管理、市场营销、项目管理、物流管理、装潢设计与制作、企业信息化管理七个专业十六项工种开展职业资格认证培训及考试。

（2）参与制定行业标准。与中国包装联合会制定国家平版胶印印刷机机长培训标准及国家凹印机长培训标准，在全国率先开展平版胶印印刷机机长培训、凹印机长培训等业务，年培训能力约在200人次以上；以中山市光学学会为基础，通过校企合作，共同制定光学冷加工专业培训标准，对区域内光学冷加工企业员工进行技能培训，提高行业整体技术水平和生产能力，项目建成后，将具备光学冷加工方向专业技能系统培训能力，年培训企业技术人员约在1200人以上。

（3）推进"换血"与"回炉"工程。优化企业人才结构，提升企业发展质量。一是学院为企业培养大量高技能应用性人才，作为新鲜血液充实到企业为其换血。二是积极接纳企业的现有员工，对其进行"回炉"重铸，提升其技能和专业水平。三是继续扩大与市职业教育集团的合作，打造中山市职前教育、职后培训、晋级考证的职教基地；2011年培训社会及企业人员7000人，本方案实施期内，面向社会规模年均增长10%。

（4）与企业共同开发培训项目。利用学院优质资源，开发模具制造、数控加工、汽车技术、电子技术、物流管理、计算机技术、企业文化等培训项目，针对企业职工入岗、转岗、下岗职工再就业、在岗职工技术更新等开展培训服务。采用送教上门、互聘教师、分散实践、集中授课等方式，实现教育培训资源的社会共享，利用企业的场地、设备、人员等开展培训，再以中山及开发区为主，在珠江三角洲地区建立起10个企业培训基地。

三、建立学院课程质量评价与反馈体系

1. 组建学院质量监控中心，建立一级质量监控体系

完善教学质量保障体系和评价体系。在学院"制度保障、过程监控、评价体系"的教学质量保障体系的基础上，继续完善提升，形成由教学质量保障指挥系统、教学质量信息收集系统、教学质量信息处理系统、教学质量评估与诊断系统、教学质量信息反馈系统组成的学院一级教学质量保障体系。制定学院层面的行业企业参与力度的激励政策，变以学校自我评价为主，为学校、用人单位、学生家长和社会各界共同参与的教学质量评价体系，促进

教学质量的进一步提高。

2. 建立专业层面教学质量标准与管理目标

专业实践教学是职业教育最重要的教学环节，没有高质量的实习实践，就没有高质量的内涵建设，学院将建立实习实践质量标准作为专业内涵建设的突破口。

加强学院内部实践实习的管理与协调。由学院职能部门制订实习计划，各系部制定各专业实习标准，加强实习计划的安排落实与检查、质量跟踪；加强实践教学的对口率，完善师生实习报告、总结、指导等制度；将实习实践作为改革考试方式的重要途径，扩大实习的学分比重；制定完成《学院各专业实习制度》、《实践教学质量标准》、《实习监督管理办法》等制度建设。

3. 建立行业企业参与质量评价制度

完善学校、行业、企业、研究机构和其他社会组织共同参与的质量评价机制，将毕业生的就业率、就业质量、企业满意度、创业成效等作为衡量人才培养质量的重要指标。

4. 建立学院毕业生质量跟踪机制

由学院就业指导办公室负责，协同各系、各专业共同建立毕业生跟踪调查制度，及时反馈社会用人单位对毕业生的评价意见信息。建立学院人才培养质量年度报告制度，不断完善人才培养质量监测体系。

四、数字化课程教学资源建设

一是建设三大资源库，即专业学习领域课程库、公共学习领域课程库以及课程试题库；二是形成三大资源平台，即学院质量工程申报、评审和展示平台、专业教学资源库平台以及面向社会的继续教育自主学习网络平台；三是构建三大应用平台，即移动学习资源教参平台、视频公开课程平台和校企远程视频平台。

以学院正在实施的数字化校园建设为契机，全面实施数字化资源建设计划；搭建专业教学资源库平台；以现有精品课程平台为基础搭建质量工程申报、评审和展示平台；以申报的"国家网络教学资源学习分中心"项目为契机，利用学院已有的网络课程库，搭建面向社会的继续教育自主学习平台；完善数字化教学资源录编系统；每年启动一定数量的专业学习领域以课程建设；完成国家骨干院校和省示范院校重点建设专业的核心课程的数字化资源建设；建设校企远程视频平台、移动数字资源教参平台；建设既能满足学生专业知识需要又能拓展学生文化、自然、科技、经济与管理、艺术与修身等职业素质养成的公共学习领域课程库；建设一批既能够满足网上测试需要，又能够用于院内教学诊断的试题库；建设一批具有教学示范和推广意义的视频公开课程平台。

通过五年建设，建成涵盖全部专业核心课程的专业校本网络课程资源库；建成公共学习领域以必修课和选修课为主体涵盖主要专业和课程的学生自主学习资源平台；建成校企远程视频教学平台；建成移动数字教学资源平台；建成公共学习领域、专业学习领域的试题库。具体建设计划见表6-1。

表6-1　数字化教学资源建设计划一览

序号	项目名称	院　级		省　级		国家级	
		数量(个)	金额(万元)	数量(个)	金额(万元)	数量(个)	金额(万元)
1	专业学习领域课程库	210	210	15	60	3	30
2	公共学习领域课程库	30	30	5	20	2	20
3	课程试题库	20	20	—	—	—	—
4	移动学习资源教参平台	35	70	—	—	—	—
5	视频公开课程平台	20	80	10	50	5	50
6	校企远程视频平台	20	50	—	—	—	—

中山火炬职业技术学院课程改革进一步优化。一是围绕国家现代产业战略布局，根据新开设的专业，进行有针对性的课程开发；二是深化学院内部改革，出台鼓励教师与企业合作积极开发课程的激励政策，如"深海探珠"的管理办法、"教师工作室"的建设与管理办法；三是落实"深海探珠"［教师带着任务"沉"到企业生产一线的"深海"中云，探取课程重构的"珍珠"——第一手课改资料；通过深入企业生产一线，完成对各岗位职业技能、各生产环节运作衔接的了解与掌握，在此基础上，完善岗位（群）能力要素，编写原生态的教学资料或讲义，作为课程改革的第一手资料，形成专业核心课程建设的基础］计划，紧紧与行业企业合作，将企业生产一线的技术成果讲义化、教材化、课程化，使课程改革不断深入深化，充分体现了现代职业教育的先进理念。

第七章　高职院校师资队伍建设

教师是高职院校教学活动的主体，是学校发展的命脉。师资队伍水平的高低，决定着高职院校的办学水平、办学质量和人才培养质量，因此，大力加强高职院校师资队伍建设，努力建设一支师德高尚、业务精湛、素质优良、结构合理、专兼结合、特色鲜明、充满活力的高素质师资队伍，不仅是高职院校实施人才强校战略的迫切需要，同时，也是高职院校提升教学质量，突出办学特色，实现培养人才目标的根本保证。它关系着高职院校的长远发展和建设。

第一节　高职院校师资队伍现状

一、高职院校师资队伍建设取得的成绩

改革开放以来，随着我国社会经济的快速发展和教育大众化需求的日益增长，我国高职院校有了较大发展，高职院校师资队伍建设也有了较大发展。高职院校通过实施人才战略，在师资队伍建设上坚持培养和引进并重的方针，以提高教师的业务素质为核心，重点加强中青年骨干教师的培养，加大投入和建设力度，取得了积极成效，为高职教育的持续健康发展打下了良好的基础。

（一）高职院校教师的教育观念和教育理念发生了较大变化

自国家提出"大力发展高等职业教育"以来，高职院校教师在教育观念、教育理念上发生了很大变化。表现在开始关注国内外经济发展的趋势，以及由于产业结构调整给人才需求带来的变化；关注教育国际化的教育理念，认识到职业教育、终生教育的重要性，特别是以培养高等技术应用性人才为己

任的观念日益深入人心。

（二）高职院校师资紧缺的现象有所缓解

随着我国高等教育大众化和普及趋势的发展，高职院校办学规模迅速扩大，学生数量急剧增加，与此相适应，高职院校师资队伍也有了较大发展，专任教师数量快速增长，生师比逐年下降。据全国教育事业发展统计公报显示，2009 年全国高职院校专任教师达 40 多万人，师资队伍数量基本能够满足在校学生规模的要求，师资紧缺状况得到缓和，数量不足的现象得到改变，基本保证了高职院校拥有一支较稳定的、能够保证基础课程教学需要的专任教师队伍。

（三）高职院校师资队伍结构有所改变

近年来，高职院校师资队伍在数量上得到发展的同时，加强了师资队伍结构调整，师资队伍建设朝着健康有序的方向发展。各高职院校通过外引内扶，教师的学历层次有了明显提高，学历层次偏低现象有所改善；教师年龄结构有了显著改变，中青年教师已成为高职院校的教学骨干，教师队伍年轻化程度有了提高，师资老化现象有所改观；教师职称结构有了较大改善，高级职称教师年龄趋于年轻化。高职院校师资队伍的活力和巨大发展潜力为高职院校的改革与发展奠定了坚实的基础。

（四）高职院校师资队伍水平有所提升

自教育部推动教学质量工程以来，通过示范院校建设、实训基地建设、品牌特色专业建设、精品课程建设、教学团队建设等重要举措，促进了高职院校教育教学改革的不断深入，促进了专业教学与职业岗位吻合、教学内容与工作实际结合、校内实训与生产贴近，提高了人才培养水平和质量，有效带动了师资队伍水平的整体提升。

（五）高职院校"双师型"教师结构和水平有所改观

高职院校的教师既要有扎实的理论知识、实践能力和相应的教师资格证书，又要有丰富的实际工作经验、较强的岗位技能和相应的岗位资格证书，即具备"双师型"特征。"双师型"教师是高职院校师资队伍建设的显著特征，也是高职院校发展的核心动力，是衡量高职院校专业课教师理论教学水平和实践操作技能的一个重要指标。近几年来，我国高职教育坚持"以服务为宗旨，以就业为导向，走产学研结合发展道路"的办学方针，紧密联系经济社会发展实际，全面推进校企合作、工学结合的人才培养模式改革，"双师型"素质的教师培养普遍得到重视，专兼结合的教师队伍建设思想得到认可，"双师型"教师数量有了增长，"双师型"教师结构和水平有了改观，初步形成了一支理论与实践相结合的"双师型"教师队伍，有力地推动了高职院校教学水平与人才培养水平的提高。

（六）高职院校教师培训有所加强，动手能力有所提高

近年来，高职院校加大了对教师队伍尤其是专业课教师的培训工作，通过与相关高校、行业、企业联合，培养了一支理论基础较为扎实、动手能力较强、理论与实践紧密结合的教师队伍，为培养面向生产、建设、管理、服务第一线需要的高技能人才准备了一定的师资条件。同时，还建立了一些相对稳定的校外教师培训基地，为高职院校教师培训创造了良好的外部条件。

（七）高职院校兼职教师队伍的比例不断增加

兼职教师是高职教育师资队伍的重要组成部分。多年来，高职院校积极建立"二元"师资管理模式，把兼职教师作为整个师资队伍结构的重要组成部分来建设和管理，通过从联系紧密型实习基地和企业生产一线聘请有丰富实践经验并能指导实践教学的专业工程技术人员做兼职教师，初步形成了一支数量可观、相对稳定的兼职教师队伍。2008 年全国高职院校外聘兼职教师数量达到 11.4 万人，外聘兼职教师与专任教师的比例达到 30.2%，具有企业丰富实践经验的外聘兼职教师的比例明显增加。

但是，我们也必须看到，当前高职院校师资队伍现状与国家对高职院校教师的要求还存在着一定的差距，高职院校在师资队伍建设方面还存在着一些不容忽视的问题，面临着严峻挑战。

二、高职院校师资队伍建设存在的问题

（一）师资管理的理念相对落后

现代人力资源管理与传统人事管理的最大区别就在于现代人力资源管理具有战略性、整体性和未来性，而不是单纯的事务管理。目前，高职院校师资管理理念相对比较落后，对师资的管理往往侧重于传统的人事管理职能，注重教师的使用和管理，如：录用、调配、职务升迁、职称晋级、工资、档案以及休假管理等，而对更具战略意义的培训开发、业务技能提升、实践实

训、职业发展等往往不够重视和关心。在具体工作中，重管理，轻服务；重结果，轻过程；重数量，轻质量；重文凭，轻能力；重职称、轻业绩；重校内教师，轻兼职教师；重校内教学，轻校外实践。

（二）师资队伍结构不够合理

随着我国高职教育的不断发展，专业设置的不断更新，对师资数量的需求也不断增加。为了解决师资数量相对不足的困难，高职院校加大了对教师和专业技术人才的引进力度，教师数量有了较大增加，师资队伍结构有了一定改善，但仍然存在师资队伍结构不够合理的问题。表现在：

（1）学历结构不够合理。学历结构反映师资队伍的整体素质。近年来，高职院校教师在学历层次、业务素质上有明显的提高，师资队伍的学历结构有了较大改善。但由于我国高职院校基本上是从中等职业院校和成人院校升格或转制而来，教师学历层次仍然偏低，学历结构不够合理，具有研究生及其以上学历的教师比例偏低。

（2）职称结构不够合理。教师的职称结构是反映教师整体水平的一项重要指标。由于我国高职院校硕士及以上学历教师偏少，年轻教师偏多，使得初、中、高级职称教师比例分布不够合理，高级职称的教师比例偏少，缺乏较高水平的学术带头人。

（3）年龄结构不够合理。当前，在一些高职院校中，青年教师是教师队伍的主体，青年教师占专任教师的比例较高，中年教师比例较低，导致教师队伍年龄结构不够合理，不利于建立合理的学科梯队，也易于产生断层现象。

（4）知识结构不够合理。所谓知识结构，是指各类知识在人头脑中的内化状况，包括各种知识之间的比例。对于高职教育的教师而言，应该具备以下三个方面的知识：一是本体性知识，即教师所具有的特定学科知识，是教学活动的基础，教学的最后绩效是以学生掌握本体性知识的质量来衡量的；二是条件性知识，即教育学和心理学知识，它是教师成功进行教育教学的条件性知识，条件性知识为教师有效地进行教学与教学改革提供理论指导和实践方法；三是实践性知识，即教师所积累的实践经验与动手操作能力。由于高职教育独特的办学定位与培养目标，高职教育教师的知识结构既有教师知识的一般性，又有其特殊性。据有关调查显示，高职教育教师总体知识结构中缺乏工程经验知识，本体性知识也过于陈旧，知识更新不及时。加之我国高职院校基本上都是由中等职业院校和成人院校升格或转制而来，原有的教师在专业知识、教学能力、新教学技术的运用方面没有得到及时的补充和更新，不能满足专业建设快速发展的需要，势必会影响教学质量和水平的提高。

（5）学缘结构不够合理。学缘结构主要是指一所学校全体教师最后学历的毕业学校的构成状态。从我国高职院校师资队伍的学缘结构现状来看，师资队伍的学缘结构不尽合理，学缘结构来源较为单一，"近亲繁殖"现象较为突出，教师基本来自于普通高校，人才市场上与经济建设联系紧密、市场急需的短线专业很难引进，应用性学科偏弱，在一定程度上影响了高职院校教学质量的提升。由于高职院校教师基本来自普通高校，没有经过高职教育的专门学习，只能照搬普通学历教育的方式开展教学。这种学缘结构的单一化，影响了教师队伍中多学派、多学术风格之间的交融与交流，导致学术气氛沉闷。同时在教学上也会因缺乏直接的切磋而使教学方式、教学方法刻板单调，最终导致教学、科研缺乏创新，学术思想趋于僵化，学科的发展走向凝固化。

（6）师生比例不够合理。师生比例不合理，师资数量相对不足，是影响教学质量的一个重要因素。目前高职院校师资队伍建设落后于教学实际需求的现象仍然存在，生师比偏高，使教师忙于应付繁重的理论教学任务，难以顾及学生实践能力和动手能力的培养，加之许多教师自身学历偏低，缺少实践经验，动手能力不强，教学方法和教学手段滞后，难以达到职业教育的要求，制约了教学质量和水平的提高，难以培养出适应生产、建设、服务等一线需要的真正的高端技能型专门人才。

（7）"双师型"教师比例不够合理。早在2000年，教育部就提出"双师型"教师占专业课教师70%的目标，目前我国高职院校专业课教师中的"双师型"教师所占比例偏低，结构不够合理，具有企业工作经历和实践经验的专业教师也比较少，这无论在数量上还是结构上，都不能满足教学的需要，也不能满足高职院校快速发展的需要。

（8）专兼职教师结构不够合理。我国高职院校外聘兼职教师主要来自企事业单位的生产一线，他们在高职院校教师队伍中所占的比例偏低，承担的教学任务比例也不高，与国家关于专业课中专任教师与兼职教师之比达到1:1、兼职教师承担的专业课学时比例达到30%的要求有较大差距。

（三）教师考核体系和奖励机制不够健全

建立科学有效的考核体系和奖励机制，是激发教师工作积极性，提高教师素质和水平的重要保证。当前，我国高职院校教师考核体系和奖励机制不够健全，严重影响了师资队伍素质和水平的提高。

（1）教师资格缺失，导致准入资格不严。改革开放以来，我国高职教育事业有了较大发展，但到目前为止，还没有专门针对高职教师的职业资格制度。目前我国高职教师职业资格制度主要参照普通高等学校教师的教师资格标准。对于高职教育培养高素质技能型人才的要求来说，仅仅学历方面达到基本要求的教师，教师资格认定机构难以判断其是否既具有职业教育教学能力又具有实际的专业操作技能。由于准入资格不严，高职院校需要花费大量的人力和财力对新入职的教师进行职业教育教学能力培训，或到企事业单位挂职锻炼提高专业的实际操作能力。

（2）人才引进与聘用制度不够灵活。人才引进是提高高职院校师资队伍质量和水平的一项重要措施。但当前高职院校在人才引进方面存在着许多不尽如人意的方面：一是重学历，轻能力，缺乏对人才水平、能力、潜力的科学评价体系；二是重引进，轻考评，缺乏合理的考评体系和淘汰机制；三是重引进，轻规划，人才引进过度强调人才的学历背景、职称条件、科研成果，忽视社会上的"能工巧匠"、"技能型人才"等；四是重资历，轻能力，在职称评审等方面注重"按资排辈"，忽视专业的实际操作能力；五是重评审，轻聘用。

（3）"双师型"教师相关制度不完善。目前，关于我国高职院校"双师型"教师的相关制度还存在着不完善的地方。一是"双师型"教师认定标准不完善；二是对"双师型"教师的能力素质和相关工作经历没有明确要求；三是对"双师型"教师的评价和管理体制不完善；四是对"双师型"教师缺乏有效的保障和激励机制。

（四）外聘兼职教师教学能力不足，管理和监督机制不完善

聘请企业或相关单位专业技术人员作为兼职教师，是改善高职院校师资结构、加强实践教学环节的有效途径。然而，外聘兼职教师存在教学能力不足，管理和监督不到位的情况。

（1）外聘兼职教师理论知识和实际教学能力欠缺。我国高职院校的兼职教师大多来源于非教育机构，缺乏必要的高职教育理论知识和实际教学能力。虽然他们都是企业或社会上其他行业中的专家、高级技术人员和能工巧匠，

有着丰富的专业理论知识和实际操作能力。但他们当中的大多数人没有接受过系统的教育教学能力的训练，教育教学经验不足，对于教师职业岗位的认知有限，对于在履行教师职责的过程中如何把握教师的职业道德水平、严于律己、为人师表等方面认识不足，对培养对象了解不够，教学方法单一，课堂教学组织能力不强，影响教学效果。

（2）外聘兼职教师难以保证教学秩序的正常进行和教学质量的提高。我国高职院校外聘兼职教师大多来源于企事业单位，他们在高职院校兼职教学工作时，在本单位都有自己的工作，遇到本单位临时有重要任务或工作时，调课、串课等现象常有发生，影响学校的正常教学秩序。同时，也容易导致一些外聘兼职教师的责任心不强，对授课教材钻研不深，理解不够，备课不认真，对学生要求不严，与学生之间缺少必要的交流与沟通，不注意掌握学生的学习状态和接受能力，不能保证教学质量。

（3）外聘兼职教师管理和监督不到位。由于高职院校外聘兼职教师资源有限，学校难以按时聘用到合适的人选，为了保证学校教学计划的顺利进行，在聘用兼职教师时不能按照相关的标准和要求择优聘用。同时受当前用人制度制约，企事业单位与高职院校之间人事调动指标受限，审批手续繁冗，增加了企事业高级技术人才向高职院校流动的难度，影响了兼职教师队伍的稳定性和持久性。加之当前高职院校缺乏针对性强的外聘兼职教师的管理和监督机制，对外聘兼职教师的管理、考核、培养工作难以到位，在外聘兼职教师的管理中存在着重聘任、轻管理的现象，导致外聘兼职教师整体水平难以提高，质量难以保障。

（五）科研投入不足，科研氛围不浓

从"知识本位"到"能力本位"的转变，是高职教育适应市场经济发展的必然结果。但是，目前高职院校往往重教学，对科研往往重视不够。表现在：

（1）科研意识不强。由于高职院校的教师学历、职称偏低，且大多数是刚刚毕业的本科生，缺乏高层次的教学、科研人才，难以形成高素质的研究团体。一些教师为应付评职称，只是东拼西凑地写些文章，学校也没有把科研水平看作是衡量办学水平的重要指标和提高教学质量的重要前提。

（2）科研工作重视不够。一些高职院校对科研工作的态度往往是开会时"重要"，会后变成"次要"；对科研管理只是停留在制度层面上，根本不抓落实、不抓指导、不抓管理，尤其是对科研成果不奖励，对完不成科研任务的，也不惩罚，科研工作做得好坏一个样，没有评价标准，年终也没有列入考核要求，严重影响了科研工作的开展。

（3）科研经费投入有限。高职院校大多是地方政府办的高校，往往受地方经济发展的制约，专项科研经费缺乏；因办学时间短，学术影响力小、横向课题也难于争取到经费。科研经费不足，导致科研条件较差，图书资料短缺，仪器设备落后，实验手段陈旧，影响科研成果的数量和质量。有的民办高职院校，往往注重硬件投资，认为这是固定资产；对于在科研上投入经费，认为回报不明显，教师出了名，有了科研资本，马上就要跳槽。因此，对科研经费的投入不积极。

（4）教师的教学任务繁重，影响科研工作。由于高职院校生师比偏高，教师忙于应付繁重的教学任务，没有精力和心思搞科研，投入教研和科研的时间非常有限，从而影响了科研工作的开展。

第二节　高职院校师资队伍建设

高职院校师资队伍建设是一项带有根本性、决定性的教学基础建设，是高职院校提升教育教学质量，突出办学特色，实现培养人才目标的关键和核心，也是办好高职教育的首要之举。因此，必须大力加强高职院校师资队伍建设，努力建设一支教育观念新、教学水平高、实践能力强、师德高尚、数量充足、专兼结合、素质优良、结构合理、特色鲜明、充满活力的高素质师资队伍，为促进高职院校持续快速健康发展提供强有力的师资保障。

一、建设高素质师资队伍，必须注重师德师风教育，增强教书育人的自觉性

教师是人类灵魂的工程师，教师的职责是教书育人，学生的人格形成要靠教师的人格魅力去影响、塑造，这就要求教师必须有高尚的师德风范。因此，必须加强高职院校师资队伍师德建设，充分认识全面提高师资队伍整体素质的重要性和迫切性，把教师的职业道德和师德规范作为基本准则，积极

引导广大教师树立良好的师德师风，切实承担起教育工作者的社会责任。一是要树立正确的教育观，以积极主动的态度对待教育事业，增强爱岗敬业的事业心、责任心和荣辱感，把全部精力和满腔热情献给高职教育事业；二是要树立正确的学生观，把对学生的思想品德教育摆在第一位，做到既教书，又育人，引导学生树立正确的世界观、人生观、价值观和荣辱观，注重学生良好习惯和健康心理的培养，尊重学生、爱护学生、关注学生个性发展和综合素质的提高，以真情、真心、真诚教育和影响学生，努力成为学生的良师益友，成为学生健康成长的指导者和引路人；三是要树立正确的价值观。教师是人类文明的传承者，要自觉坚持社会主义核心价值体系，带头践行社会主义荣辱观，淡泊名利，耐得住寂寞和清贫，把个人理想、本职工作与祖国发展紧密联系在一起，树立高尚的道德情操和精神追求，甘为人梯，乐于奉献，努力做一名受学生爱戴、让人民满意的教师，使自己成为一名教学的"多面手"，为学生的全面发展贡献自己的聪明才智。

二、建设高素质师资队伍，必须完善师资队伍管理机制，严格教师管理制度

加强高职院校师资管理制度建设，严格师资管理，确保高职院校师资管理工作科学化、规范化和制度化，是提高高职院校教师能力和水平，建设高素质师资队伍的重要措施和保证。建设高素质师资队伍，必须建立健全师资队伍管理的各项规章制度，完善师资队伍管理机制。

（一）坚持"以师为本"理念，优化师资队伍结构

加强高职院校师资队伍建设，改善教师队伍状况，提高师资队伍水平，必须坚持"以师为本"理念，优化师资队伍结构。一是优化师资队伍学历结构，鼓励进入高职院校从事教学工作并具有本专科学历的教师积极参加在职培训，鼓励他们在职参加并获取研究生学历，提高自己的学历层次和知识水平，新进入高职院校的专职教师应具备专业硕士及以上学历，以此来提升和优化教师队伍的学历结构，使教师学历结构更加合理，人员分布相对科学，形成整体素质良好的学术梯队。二是优化师资队伍职称结构，大量聘请优秀企业一线的工程技术人员、业务骨干、行业专家，建设一支相对稳定、以高级职称为主的兼职教师队伍，构建专业化教学团队，使教师队伍职称结构更

加适中，人员分布相对均衡，整体阵容更加整齐。三是优化师资队伍年龄结构。近年来，高职院校教师队伍日趋年轻化，青年教师承担着越来越多的职责。这就要求老、中、青年教师的年龄结构搭配要科学，形成合理的年龄结构梯队，确保师资队伍保持长久活力。四是优化"双师型"教师结构。高职教育培养的是服务生产、建设和管理一线的高素质技能型人才，这就要求高职院校教师不但要有较高的专业理论知识，还要有较强的实践技能水平，做到理论联系实际，理论知识和实践技能有效融合，成为"双师型"教师。因此，要重视"双师型"教师队伍建设，优化"双师型"教师结构。五是优化师资队伍学缘结构。优化和改善高职院校师资队伍学缘结构，必须走多元化的道路，实现三个方面的转变：其一是由"近亲繁殖"学缘结构向"远缘杂交"学缘结构转变，实现学科间或同一学科的"远缘杂交"；其二是由被动接收高校毕业生向主动面向社会公开招聘、引进转变，拓宽选择录用教师的渠道，吸引外校和社会上有经验的科技人才来校任教，以弥补教师实践经验的不足，有利于教师实践技能的提高；其三是由单一的选拔录用教师向录用与聘用、兼职、自我培训相结合转变，充分利用社会教育资源，既可以节约投资，将有限的经费用于现有教师的培训、进修，同时又可以通过社会教育资源的多元参与，进一步丰富本校教师的知识来源，吸纳校外新的学术思想，营造学术多元化的氛围，促进校内学术繁荣。六是要优化专兼职教师比例结构，聘请企业或相关单位专业技术人员兼职任教，改善高职院校师资结构，加强实践教学环节。世界许多国家职业教育中兼职教师比例都较高，而我国高职院校兼职教师所占比例偏低，因此，要优化专兼职教师比例结构，建立一支数量足够、相对稳定的兼职教师队伍。

（二）建立和完善高职院校教师资格认证体系和准入制度，确保师资队伍良性循环

加强高职院校师资队伍建设，提高师资队伍水平，必须建立和完善高职院校教师资格认证体系，严格实行教师资格证制度，并将其作为衡量学校教师的质量与素质的重要标准。

高职教育教师的资格认定、任职标准和培养模式的制定与实施，要突出高职教育特点，体现高职教育独特的职业任职资格与条件，体现高职教师职业的专业性、技能性和规范性。高职教育和普通高等教育有着明显区别，普

通高等教育偏重"学科本位"，以学科知识的认知、掌握、研究、创新为其特色，而高职教育则偏重"能力本位"，以应用技能、合作态度、应用性创新的培养为特色。普通高等教育以"学术性"为其师资建设的主要标准，而高职教育则以"应用技能"为其师资建设的主要标准。因此，高职教育必须充分考虑培养人才的"能力本位"特点，构建独特的师资引进机制。一方面，要广开师资引进渠道，通过补充研究生、吸引优秀留学回国人员、向社会公开招聘高水平教师等方式补充高职教师的数量；另一方面，还要突出和重视教师的"应用技能"，在严把"能力"关的同时，注重从企业、产业部门一线引进有技术工作或管理工作经历、实践经验的技术骨干，经过教师培训，取得任教资格，担任技术实践课或技术专业理论课的教师。

（三）建立和完善专职教师参加实践工作的机制

由于高职院校专任教师大多来源于高校或从高校毕业后直接从事教学工作，实践经验缺乏，实际动手能力和实际操作技能较差。因此，组织高职院校专职教师参加实践工作，建立和完善专职教师参加实践工作的制度和机制，是增加高职院校专职教师实践经验，提高他们动手能力和实际操作技能，并使其向"双师型"教师转变的重要途径和方法。

1. 建立和完善专职教师定期轮岗锻炼制度

建立高职院校专职教师到生产一线工作的轮岗制度，定期组织专职教师特别是专业理论型教师到生产一线参加生产实践，可以促使专职教师特别是专业理论型教师了解和熟悉生产一线工作实际，积累工作和实践经验，提高实践操作能力与技术应用能力。因此，高职院校要定期选派专职理论型的骨干教师到相关企业，尤其是校企合作企业参加挂职锻炼，并由企业按照本单位考核标准对其进行考核，以掌握最新的技术和管理规范，积累实践经验，提高实践能力和技术水平。同时，教师轮岗锻炼时应要求其带有调研课题，这样既有利于提高轮岗教师的科研能力，又加强了轮岗锻炼的针对性和实际效果。

2. 坚持产学研相结合，建立校企双向互动关系机制

高职院校要积极与行业、企业以及科研院所加强沟通合作，组织专业教师到基地学习和实践，创造条件让教师到产业部门开展技术开发、产品研究和科技推广工作，充分发挥学校的人才、科技优势，加大产业开发力度。同

时，高职院校又要经常把企业高端技术人员、管理人才和有较强理论水平的业务骨干请到学校，向教师传授实践经验，介绍实际工作的新情况及其发展趋势，并把行业和技术领域中的最新成果不断引入学校，让专业教师能够及时了解行业最新动态，促进理论与实践的结合。

3. 建立和完善鼓励教师到业务单位开展调研的引导机制

由于高职院校教师受各方面条件限制，不可能经常到生产一线单位参加轮岗锻炼。因此，高职院校要建立和完善鼓励教师到业务单位开展调研的引导机制，积极鼓励和引导教师经常到业务单位和企业开展调研活动，深入生产一线，全面了解和掌握本行业的最新动态，使自己的教学内容贴近工作实际。同时，要针对具体实践工作中的疑难问题，发挥教师科研优势，解决实际问题并取得建设性调研成果，提高教师科研水平及解决具体实际工作中的疑难问题的能力。

（四）建立和完善外聘兼职教师管理和监督机制

建立相对稳定的外聘兼职教师队伍，有选择地聘请有特长的企业技术人员担任兼职教师，既可以解决专职教师实践经验欠缺、动手能力较弱等自身的不足，又可以弥补职业教育教学方法的缺憾，有针对性地加大实践教学的力度，体现职业教学的特色。要针对目前高职院校兼职教师队伍管理和监督不到位的实际情况，建立和完善高职院校兼职教师队伍管理和监督机制，加强对兼职教师的管理和监督。

1. 建立和完善兼职教师聘用机制，把好入口关

一是要根据拟聘岗位的具体要求，确定兼职教师任职资格、工作职责与能力水平，规范兼职教师聘用程序，选拔能够胜任岗位的最适合人选；二是要针对专业和课程开设的不同需要，明确拟聘兼职教师的年龄、学历、工作经验、语言表达能力和文字表达能力等要求和规定，确保兼职教师能够胜任所从事的教学工作；三是要建立健全专门的兼职教师评审专家委员会负责聘用制度，对兼职教师进行全面审核，既要对其教学水平、教学能力进行评判，又要对其专业知识以及适应岗位程度进行评估。同时，要向拟聘教师单位了解其思想政治、工作责任心、技术水平和工作业绩等情况。拟聘兼职教师审核通过后，要规定一定时间的试用期。通过严格的评价、审核与筛选过程，把好兼职教师入口关。

2. 建立和完善兼职教师培训机制，强化兼职教师培训工作

兼职教师大多来自生产管理一线，有较强实践操作能力与较高技术水平，但他们对高职院校职业教育及教学工作并不十分熟悉。因此，要加强兼职教师的培训工作。一是强化兼职教师岗前培训，重点加强其教学能力与专业理论水平的提高。通过举办岗前教学业务培训班等多种形式，邀请教学经验丰富的教师对兼职教师开展有针对性的培训，使他们了解教学相关知识与规律，帮助他们掌握授课技巧，提高组织教学的技能，尽快胜任教学工作。二是建立和完善兼职教师培训机制，使兼职教师的培训制度化和规范化，确保兼职教师培训工作顺利进行。三是拓宽培训方式与途径，通过组织教学公开课与观摩课、开展教研活动等途径，提高兼职教师教学水平。通过举办专题讲座与沙龙，召开教师座谈会、经验交流会，帮助兼职教师树立先进的职业教育理念，了解高职教育规律，掌握现代教育技术，优化教学质量。四是重视兼职教师的继续教育问题，对专业带头人、骨干教师以及符合任职要求并愿意长期合作的兼职教师进行有计划的培养，投入与专职教师培养力度相当的教学资源。同时，在教研和科研课题立项、科研设备使用等方面，兼职教师应享有与专职教师同等待遇。

3. 建立和完善兼职教师评议与奖惩机制

加强兼职教师管理，重点是加强兼职教师的教学质量监管机制。一是建立和完善兼职教师评议制度，将教师之间的平时听课记录、评课情况，学生对教师的测评，教学部门对教师的教学态度、教学质量、教学水平、教学效果等作为考评重要依据，对兼职教师的教学情况和业绩考核进行综合评议，建立业绩考核和综合评议档案，并作为续聘或解聘的依据。同时，将业绩考核和综合评议结果反馈给本人，帮助其改进不足，提高教学水平。二是建立和完善兼职教师奖惩制度，对综合评议优秀的兼职教师给予物质上和精神上的奖励，对不能胜任教师工作，教学不负责任，教学水平低，教学质量差的兼职教师及时予以解聘。三是尊重与关心兼职教师，努力提高兼职教师各种福利待遇，积极帮助他们解决实际困难，增强其归属感。四是积极为兼职教师自身发展创造条件，鼓励他们参加教师资格考试，对获得教师资格证的兼职教师给予奖励，调动他们成为"双师型"教师的积极性和主动性，为打造一支适合高职教育的"双师型"兼职教师队伍打下坚实基础，创造良好条件。

4. 建立和完善高职院校与企业双向联动监控兼职师资机制

要建立和完善与企业双向联动监控兼职师资机制，积极与企业组成校企共建督导，实施对兼职教师的全过程监控，确保兼职教师的管理真正处于"监管"状态，形成完备的监管体系。

（五）构建"双师型"师资队伍建设平台，加快"双师型"师资队伍建设

随着高职教育课程体系与教学内容改革的不断深入，传统的教师队伍及能力结构已不能适应新形势的发展要求，因此，要在密切产学合作的基础上建立稳健的"双师型"师资队伍。"双师型"师资队伍建设涉及政府、学校、企业、教师等多方面的关系。因此，必须处理好各方面的关系，创新"双师型"师资队伍建设的培养开发、考核评价、激励保障等机制，营造更加开放、充满生机活力、富有效率的制度环境。

1. 建立和完善"双师型"师资队伍引进机制

要加强和深化校企合作，政府部门要联合企业团体和学校代表组建校企合作领导机构，建立校企合作指导委员会，制定校企合作各项政策措施，明确政府、企业团体、企业、学校各方责任、权利和义务；学校和企业要签订合作协议，通过有效途径开展互利共赢的校企深度合作，使合作企业成为专业教师实践创新的舞台，使企业专业技术人员、能工巧匠等成为一支稳定的兼职教师队伍。同时，政府要制定有利于全社会人才流动的人事管理制度，畅通人才流动渠道，使人才资源得到有效调节。

2. 建立和完善"双师型"师资队伍培养机制

要根据学校总体发展规划和实际情况制订师资培训计划，努力打造"双师型"教师队伍。一是通过校内实践、实训环节提高教师专业技能，并要求专业教师积极承担实践、实训教学任务，在实践教学中尽量以项目为导向，模拟企业真实环境；二是利用校内实训中心，通过寒暑假培训教师，使校内实训中心成为锻炼和培养"双师型"教师的基地；三是鼓励教师参加职业技能考试，获取与专业相关的职业技能证书，成为"双师型"教师；四是选派教师参加校外各类技能培训进修，有条件的高职院校要与国外院校联合培训师资，学习发达国家办学经验和理念；五是有计划、有针对性地选派不同专业教师到企业或科研单位挂职锻炼，了解专业的现状和发展趋势，掌握新技术、新知识，积累生产经验，提高专业实践技能。

3. 建立和完善"双师型"教师认证及职称评聘机制

一是教育行政部门要科学界定"双师型"教师的内涵,明确标准,组织和建立有政府、学校、行业企业参加的"双师型"教师认证机构,制定"双师型"教师资格认证实施管理细则,专门负责实施"双师型"教师资格认证工作,使"双师型"教师资格认定工作制度化、规范化;二是建立"双师型"教师能进能出的动态管理机制,加强对"双师型"教师实践技能的定期检查考核;三是完善"双师型"教师职称评审制度,适当降低"双师型"教师的学科学术要求,把"双师型"教师资格认证作为职务评聘的重要条件,促进"双师型"教师不断提高自身素质和水平。

4. 建立和完善"双师型"教师绩效考评和激励保障机制

要明确专兼职教师岗位职责,制定科学合理的考核办法,健全过程评价和结果评价相结合、激励与约束并重的考核机制,把"双师型"教师标准纳入教师评价指标体系,重视评价的企业要素、技术要素、实践要素和能力要素。要克服"双师型"教师缺乏常态性考核,管理不到位或疏于管理的现象,建立"双师型"教师教学评价体系,将学生、同行、督导三者考评结合,对"双师型"教师的教学质量、教学效果进行评价,并将考核成绩与评奖评优、职称评定、职务晋升、课酬等挂钩。要结合学校实际,在"双师型"教师的引进、培养、聘用等方面建立显性激励和隐性激励相结合的机制,在薪酬、课酬、职称评定、评先评优、出国培训、工资晋升、年度考核、住房等方面给予"双师型"教师更多的发展机会,积极为他们改善生活和工作条件,以激励广大教师积极向"双师型"教师方向发展。

5. 加强校企合作,搭建"双师型"教师队伍建设平台

开展校企合作,依托行业、企业,建立校企合作实训基地,是培训"双师型"教师的有效途径和方式。高职院校要充分利用各行业指导委员会、行业协会的平台,加强校企合作,以实现校企人才互通、互动和互惠为目标,促进"双师型"师资队伍建设。开展校企合作,一方面,教师能够深入生产一线,了解行业、企业对人才素质的需求,掌握专业动态,积累实践经验,加快改革现有的教学方式方法,丰富教学内容;另一方面,教师参与企业员工培训、企业课题研究、技术开发等,既能解决企业生产经营的实际问题,促进企业技术升级,又能提高"双师型"教师素质和科研实践能力,从而有

效提高教学质量，实现校企双赢。高职院校要积极联系对口企业，派遣专业教师下企业进行实践锻炼，聘请企业能工巧匠来校担任兼职实训指导教师，依托高校知识优势对企业进行研发攻关和理论指导，大力推进校企联合的数量和紧密程度，在"产学研"的结合过程中，锻炼造就一支既有理论知识又具有专业技术实践能力的"双师"素质教师队伍。

三、建设高素质师资队伍，必须建立和完善教师培训机制，提高教师整体素质

随着我国高职院校的迅速发展，对高职院校教师的素质要求越来越高。因此，各级教育行政主管部门必须重视和加强对高职院校师资培训工作的组织与指导，进一步完善师资培训体制，建立多种形式的师资培训基地和培训中心，有组织、有计划地对高职院校教师进行培训，提高教师整体素质。

（一）坚持和完善教师培训、进修的学习机制和激励机制，提高教师整体素质

建立和制定高职院校教师培训、进修的学习制度和激励政策，形成教师参加培训和进修的激励机制，是提高高职院校教师教学能力、教学水平和整体素质，建立高素质的、稳定的教师队伍的重要举措。一是要坚持和完善职前培养制度。职前培训主要指吸收高等职业技术师范学院毕业的研究生和优秀本科毕业生充实教师队伍。这些毕业生热爱职教事业，专业思想牢固，重视实践，初步具有"双师"素质，在高职院校任教，用得上、留得住，对他们继续进行教学基本功培训，能够使他们较快地成为高素质的"双师型"教师。要鼓励新来的青年教师积极参加由省级教育行政主管部门指定的师资培训中心统一组织的新教师岗前培训考试，取得岗前培训合格证书，方可正式上岗。二是要坚持和完善教师在职培训和进修的学习制度，鼓励中青年教师定期参加培训和进修，鼓励中青年教师积极参加考研或到研究生班学习，提高学历层次。提倡个人自学与进修培训结合，坚持以个人自学为主；提倡离职进修与不脱产进修结合，坚持以不脱产为主；提倡短期脱产与长期脱产结合，坚持以短期脱产为主。要积极选送教师出国培训和进修。三是要加大教育培训经费投入，每年定期安排一定数量的教师到高校脱产学习或业余进修，到国家示范性的高职院校参观学习，增长见识，到国内外学术性团体参与学术交流活动，提高教学科研水平。要对参加培训和进修学习的教师在经费上

给予补偿，保证所享受的工资和相关福利待遇。对考研人员要给予学习经费的补偿，发放基本工资和享受相关的福利待遇，并与其签订相关协议，保证读研教师学成之后用得上、留得住。四是将教师读研、参加培训和进修学习的情况和结果记入《教师业绩档案》，作为青年教师晋升晋级、评优评先的基本依据。

（二）坚持和完善教师挂职锻炼机制，提高教师整体素质

实现高职院校教师从知识型向技术、技能型转变，必须鼓励教师积极参与产学研活动。高职院校要主动与企业和科研单位签订长期合作协议，选派一定比例的专业教师定期到对口企业和科研单位挂职锻炼。对于没有相关专业实践能力和丰富实际工作经验的青年教师，要尽量多安排他们到生产、建设、管理、服务第一线实习和锻炼，使他们了解生产设备、工艺技术的科技信息，提高他们的实际知识和能力，积累教学所需要的职业技能、专业技术和实践经验。通过与企业合作的方式，积极开展技术开发与服务，一方面，可以使教师得到实践锻炼，实现由单一教学型向教学、科研、生产实践一体化的"一专多能"型人才转变。另一方面，又可以从生产实践中为学生寻找综合毕业实践课题，并为企业解决生产中遇到的问题。

（三）坚持和完善教师传、帮、带制度，提高教师整体素质

高职院校要积极选聘教学能力强、教学经验丰富、教风师德良好的教师对青年教师从思想政治、教学方法、实践技能和师德师风等各个方面进行传、帮、带。同时要注意充分发挥专家、名师、学者、名家等的积极作用，通过邀请高校名师、名家和相关行业专家、学者来学校为教师作学术报告等，提高教师素质。

（四）建立和完善产学结合的教师培训基地，强化高职院校教师的技能培训

高职教育的职业性、实用性和技术性特征决定了在高职院校从业的教师应该具有较强的实践技能，这是张扬高职院校特色、培养学生创新和实践能力、开展教学改革、提高教学质量的关键。要强化高职院校教师的技能培训，合格的培训基地是不可缺少的重要条件之一。合格的教师培养基地，一方面要能够使专业教师自然而然地学会如何到生产现场获取教学素材的方法，另一方面又要能够成为他们收集高质量教学实例的场所。教师通过现场亲身实践，体会到社会需要什么样的人才，自身目前还存在什么缺陷，使教师培养

学生创新和实践能力的主动性和积极性大大增强。通过在实践中遇到困难，遭遇挫折，了解克服困难的途径与办法，使进一步培养学生的创新能力和创业精神有了经验依托。因此，对培训基地的选择要有一定的硬件与人力资源要求。培训基地必须具有一定的规模和效益，具有良好的资质和信誉。其经营项目应与学校专业课程相一致，仪器设备齐全，必须具备现场学习实践的相应条件；培训基地的技术骨干中要有一定比例专业对口的高级技术人员，应具备指导学校业务教师的相应素质与能力。学校应对选定的培训基地挂牌，签订培训合同，明确权利、责任、共赢条件，并赋予培训基地向培训合格者颁发证书的资格。

四、建设高素质师资队伍，必须建立和完善高职院校教师奖励机制和评价体系

建立和完善高职院校教师激励机制和评价体系，充分调动和发挥高职院校教师的积极性和创造性，是促进高职院校师资队伍建设，提高高职院校师资水平的一项重要措施和重要保证。高职院校要从师资队伍建设的实际情况出发，进一步完善师资队伍激励机制和评价体系，使教师激励机制和评价体系更加切实有效，更加符合时代发展的要求和新形势发展的需要。

（一）建立和完善高职院校教师激励机制

丰富和充实教师激励方式和措施，完善教师激励机制，不仅要重视和加强物质层面的激励，也要重视和加强精神层面的激励，充分考虑教师的精神需求。要充分发挥各种激励方式和措施的长处，针对不同类型的教师采取有针对性的激励措施，通过物质激励、精神激励、目标激励、榜样激励、感情激励、培训进修激励等多种激励方式和措施相结合，构建一套完善的激励体系。一是要改变传统的用人制度，开展人才的有序流动，使各层次的人才都能得到合理有效的配置；二是要有针对性地运用不同的激励手段，最大限度地发挥各种激励措施的积极作用，激发广大教师的积极性；三是要积极鼓励和引导教师开展自我激励，挖掘自身内在潜力；四是要充分发挥榜样的激励作用，树立优秀教师典型，做到学有榜样，赶有目标，鼓励先进，鞭策后进，激励和引导广大教师不断提高自身素质，爱岗敬业，为人师表，教书育人，不断促进教学水平和教学质量的提高。

（二）建立和完善高职院校教师考核体系

有效的激励机制离不开科学的考核标准，考核标准科学与否，直接关系到激励机制的效果。一是考核标准要针对目前高职院校教师考核标准不够合理的现实，进行一定程度的改进和完善，使考核标准更加侧重教师工作的质量，而不是只侧重教师工作的数量，考核标准要做到对教师工作的数量和质量全面统一的完整考核。二是在科学的考核体系中，应该让考核标准尽量科学化，考核标准要能够真实反映每位教师的工作绩效，充分而明确地体现教师工作的优劣，从而准确而公正地评价每位教师的工作成果。进而使激励的强度和数量与业绩的大小、贡献的多少相适应，只有这样，激励机制才能真正达到调动教师积极性的效果。

（三）建立和完善高职院校教师岗位聘用制度

激励体系需要科学合理的用人机制作基础。高职院校要合理构建有效的薪酬激励体系，必须实施和完善岗位聘用制度。在竞聘上岗制度下，每位教师能够走上与其能力相匹配的岗位，充分发挥自己的专业特长，在自己的岗位上做出应有的成绩。学校要根据每个岗位的不同，设计科学合理的工作及薪酬，做到能者多劳，多劳多得。同时，在岗位聘用制度中，每位教师的聘用都不是终身制，这就打破了原有的聘用制度，使每位教师在工作中都有一定的危机感，而不是原来吃大锅饭的格局。为了在学校中取得自己的合理位置，每位教师都需要不断进步，提高自身学术修养和职业素质，从而适应不断变化的岗位需求，在这个不断适应的过程中，教师自身素质也得到了提高，带动了学校的长足发展。

（四）坚持效率为先、兼顾公平原则，构建合理有效的分配机制

坚持效率为先、兼顾公平原则，构建合理有效的分配机制，是充分调动和发挥教师工作积极性和主动性的重要保证。高职院校要以"效率为先、兼顾公平"作为教师薪酬激励的导向，既要考虑到薪酬水平的市场竞争力，体现出教师在整个社会群体中的社会价值和个人价值，又要考虑到校内不同工作业绩与报酬之间的合理差距。构建科学合理的分配机制，既要体现内部公平（即在学校内部依照教师工作绩效的相对价值来支付报酬），又要体现外部公平（即教师所获得的报酬比得上其他同水平同层次高职院校相同工作的教师的报酬）和个人公平（即依据教师个人的诸如教学水平和资历等因素对完

成类似工作的教师支付相同的报酬），切实提高教师对分配制度的满意度。

五、建设高素质师资队伍，必须加大科研经费投入力度，建立和完善科研运行机制

科研工作是高职院校的一项重要工作。加强高职院校科研工作，有利于高职院校实现以教学促进科研，以科研推动教学，教学与科研相互促进、共同发展的良性互动。

（一）加大科研经费投入，为教学与科研良性互动创造良好物质条件

加大科研经费投入，确保教学与科研良性互动，是加强高职院校师资队伍建设，提高师资队伍水平的重要条件和保证。实现高职院校教学与科研良性互动，相互促进、共同发展，一是要加深对科研工作重要性的认识，加大对科研经费的投入。教学工作是高职院校的中心工作和主要任务，但高职院校教学水平和质量的提高，教师教学能力的增强，离不开科研工作，需要科学研究工作的支撑。教学和科研相辅相成，相得益彰，教学实践为科研奠定了基础，科研工作又充实更新教学内容，提高教学质量。因此，必须提高和加深对科研工作重要性的认识，加大对科研经费的投入，为促进教学与科研良性互动，相互促进、共同发展，为提高教学质量创造良好的物质条件。二是要建立和形成以博士、硕士为主体的高水平学术队伍。目前高职院校还缺少以博士、硕士为主体的高水平学术队伍，缺少一批高职称的学术、学科带头人。因此，高职院校要有大的作为，科研要有大的发展和上档次，就必须培养一批学术带头人和学科带头人，他们应具有深厚的专业理论基础，高超的技术应用能力，熟悉高职教育规律，具有较强的科学研究能力。只有这样，才能促进高职院校教学与科研良性互动，相互促进、共同发展，促进教学水平和质量的不断提高。三是要严格控制高职院校教师教学工作超工作量、超负荷运转的局面，确保高职院校教师有更多时间从事科研工作。

（二）建立和完善专兼职教师互帮互学、合作开展科研攻关机制

建立和完善专兼职教师互帮互学、合作开展科研攻关机制，是充分发挥专兼职教师各自优势和特长，促进教学和科研相互促进、共同发展的重要举措。专职与兼职教师各有所长和优势，专职教师理论水平、教学能力相对较高，而兼职教师具有较强的实践经验与技能。因此，要积极鼓励和促进专职

教师与兼职教师以及业务单位专家等组成科研团队，充分发挥各自专长与优势，针对业务工作中的热点、难点问题进行攻关，以科研促进教学并贴近本行业的发展前沿，发挥高职院校的科研攻关功能，体现高职院校人才优势。建立和完善专兼职教师互帮互学、合作开展科研攻关机制，不仅有利于新的科技成果的产出与转化，也有利于提高专兼职教师创新能力和技术应用能力，它是教师队伍可持续发展的基础，能推进教学、科研和实践工作三方有机结合，在高职院校逐步形成重视科研、鼓励创新的良好氛围。

（三）建立和完善教师科研激励机制

建立和完善教师科研激励机制，是促进高职院校以教学促进科研，以科研推动教学，推动教学与科研相互促进、共同发展的重要保证。高职院校要进一步建立和完善科研激励机制，充分发挥科研激励机制对学校科研工作的激励作用和推动作用。一是鼓励教师积极申报和参加科研项目，通过教师参加科研和技术服务工作，使理论与实际相结合，提高教师队伍质量和水平；二是对科研实绩突出的教师和有影响力的科研成果给予重奖，对超额完成科研任务的教师，实施超额奖励；三是对一些科研骨干，学校要多支持、多鼓励、多表彰，充分调动他们进行科研工作的积极性、主动性和创造性。

第三节　对中山火炬职业技术学院师资队伍建设的有效探索和创新

一、中山火炬职院师资队伍基本情况

中山火炬职业技术学院地处中山火炬开发区，现有教职工424人，其中专任教师241人。专任教师中，副高或高级工程师以上职称教师67人，占专任教师的27.8%；"双师型"教师152人，占专任教师的63%；具有博士、硕士研究生学历或学位者155人，占专任教师的64.31%。校外兼职兼课教师243人。学院已经形成了一支学历结构日趋合理、职称结构更加适中、年龄结构日趋均衡、理论与实践相结合、教学水平较高的"双师型"教师队伍，以及一支数量可观、相对稳定的兼职教师队伍，为学院教学质量的提高创造了良好的师资条件，为学院的长远发展打下了坚实基础。

二、中山火炬职院积极探索和创新师资队伍建设的有效途径

中山火炬职业技术学院十分重视师资队伍建设，积极探索和创新师资队伍建设的有效途径。

（一）积极探索和推行"政府津贴"制度，建设高素质兼职教师队伍

如何建设高素质兼职教师队伍，是高职院校师资队伍建设面临的严峻挑战。针对这一情况，中山火炬职业技术学院以建立"政府津贴激励，人员互兼互聘"的"双师结构"师资队伍共建机制为主要途径，在体制和机制建设上进行了积极探索和创新，推行"兼职教师政府津贴"，鼓励、吸引在中山火炬高技术产业开发区各行业、企业一线工作的优秀技能人才到学院担任兼职教师，将行业、企业中的最新技术、最新知识注入到教学中，使学生"零距离"上岗、就业，以实现校企精英团队建设双赢发展。这一探索和创新，得到了中山市政府以及中山火炬高技术产业开发区管委会的大力支持。中山火炬高技术产业开发区管委会在3年建设期内，投入781万元经费给予支持和保障，中山市政府也将学院纳入中山市"超常规发展职业教育"，作为其重要组成部分，统筹全市职教资源，多渠道筹措资金支持学院发展。同时，市、区两级政府还将本建设项目作为改善园区人力资源结构，提升园区现有从业人员的技能水平和职业素质，满足园区产业升级需要的重要支撑。中山火炬职业技术学院和中山火炬高技术产业开发区管委会制定并实施了《中山火炬职业技术学院兼职教师政府津贴实施办法》，明确规定，凡开发区内各行业、企业的中高级技术和管理人员到中山火炬职业技术学院担任兼职教师，均可申请"兼职教师政府津贴"。津贴分为"基本津贴"和"奖励津贴"两部分。凡每学期上课满30学时的兼职教师，均可享受5000元/年的"基本津贴"。够条件的兼职教师可申请"奖励津贴"，最高可达2万元。"兼职教师政府津贴"的实施，发挥了积极的引导作用，极大地激发了企业中高级人才参与职业教育的积极性。目前，以开发区企业技术骨干为主的兼职教师队伍已达到243人，学院兼职教师承担专业课教学课时占专业课学时总数的30%，兼职教师与专任教师的比例为1:1，为中山火炬职业技术学院"双师结构"师资队伍建设提供了坚实的基础和保障。

（二）积极探索和创新"互兼互聘，共管共用"的互动机制，实现精英团队建设双赢发展

中山火炬职业技术学院坚持以服务为宗旨，利用学院人才和技术资源，积极探索和创新"互兼互聘，共管共用"的互动机制。通过共同研发课题和项目的形式与行业企业进行深度合作，让行业企业得到实惠，主动将精英骨干力量安排到项目研发中，在完成项目和课题过程中有效地指导教师和学生。同时，还推行"专业带头人行业专家成长计划"。包装技术与设计、应用电子技术、机械制造与自动化、生物制药技术4个重点建设专业的8名专业带头人成为行业知名专家，并进入相关专业的行业教学指导委员会或专业教学指导委员会；每个专业至少有1门专业课由行业内有较大影响力的专家授课，提升学院专业建设水平和示范带动作用。

（三）积极探索和创新"专兼1对1"互动机制，建立兼职教师服务体系

中山火炬职业技术学院积极探索和创新"结构多层次、授课多形式、管理多元化、专兼1对1"的兼职教师队伍服务体系。一是根据不同专业学生的多层次教学要求，聘请结构多层次的企业技术人才，包括企业一线操作人员、专业技术研发人员和中高层管理人员等为学院兼职教师。二是根据兼职教师构成的多层次性、来源多样性和工作性质的不同，实现兼职教师的授课形式多样化。如：兼职教师既可以来校进行课堂授课，也可以在企业现场进行现场教学，把"学校实训室在企业"和"企业工作间进学校"统一起来；兼职教师既可以定期教授1门专业课，也可以不定期进行专题讲座；兼职教师既可以聘为实践课、专业课、毕业实习等课程的"课程教师"，也可以聘为学生创新工程、技能大赛等项目的"项目教师"，同时还可以担任专业建设顾问。三是根据兼职教师结构多层次和授课多形式的特点，兼职教师管理模式实行动态性和多元化，把学院层面的管理和教学系部层面的管理结合起来，建设学院的"兼职教师资源库"，稳定兼职教师队伍，避免兼职教师聘任中的随意性、盲目性，使兼职教师数量稳定在350人以上。同时，根据企业人才流动性强的特点，建立兼职教师动态管理机制，对已入库的兼职教师进行动态跟踪管理，构建相应的教学质量监督体系，实行适应兼职教师教学特点的课程制度改革。四是推行和创新"专兼1对1"制度，加强对兼职教师教育教学能力的培养，制定相应的培养培训方案，为每一位兼职教师配备一名专业课联

系教师，加强沟通、相互交流、周到服务，实现专兼教师优势互补、共同发展。同时，积极争取主管部门的政策倾斜，并进行了有益探索：一方面，建立兼职教师职称晋升机制，破除不利于兼职教师晋升职称的条条框框；另一方面，对已取得技工证书的兼职教师，在提升学历考试时与普通的国家学历考试有所区别，为兼职教师提升学历和职称提供方便。

（四）引入竞争机制，加强兼职教师管理

中山火炬职业技术学院积极完善兼职教师管理办法，加强对兼职教师的培训和管理。让学生自由选择兼职教师的实训项目和课程，根据选课学生的数量和教学效果的反馈来计算兼职教师的工作量和薪酬，自然淘汰不合格的兼职教师。

（五）强化制度保障，提高专业教师"双师素质"

（1）推行教师工作量制度。为进一步落实"以服务为宗旨"的办学方针，增强教师为经济社会服务的主动性，中山火炬职业技术学院积极制定并推行教师工作量制度。教师工作量包括教学工作量、科研工作量、社会服务工作量三部分，将社会服务以工作量的形式与教师的日常工作和绩效奖金挂钩，提高了教师参与社会服务的积极性和主动性。随着办学的进一步开放，到2014年，教师的社会服务工作量由占总工作量的10%提高到30%。

（2）推行企业实践锻炼制度。为了提高专职教师的实践能力和动手能力，中山火炬职业技术学院规定，35岁以下青年教师在5年内必须累计2年时间的企业实践经历。特别是鼓励教授、博士们深入生产一线，了解各岗位的职业技能要求，熟悉生产环节的工序衔接，掌握生产流程的组织形式，将课程改革的着力点落实到生产一线上，让课程体系扎根在企业生产一线。提升教师整体实践能力和"双师素质"，到2014年，具备"双师素质"的专业教师将达到90%以上。

（3）完善"双师素质"认证制度。中山火炬职业技术学院规定，在聘在岗的专业教师，平均每年至少有2个月以上时间在企业、实习实训基地进行工作实践（如实习、实操、设计、调查等），公共课、基础课教师工作实践或社会调查时间不少于专业课教师的1/2。来学院从事专业教学的应届毕业硕士、博士研究生，来院1年内至少应有3个月以上在企业、实习或实训基地进行工作实践；担任公共课、基础课的应届毕业硕士或博士研究生，工作实践或社会调查的时间不少于专业课教师的1/2。满足以上条件的相关人员，方可申报"双师素质"教师。

（4）探索和实行以实训实验项目为载体的高职学生"双导师制"。所谓"双导师制"，一是指校内有丰富教学经验的专任教师，即学院导师；二是指从企事业单位聘请的专家即企业导师。与行业协会合作，在学院的生产性实训校区建设一批应用型实训实验室，协会兼职教师与学院专任教师共同担任学生的实训实习指导教师，推行"双导师制"，专任教师重在理论知识指导，协会兼职教师重在实践技能指导。到2014年，"双导师制"推行率将占实训实习指导课的35%以上。

（5）实施青年教师"六个1"工程。所谓"六个1"，即要求青年教师以"教师工作室"和"研发中心"为平台，通过技术研发和课题攻关，做到承接1个项目，承担1项课题，编写1本教材，拓展1门技能，熟悉1种工具，贡献1个专利。通过实施"六个1"工程，全面提高青年教师的整体素质。

第八章　高职院校实训基地建设改革与创新

实训基地作为现代职业技术教育发展的最新形式，集教学、技术培训、科研和技术研发于一体，在教育教学过程中扮演着重要的角色。但从根本上来说，教学仍然是实训基地的最主要任务，担负着人才培养的重任，其他功能都是教学功能的延伸和扩展。从关系上来看，实训基地与教学是相互作用和相互制约的关系，课程和教学的建设与改革，主导着实训基地建设的方向和内容。随着职业教育理念的发展，我国实训基地建设呈现出多样化发展趋势。按照空间划分，分为校内实训基地与校外实训基地；按照规模划分，分为实训中心、实训校区和实训集团；按照功能划分，分为实践教学基地、实训中心和生产性实训校区。在办学活动中，一般将实训基地建设简单地分为校内和校外两种。校内实训基地是学院根据专业课程教学的需要，在校内设立实验室、校办工厂或仿真室等。校外实训基地则是学院根据专业本身发展的需要，通过与企业共建、签订长期的合作协议来建立。校内实训基地和校外实训基地的使用各有侧重点。通常校内实训基地更偏向于某一种技能的培训，校外实训基地则偏向于学生综合业务能力的培养。无论是校内，还是校外实训基地的建设，都是高职院校培养高素质技能型人才所必需的。

第一节　高职院校实训基地建设现状

由于高等职业教育重点在于培养适应社会和行业发展需要的高素质技能型人才，这就注定了其培养模式的不同。教学重点是实践性教学，而非理论型教学。所以实训基地就成了教学过程中的重要场所。为了实现高职教育的培养目标，增强学生的实践能力，高职院校认识到实习在培养学生职业能力和职业素质方面的重要作用，实训基地的建设成为了高职院校发展的必由之路。

一、校外实训基地建设的重要性

1. 建设校外实训基地是高职院校实现办学目标的需要

当前我国高职教育要坚持培养面向生产、建设、管理、服务第一线需要"下得去、留得住、用得上"，实践能力强的高素质技能型人才。要实现这一办学目标，学校必须加强学生实践能力的培养，加强实践教学环节。稳定的实训基地是实践性教学活动的基本前提和保证，实训基地的设施、条件直接影响着实习教学的质量。校外实训基地的建设能充分利用社会企业的各种资源和优势，改善实践教学条件。

2. 建设校外实训基地是强化学生实际动手能力的需要

在实训基地聘请有丰富经验的技术人员进行传、帮、带，使学生将所学到的知识与实际有机地结合起来。通过现场动手操作仪器设备，使学生对知识形成感性认识，增强了实际应用能力。在实际操作过程中，学生会遇到许多问题，为解决这些问题，或自己探索解决，或向老师、师傅请教，或与同学切磋，这些都会激发学生浓厚的求知欲望与学习兴趣，培养积极动手操作能力。

3. 建设校外实训基地是提高学生综合素质的需要

实训是强化专业知识、增强学生实际动手能力的重要综合性教学环节。校外实训基地是培养学生实践能力和实践技能的重要场所，是学生接触社会、了解社会的桥梁。建设一批高质量的、稳定的校外实训基地，不仅能使学生掌握职业技能，增强实践能力，从而扩大知识面，同时，能有效地提高创新意识和实际应用能力，有助于学生养成耐心、严谨、求实、爱岗敬业等良好的职业习惯和职业素质。

4. 建设校外实训基地是提高就业竞争力的需要

自 1999 年高校扩招以来，高校毕业生的人数直线上升，2012 年毕业生人数超过了 600 万。随着毕业生数量的不断扩大，大学毕业生就业难成为高等教育的一个热点问题。学生要想在这个庞大的人才市场中找到一份满意的工作，除自身应具备较高的素质和专业技能外，稳定的教学实训基地也为企业挑选人才和学生就业提供了平台。对于实训过程中表现优秀的学生，用人单位自然会青睐，这样，实训基地变成就业基地，从而提高学生就业率。通过与用人单位的双向交流，大学生还能更清晰地找准定位，避免盲目择业。另外，通过实习反馈，学校还能有针对性地加强对学生的就业培训和职业指导。

二、实训基地建设的现状

2006年，教育部颁发了《关于全面提高高等职业教育教学质量的若干意见》，该意见提出，高等职业院校要按照教育规律和市场规则，本着建设主体多元化的原则，多渠道、多形式筹措资金；要紧密联系行业企业，厂校合作，不断改善实训、实习基地条件，积极探索校内生产性实训基地建设的校企组合新模式。近年来，国家加大了对职业教育实训基地投入的力度，不少职业院校的实训基地条件有了明显改善。2004年以来，中央投入18.6亿元，地方投入19.8亿元，共38.4亿元建设全国职业教育实训基地项目，其中高职领域共建约800个左右。目的是通过中央财政和地方财政项目引领高职院校实训基地建设与发展，促进高职教育人才培养与企业生产岗位需求的对接，缩小从学生到"职业人"的过程，提升人才培养的质量。但是，与国外职业技术水平发展较高的国家相比，我国高职院校的学生实习的时间明显不足。重要的原因是实训基地的建设与运行跟不上职业技术教育发展的需要。目前，我国3年高职教育，技能实习一般只安排一个学期约四个月的时间，绝大部分毕业生动手能力较差，理论学习与实际操作脱节的情况不同程度存在。而在美国、德国等职业技术发展水平较高的国家，高职教学中技能实习时间一般有一年，分别在第二、三学年各安排半年时间，使高职学生均经历"学习—实践—学习提高—实践提高—学习巩固"两次以上工学交替、理论与实践相结合的学习过程，这有利于培养学生的职业能力。因此，我国高职教育必须增加教学实训比重，增加实训时间。以市场需求和行业发展趋势为牵引，科学细化实训教育内容设置，将实训教学按专业细分为多个职业技能教学课程内容，与理论教学课程一道纳入学分制考核，规范组织一体化的实训教学，使就业实习和教学实习、顶岗实习、综合实训形成一体，提高学生职业素质和职业能力。

总体来看，我国高职院校实训基地建设仍处于初级、不够完善阶段，一是建设标准不统一。由于全国层面的高职院校实训基地建设标准尚未出台，高职院校纷纷根据自身特色，结合区域经济社会发展的特点，建立了一批实训基地，但大多处于"百花齐放"、"各自为政"的状态，没有统一的标准，管理成本、运行机制和人才培养质量千差万别，这些制约了实训基地建设的发展和学生职业能力培养功能的发挥。二是实训基地建设的发展不均衡。从全国范围来讲，东部、南部经济比较发达的地区，如以上海为龙头的长三角地区，以深圳为代表的珠三角地区，职业教育实训基地的规模较大，有比较完备的先进设施和装备、灵活的运行机制和先进的管理水平。如：上海市职业培训指导中心就是由政府投资建设的现代化多功能实训基地。它集公益性、服务性职业培训指导、开放式实训和辐射性远程培训中心于一体。实训基地内建设了一批设施先进的专业实训鉴定室，这些实训鉴定室均配备有代表行业领先水平的先进设备和工艺软件，能充分满足新职业标准技能鉴定的实训要求。常州高职园区按高要求进行股份制实训基地建设探索。现已吸纳政府、省教育厅等投资和专项补贴共 1.2 亿元，园内五所高职院校各投资 500 万元用于实训设备购置。由于资金不足等原因，中西部经济欠发达地区的高职院校的实训基地往往设备落后，设施不全，管理水平低，没有形成院校和企业共享资源的良性运行机制。

从各高职院校的实际情况来看，实训基地的建设直接关系到学生实践技能的培养与训练。"以就业为导向、以服务为中心、以学生为主体、以培养技能训练为重点"是高职教育教学的办学理念，主要目的在于推动我国高职教育适应社会发展的需要，进入可持续发展、健康发展轨道，为我国经济社会发展培养高素质、实用型、高技能型人才起到积极的推动作用。

在具体操作上，一些高职院校对于实训场地设备要求较低的专业，如经济类、农业类、计算机软件类、文秘类等专业，一般在"校内实训基地"模式可以完成大部分实训任务。如：经济类专业学生可以通过模拟软件的操作不发生真实的商品交易、合同签订、汇款等不可逆事件，完成虚拟的商品交易和管理过程；植保类专业学生可以通过校内农场种植作物、观察植物生长过程、记录植物特性参数、研究改良品种等完成实训任务。目前盛行的"学校工厂"模式就是"校内实训基地"的一种，这种做法主要是改变传统的教学模式，将专业课教室改造成"工厂的车间"，教师边教边示范，学生边学边做，学做结合。但"校内实训基地"模式存在着专业的局限性，而且大多数学校营造的校内实训环境，尤其是模拟的软件操作与真实的产业市场有一定距离。校外实训基地则大多适用于一些实训设备要求较高的工科类专业。高职院校根据专业本身发展的需要，通过与企业共建、签订长期的合作协议来建立。"校外实训基地"模式是依托工厂、企业以"顶岗实习"、"校企合作开发科研项目"、"学校帮助企业解决技术难题"等方式实施的一种实训模式，典型的有深圳职业技术学院的"结合地方经济全面合作"模式、北京联合大学"以企业为主"模式、武汉职业技术学院"订单式"模式等。这些实训基地其实是高职院校与企业签订长期实训合同的"合同式基地"，优点是校企合作相对紧密，学生对企业、产品、市场有比较多的了解，有利于学生就业。但也存在一些问题，需进一步完善。

随着高职招生规模的不断扩大，一些高职院校校内实训基地与学生实际需求之间存在着较大的差距，这使得不少实训、实习场所仍不能满足学生的需要。校内实训基地设备落后，实验室设备台位不够是实训基地存在的主要问题。由于我国高职院校校内实训基地发展存在着一系列局限，因此大力发展校外实训基地，充分利用校外实训资源是我国高职院校持续性发展的必由之路。

三、实训基地存在的问题

目前，全国高职院校生产性实训校区建设正不断加速，呈现出方兴未艾的势头。但从各学校的建设水平和建设质量来看，出现了一定程度的偏差，主要表现在：生产性实训基地的建设规模与在校生规模不相适应；引入企业尚未形成完整的产业链，无法提供多种类、多层次的岗位供学生顶岗实习；生产过程与教学过程脱节，导致实践教学效果降低；部分院校生产性实训校区建设还处于"赔本赚吆喝"的阶段，生产性实训基地不能可持续发展等问题。要解决当前高职院校生产性实训基地建设过程中存在的上述问题，需要从顶层设计出发，通过构建生产性实训校区的标准化建设体系，指导各高职院校科学开展生产性实训建设，降低建设成本，提高办学效益，提升办学水平，最终实现各高职院校的可持续发展，培养适合产业结构优化升级所需要的高端技能型人才。

从实训基地建设的实际情况来看，在实训基地建设过程中部分高职院校仅仅是在形式上建立起了实训场所，挂设实训基地的牌子，购置了实训教学所需器材，实训基地的教学、培训等功能并没有有效发挥。使人才培养过程中无论实施哪一种形式的校企合作、工学结合的人才培养模式，或是按人才培养方案有计划地进入相关企业进行专业实训、实习，现实情况都是很难落实和操作的，主要存在以下几个方面的问题：

（1）政府主管部门缺乏完善的政策引导。企业接受在校学生实习，势必影响企业正常的生产秩序。政府主管部门在职业院校校企合作、工学结合方面缺少完善的政策引导，对校企合作业绩突出的企业没有相应的激励机制，如减、免税等，致使部分企业不愿意接收职业院校学生实习。

（2）企业积极性和主动性不高。企业积极性和主动性不高的原因是多方面的。主要有：其一，企业处于市场竞争的大环境下，要生存和发展，必须以市场为导向，以营利为目的，追求效益最大化。正因为如此，企业急需熟练技术、实际动手能力强的高技能人才。其二，企业又受技术保密、安全责任、进人计划、食宿条件、生产安排和管理等诸多客观条件的限制，接收在校学生实习会带来诸多麻烦，而且会影响企业正常的生产。其三，学校教学时间是严格按教学计划执行的，统一有序的，而企业能够提供学生实训的时间则是受企业生产计划和安排控制的，学校要联系多家企业，让学生在同一时间进行实习，其难度相当大。

（3）职业院校实施难度很大。表现在：学校无权向企业提出配合教学目标的要求，而企业对实习的学生有诸多的限制。

（4）学生及家长观念有待提高。大多数家长和学生对赴企业和用人单位顶岗实习缺乏正确的认识，片面认为企业为增加劳动力，提高劳动效率，要求学生提前上岗，有的甚至认为学校为了减少办学成本，有意识地让学生提前顶岗实习，导致实习效果比较差。

（5）学校对实习重视程度不够。部分学校是为了实习而实习、没有明确的目标，不顾企业的条件和环境，只要能接收就行，实习基本上是走过场，学生只能是作为廉价劳动力，导致学生怨声载道。有的学生在企业顶岗实习，与将来就业不一致，导致顶岗实习的效果大大降低。个别院校落实校外实习的主动性比较差，存在着等、靠、要的思想，一切只是理想化的设想。个别学校管理不力，学生顶岗实习期间，学校很少管理和过问，产生的一切问题，没有及时与企业、学生沟通，久而久之，出现了较多的矛盾。这些都直接影响着校外实习正常开展及质量的保障，很难达到培养高技能人才的教学目标。现在高职院校发展面临着许多问题，如校区建设、教学评估等问题，故很多学校领导把主要精力都放在如何搞好校区建设、如何应对评估等重大问题上，无暇顾及实训基地的建设。随着近几年各高校的不断扩招，学校将大部分资金都投入到学校基本建设中，对实训基地建设的经费投入明显不足，实训基地建设经费得不到保障，这样使得老师、师傅对学生技能指导、监督与评价的机制也就大打折扣。

（6）软硬件设施不配套。校外实训基地较之校内实训基地主要是资金投入少，硬件设施落后，实用性不强。部分院校在校外实训基地建设过程中，以专业或者系为单位在外另起炉灶进行校外实训基地建设，这种各自为政的方式投入到实训基地建设中的资金少而且分散，结果是实训基地不能有效整合资源，硬件设施配置不全，软件不配套，未能充分发挥实训基地建设的功能。

（7）实训基地管理不到位。校外实训基地建设对学生实践能力的培养是非常重要的。然而，目前大部分学校在实训基地的管理上缺乏规范性，没有相对科学、合理的方法，如学校与基地间管理脱节、管理人员频繁更换等问题。校外实训基地在管理方面出现实训课程开设不足，仪器设备管理制度不健全，缺少专门的实训基地管理教师，实践课程教学质量不高，缺乏实训教学评价机制等一系列问题。部分教师片面认为校外实训基地只是一种应付检查、考核的"政绩工程"，带学生到校外实训就是让学生在实践地上完一次课，就能得到实训课程的分数。这种思想使教师对待实训课程的态度不端正，实训课程质量不过关。

（8）实训师资短缺。虽然当前高职教育一直提倡实践、实训教学，但仍然有很多教师认识不到"实训"的重要性，宁愿固守课堂，从事专业理论教学，而不愿意到企（行）业实践，积累实训教学的知识和经验，造成大部分校外实训基地实训师资力量薄弱，实训教师业务水平低，实践经验少，综合素质不高。

（9）企（行）业参与层次低。在许多高职院校的人才培养过程中，虽然学校与企（行）业达成了共建校外实训基地的协议，但企（行）业缺乏主动性、积极性，没有真正融入到高职人才培养中，二者的合作多停留在一时一事的合作和局部环节的参与过程中，"共享"、"共建"、"双赢"的长期互动机制没有建立起来。学校与实训基地间缺乏互动。学校与基地之间的合作仅限于学生单方面实习，内容比较单一。学校与实训基地间要想保持稳定的合作关系，应该在更广的区域寻找合作，比如人员进行交流等。

（10）开放程度不高。从开放程度看，现在大部分高职院校还没有在校外实训课程的教学计划方面做出合理、可行的安排，学生的课程基本上在校内课堂完成，尤其对于交通不便利的实训基地，学生难以利用其资源，这使得校外实训基地往往闲置，设备和场所的利用率很低。实训基地虽然与许多企业、行业建立了合作关系，却没有设立专门服务部门和高效的服务团队，结果造成很多项目虎头蛇尾。

第二节　高职院校实训基地建设模式

一般来说，实训基地建设与管理过程包括实训基地建设的投入、建设以及后期的运行与管理三个阶段。

一、高职院校实训基地建设的总体目标

（1）提倡"以人为本"，以人性化的服务为宗旨，合理安排实训教学。实训基地的首要任务是满足专业性很强的实践教学。在认识实践教学重要性的基础上，不断改进实训基地的管理体制，为实践教学提供人性化的服务。如北京农业职业技术学院，为了配合实践教学，把教室搬到田间地头，配备移动式黑板，为在田间上课的老师提供休息室，为学生准备饮用水及防暑降温药等。提供人性化的服务，要求管理人员从大处着眼，从小处着手，要有很强的换位思考的意识。

（2）力求产学一体化。把学生实训的内容与企业的生产直接结合起来。尤其是要将本校的重点专业和有发展前途的专业与企业的产业化生产结合起来。把技能训练与生产融为一体。

（3）大力发展多功能型实训基地。在实训基地的建设中，要注重发挥市场机制的作用，调动社会各方面力量共同参与，要探索建立资源共享、自主

发展的新机制。不仅要完成对学生的实训任务，还应主动面向市场，开展培训和职业技能鉴定，开展技术服务，使其成为集教学、培训、职业技能鉴定和技术服务于一体的多功能教育培训中心。

（4）积极探索引导市场型实训基地。不仅要不断开发出新的适合市场需要的实践训练项目，更要把开拓市场作为实训基地生存和发展的主线。整合资源优势、人力优势，积极开展对外服务，产品研发，自主创新，发挥高等院校的师资、科研优势，在行业领域内以高新技术和创新意识占据市场主导地位。

（5）在加强自身建设方面，要有前瞻意识。建立完备的实训设备和场地设置，有具有竞争力的师资（教学、科研）团队，同时吸收有市场运作经验的校外人员参与到实训基地的管理和运作中。实训基地的管理要体现信息化，有完备的对外宣传、内部管理和奖惩机制。

（6）在实训基地的运行模式方面，要进行体制创新：变"消耗型"实训为"经营型"实训。由原来单纯的消耗型向生产经营型转化。学校可以利用师资、设备优势和学校劳动力资源丰富、廉价的特点，主动为社会、企业承担一定的生产任务。此举一方面可直接创造经济效益，另一方面可减轻办学成本，促使实训基地的运转步入良性循环。

（7）实训考核方式的改革。基于学生实训内容的改变，考核方式应同步改革。考核的要素可包括：顶岗实习单位的评价、企业导师的评价、学校导师的评价、学生实训阶段形成产品的数量和质量、实训带来的经济效益和市场潜力、学生的科研成果等，依据各方面的考核给出综合成绩。由于学生不在同一地点，学生实训的指导教师又以企业聘请的导师为主，因此，考核方式可以为网上考核与纸质考核相结合。

（8）加强学校与企业之间的协调与合作。要使学校与企业成为职业教育的有机整体，必须做到如下六点：一是教室与车间相融合；二是教师与师傅的结合；三是学生与企业员工的合一；四是教学与生产的合一；五是实训设备与生产设备的结合；六是实训基地管理与企业管理的合一。

二、高职院校实训基地建设的投入模式

（1）高职院校独立建设实训基地机制。校内实训基地建设的基本途径：

一是建设虚拟实训室，二是研发仿真实训系统，三是不断增加新的设备，使实践教学基地成为集虚拟设备、仿真设备和实物设备于一体的现代化的实践中心。高职教育作为一种大容量、多层次的信息和技术的传输过程，要求实践教学基地的建设过程必须注重现代化、高效率教学手段的引入，这是实践教学基地建设与发展的必然方向，也是提高实践教学质量的重要保证。

（2）政府支持、社会参与和学校配套投入机制。按照《教育部、财政部关于推进职业教育若干工作的意见》，中央财政专项资金采用以奖代补的方式支持各地的职业教育实训基地建设，主要用于实训基地设备配备。除了中央财政支持外，还有地方财政的支持和社会的参与。这种模式可以说是集中了社会多方面的力量。

（3）校企合作投入机制。校企合作的投入模式也是多种的，或寻求资金投入，或寻求设备支持，或用冠名的方式合作共建实训中心。如"筑巢引凤"型的合作模式，学校有偿或无偿提供场地或设备，将企业迁至学校来生产。

（4）校校合作投入机制。专业相同、地域相近的学校尝试共建、共用实训基地。这样既有利于降低实训基地建设的成本，也有利于实训基地发挥最大的效用。如，物流实训基地建设投资大、利用率低，几个学校共同投资一个物流实训基地并共享物流软件，把资源以互相共享的方式进行操作，将大大降低建设成本，提高实训基地的利用率。

（5）"以训养训"机制。一些已具规模的校内实训中心可积极寻求与兄弟院校及社会的合作，提高设备的利用率，探索"以训养训"的路子。

三、高职院校实训基地建设的建设模式

由于校内实训基地、校外实训基地在教学功能、人才培养过程与目标的差异，其建设模式也具有相当的差异。

（一）校内实训基地

实训基地是为实训所提供的空间与设施，其内涵应该是对学生进行专业能力培养和职业素质培养为一体的场所。校内实训基地是以学校为建设主体，社会力量支持为辅投资建设，由学校控制，它要具备学生受训所需要的各种软、硬件要素，建设的水平和质量直接关系到一所学校的人才培养模式和质量、学生就业及社会所需要的人才规格。实训基地是完成实训教学与职业素

质训导、职业技能训练、鉴定和高新技术推广应用的重要基地，在高职教育中有其独特的功能。高等职业教育重点在于培养适应社会和行业发展需要的高技能型适用人才，这就注定了其培养模式与普通高校的不同。教学重点也从理论型教学转移到了实践性教学上。实训基地是教学过程中的重要场所，从校内实训基地到校外实训基地，可以为学生提供一个从理论到实践的完整过程，最终实现学校与企业的无缝对接。这其中，校内实训基地的建设是实训场所建设和运行的不可或缺部分。校内实训基地的建设要满足以下功能：

1. 满足基本理论教学需要

高职教育的目的是培养生产一线高素质技能型人才，课程建设应该以实践为导向，能力为本，实践优先。校内实训基地是高职院校为学生提供实践教学、保证学生掌握一定职业技能的场所，是验证基础理论、巩固专业知识和培养学生创新思维方法的实训基地。因此，校内实训基地本质上是与理论教学相适应的实践教学场所，实训过程也是学生掌握和运用、探究理论知识的教学过程。

2. 满足综合性实训的教学需要

综合性实训是对学生各项技能的整合，是解决具体问题或业务操作的完整流程，是培养学生职业能力的关键。此类课程对实训基地的要求比较高，要求校内实训基地能够模拟或真实反映行业、企业的运作环境，甚至校内实训基地具有与行业、企业相同的社会功能。

3. 满足"双师型"教师培养的需要

"双师型"教师是高等职业教育对教师队伍的要求，"双师型"教师的培养要与行业发展紧密联系。通过不断参与专业领域内的实际工作提高自身的"双师"素质，更好地指导学生提高技能水平。实训基地的建设要充分考虑到"双师型"教师的培养功能。

4. 满足科研、研发的需要

高等职业院校具有人才培养、科学研究、社会服务三大功能。科研工作也是学校的主要工作之一，而且科研工作对教学、社会发展都有着极大的推动作用。实训基地应成为学校科研、产品设计研发的中心，在此基础上，通过一定的渠道加快成果转化。

5. 满足社会服务的需要

社会服务是指除全日制人才培养以外的对社会开展的生产、技术培训、支持等方面的服务。高职院校具有较强的科研和人才优势，利用高职院校的资源优势为社会企业、实体开展技术服务，对区域经济发展和学校的自身发展有着重要意义。

6. 满足实训教学模式的多样化的需要

实现以学生为实训教学主体的项目化、过程式、任务驱动式教学模式改革，从而适应实训教学的要求。实训基地的教学强调学生的参与，使学生成为实训基地建设的积极参与者和直接受益者。

7. 实现校企合作办学的需要

实现把企业的生产过程引入到实训课堂中来，真正实现高职院校毕业生与企业的零对接。

（二）校外实训基地建设模式

校外实训基地建设是校内实践教学的延伸和完善。学生在完全真实的环境下进行岗位实践，严格执行行业或职业标准，实训的项目均为将来可能的职业及工作岗位。"校外实训基地"模式是依托工厂、企业以"顶岗实习"、"校企合作开发科研项目"、"学校帮助企业解决技术难题"等方式实施的一种实训模式。校外实训基地的建设要满足以下功能：

（1）建立健全实践教学体系，设计科学合理的人才培养方案。依据职业院校的类型、办学定位和专业培养目标，建立健全实践教学体系，顺利实施实践性教学环节。部分高职院校以专业建设为龙头，以校内实训基地建设为重点，依托校办实习工厂、校外实训基地，建立健全工学结合的管理运行机制，不断加强专业建设、课程建设和师资队伍建设，已经建立起了"实验室—实训室（包括专业综合实训基地）—校内生产性实训基地—校外实训基地"的实践教学场所，构建了"课程实验—专业基本技能实训—校内生产性实习—校外顶岗实习"的实践教学体系，形成了"仿真演练—技能训练—实际操练—顶岗锻炼"逐级递进的学生能力培训体系，实现了由"专业系—校办实习工厂—校外实训基地"分级承担的实践教学管理体系。建立了可供学生顶岗实习的校外实训基地，确保了毕业生的培养质量。人才培养方案是人才培养工作的总体设计蓝图和实施计划，对专业教学具有重要的指导作用，是课程开发的基础，也是教师组织教学单元及实践活动的基础。高职教育必须更新教学观念，从培养高素质技能型人才的目标出发，设计科学的人才培养方案，构建科学的教学内容和课程体系，特别要重视顶岗实习的安排与措施的具体落实。

（2）利用学校人力资源优势，积极为企业进行技术服务。学校必须转变观念，积极主动地为企业服务，利用学校的人力资源优势，帮助企业解决技术问题。加强校企联系，利用学校文化资源，赴企业搞联谊活动，帮助企业建立企业文化长廊等。

（3）加强顶岗实习组织管理，提高学生顶岗实习效果。一是充分发挥企业的积极性，选聘好顶岗实习指导教师，充分利用网络平台，加强与指导教师的沟通与交流，建立联系方式；二是以企业为主，学校定期选派教师与企业共同管理顶岗实习；三是建立职业教育集团，将企业和学校紧密结合，相互协作，共同完成顶岗实习教学任务。学校对教学计划进行灵活调整，可将实训时间放在假期和毕业实习期间；组织兴趣小组，利用业余时间去实习。让自学能力强的学生去企业实习，其他学生仍然在学院班级学习，去企业实习的学生通过教师个别辅导和自学，自己弥补在企业实习期间落下的功课，这种奖励性质的实习会使整个学院的校风得到升华。

（4）广泛进行调研，选择一流企业作为顶岗实训基地。在充分调研论证的基础上，选择符合专业实习要求、生产工艺和设备先进、技术力量雄厚、管理水平高、生产任务比较充足的单位，建立顶岗实训基地，开展长期校企合作。让学生在校外顶岗实习时真正能够顶岗，而不影响企业生产，甚至造成直接经济损失或不安全事故等；让企业感到学生的顶岗实习能为企业带来效益。

（5）积极引导学生及家长树立正确的实习观念。加大宣传力度，树立新型的就业观，让学生充分认识到顶岗实习对提高实践能力，培养职业素质非常重要，是毕业前的真实训练，也是从事生产一线工作的重要教学环节，只有提高认识，才能收到好的教学效果。

（6）成立校企合作机构，专人负责顶岗实习工作。在实施校企合作、工学结合的人才培养过程中，许多院校都会遇到企业的积极性不高，没有一个有效的机制来促使企业参与到人才的培养过程中。学校对校外实训基地给予相应的资金支持并与企业签订合同，要求企业配备人员专人指导。与企业共同建立学生实训制度和评价原则，建立各岗位技能评价标准，按制度、标准共同进行监督和管理；学院教师与学生一起进入企业，教师边锻炼自己实训的能力，边指导和管理学生，以保证学生在实训基地能够有所收获。

建立稳固的实习教学基地，实现校企"双赢"目标。学校应该与校外实训基地建立相应的联系机制，巩固双方合作基础。校企双方以双向技术交流为先导，以"产、学、研"结合为支柱，建立起校企互利合作的长效机制，形成"以互惠互利为基础、以技术服务为支持、以校企双赢为取向"的合作模式。这样，不仅能有效发挥学校和企业各自的教育优势，密切学校和企业的合作关系，落实对"适销对路"应用型人才的素质、能力和知识的培养，而且能为毕业生顺利就业架起桥梁，构建出一种有效的就业机制雏形，使学校专业人才培养与企业专业人才使用的"无缝"连接成为可能。

此外，学校也可以充分利用现有教学条件和技术优势，积极面向企业开展各种技术咨询和培训服务，为企业提供技术支持，优先为企业提供优秀毕业生。学校还可以考虑聘请实训基地单位的专家担任学校的兼职教授，为学生作学术报告，组织学生进行各种讨论交流，不断巩固双方合作的基础。只有这样，才能建立起产学研合作教育的良好机制，调动校企双方的积极性和主动性。

（7）培养一批实施创新教育的教师队伍。参加指导实践的教师，不但要讲授理论知识，而且要直接面对学生，解决学生在实践和创新过程中遇到的实际问题。随着现代科学技术的发展，新仪器和新设备不断出现，技术手段越来越先进，客观上要求实习教师不断更新知识，尽快掌握新技术。为此，要高度重视实践教学师资队伍建设，关心他们的成长，不断提高他们的能力和素质。

另外，可聘请生产现场有丰富经验的技术骨干作为兼职实习指导老师，采取学校与企业联合指导实习的做法，提高实习水平。实践证明，联合指导实习能为学生提供较好的实习条件，有利于加强实习管理和对学生的教育，及时解决学生在实习过程中的技术问题、思想问题和生活问题，对提高实习教学效果具有重要作用，同时还可以提高教师的实践动手能力。

四、实训基地的经营、管理与运行模式

（一）实训环境的营造

随着高职学生培养规模的不断扩大，每年有上千乃至几千学生需要实训，

把大量的学生安排到企业完成较长时间的实训任务其实是很困难的，如果不到企业参与顶岗实习、企业项目开发，又难以做到实训的真实性。因此，在高职院校实训基地建设中，营造真实的实训环境，使数量庞大的学生在相对真实的环境中完成实训任务是首先要考虑的事情。

如果在经济相对发达的多个城市的产业密集区（企业集中地或科技园区）建立多个相对稳定的校外实训基地，这样，由于其数量多，能解决学生数量庞大的问题。又因为在经济相对发达的产业密集区，实训环境的真实性已经形成，既便于学生在校外实训基地学习专业技能，又便于到企业顶岗实习（邻近企业），还可以方便参与企业的产品开发，甚至有利于学生自主创业，是高职院校解决实训环境的一种较好方式。

（二）实训师资的培训

要求教师在完成教学任务的同时到企业任职是有一定困难的，教师的体力和精力难以支撑，实施效果不够理想。为此，我们提出了专兼结合两种方案：一种是实行"深海探珠计划"，由教师申请，学校统一组织，将年轻教师带着任务派驻到企业锻炼半年到一年时间，安排到企业参与生产实践和科学研究。由于人数少而精，知识与技能相对较高，老师得到技能提升的同时能为企业带来经济效益，这种方式是受企业欢迎的。另一种是聘请企业技术骨干作为实践指导教师，与学校实训教师共同指导学生实训，共同开发新产品，共同参与企业研究项目，在职业能力与专业技能上与企业技术骨干形成良性互动。

（三）实训学生的管理

对几千学生实行统一管理是不现实的，让学生自我管理也不妥当，因而需要建立多个校外实训基地，每个实训基地容纳一定量的学生，依据实训基地周围企业的产业情况，安排相应专业的学生实训，设立学生管理的常务机构，安排专职教师对学生实施管理，建立管理工作制度，并与企业建立师生顶岗实习机制，学生的实训导师以从企业聘任的技术骨干为主（支付报酬），院校教师为辅，形成企业导师和院校教师共同管理的育人机制。

（四）实训内容的完善

改革传统的知识系统性为项目、任务驱动式。项目和任务来源于企业，可操作性强，能保持与市场同步。这些真实发生过的项目，无论是成功的经验还是失败的教训，对学生职业能力的培养都能起到很好的效果。项目、任务由企业导师来实施。校外实训基地的实训内容包括专业技能培训、参与企业的技术革新、顶岗实习、开发新产品，等等。

（五）处理好实训与就业的关系

一方面，实训过程是就业的预演，实训为就业打基础。因此，实训阶段在强调专业知识、专业技能学习的同时，还应注重探索未知、创造发明、开创新局面能力的培养。另一方面，在不同城市和地区建立校外实训基地，可以使企业和学生在就业过程中做到双向选择。由于通过就业市场或用人单位到院校直接招人的就业方式，对学生和企业都存在一定的盲目性，因此，我们提出通过校外实训基地平台解决这一问题。由于许多企业领导、技术骨干被聘请为实训基地导师，企业对学生有比较全面的了解，容易找到理想的员工，学生通过接触较多的企业和不同职业岗位，对同类企业和不同职业岗位有较好的了解，也容易找到适合自己的工作岗位。

第三节　中山火炬职业技术学院实训基地建设的创新

中山火炬职业技术学院实训基地建设依托园区资源，抓住产业发展，将实训基地建设规模扩大为两个生产性实训校区，并根据专业对口情况建设若干个实训基地，形成了独特的"产教对接、校企一体"的合作模式。

一、中山火炬职业技术学院实训基地建设的主要做法

学院尝试建设"以学院为主组织学生实训"的校内生产性实训基地。在开发区管委会（政府）的协调下，分别与工业开发总公司、中炬高新（上市企业）、中山骏建公司联合共建总面积达 12 万 m^2 的"生产性实训校区（中心）"，初步形成了校企深度融合的"中山火炬模式"。该模式的形成，使学院通过从"点"（校内实训工厂）的积累到"线"（实训中心）的延伸再到"面"（工业开发生产性实训校区）的铺开，实现校企合作由"浅层合作"到"深度交融"的质变。

（一）建立"多形式参股，一体化发展"的合作共建机制

学院在生产性实训基地建设方面，试行股份合作发展机制，并逐步显现

出合作发展的优势与活力。股份合作发展机制的形成得益于两个方面的强烈需求。一方面，企业要转变发展方式，需要寻求新的发展路径，集中了人才和智力优势的高校成为企业的理想合作伙伴。另一方面，学院的实习实训要彻底告别"放羊"现象，需要突破隔阂与企业深度合作，建立互利共赢的合作关系。两方面的强烈需求促成了"多形式参股，一体化发展"共建机制的形成。

（1）国有企业以物业入股，共建校内生产性实训校区，联合招商选资引进对口企业，建设"产、学、研"一体化的实训基地。成立由区管委会、企业、学院三方代表组成的校区管理委员会共同管理，并根据学院专业需要招选企业，建设融"生产、教学、培训、研发"于一体的生产性实训基地。目前已建成基地 31 个，产业与专业紧密对接，较大程度上满足了各专业学生的实训实习的需要。

中山市火炬开发区工业开发有限公司是一个年产值达数百亿元的大型国有企业。其中占地 200 余亩、建筑面积达 12 万 m^2，可容纳 4000～5000 人的一个工业园区（中山市第一个工业园区）与学院隔道相望，有 14 栋生产用厂房、10 栋宿舍、1 栋培训楼、1 座餐厅，生产、培训、生活服务设施一应俱全。园区企业主要以电子、机械、模具、物流和其他加工业为主。金融危机爆发后，很多企业纷纷关门，很多厂房、宿舍、生活设施人去楼空，园区招商进入低潮。由于园区内的很多企业原来就是学院的合作单位，企业纷纷离开，对学院的实践教学带来很大的影响。

学院认为现在企业正处于困难时期，是最需要得到帮助的时候，只有共渡时艰，才能建立起更加紧密的、长期的校企合作关系，保证职业教育和企业经济的健康发展。在中山火炬开发区政府的协调下，2009 年 5 月，由学院与工业开发总公司共同组建的"中山火炬职业技术学院生产性实训校区"正式挂牌成立。根据协议，双方共同选引与学院专业对口的企业入驻生产性实训校区，学院向进驻的企业收取远低于市场价的场地租金，水电按事业单位收费标准收费，并提供国家相关税收优惠政策，提供技术服务、专利和横向课题共享，合作企业优先优惠享受学院人力、物力及继续教育资源等。这样一来，使原有的合作企业焕发了新的生机，同时吸引了一大批企业争相涌向学院，寻求合作，进驻实训校区。

（2）入驻企业通过"共建、共育、共管、共享"方式，形成一体化发展格局。入驻校内生产性实训校区的企业都是自带设备、自带资金且与学院专业对口的企业，逐步形成了产业与专业紧密对接的"校企一体化"的发展格局。其优势有：一是生产利益一体化。引进的企业在投产之前，就能节约大量的资金，投产之后，在水、电、税、技术、人工方面都能节省开支。同时，根据实际情况，各企业的生产利润按不同的比例和方式与学院分成。二是生产研发一体化。首先是研发智力资源与企业共享，提升企业研发能力；其次是研发平台与企业共享，推进技术更新；最后是研发成果与企业共享，提高经济效益。三是生产育人一体化。实训教学融入了更多的企业生产元素，真刀真枪的实战训练提升了职业素质、培养了职业情感、提高了综合职业能力。四是人才资源开发一体化。通过项目合作与企业进行人才和技术资源互补，让行业企业有利可图，为企业"能工巧匠"提升学历和职称服务，有效解决兼职教师"聘请难"的问题，推进"换血"与"回炉"工程，优化企业人力资源结构。

（二）建立"三业对接，三轨并行"的人才共育机制

"校企一体化"的合作发展，为建立健全"三业对接，三轨并行"人才共育机制创造了条件。"三业对接"是指：产业、专业、职业"三业"通过"产、教、学、研、用"的形式紧密对接，互为支撑。主要依托入驻实训校区的企业形成较为完整的产业链，根据产业链形成专业群，对学生进行系统化培养，让学生具备系统完整的职业技能。"三轨并行"是指：理论课程教学、实践能力培养、职业素质提升"三轨"在实训校区同步运行。各专业课教学根据生产任务灵活设计实训教学方案，并在有利于生产的前提下组织实施。学生在此过程中扮演"学习者"和"职业人"的双重角色，强化实践能力培养。

（三）建立"三重一多"企业准入机制

建立"高端引进，高位嫁接"的准入制度，使合作企业逐步呈现"三重一多"的育人优势。其一，逐步提高企业引进的准入"门槛"，着力引入"重科技含量、重产品质量、重管理水平、实训岗位多"的"三重一多"企业，以及处在产业链上游的优质企业。其二，引进企业必须与学院人才培养规格、职业培养特点相适应。企业规模、产业性质、技术岗位容纳量及适合高职学生实习实训岗位比例等是企业准入的关键评价指标。在引进企业组建

生产线、开辟实训教学课室的同时，合同性约定学生实习实训待遇、周期等内容，协议组建生产性、工程性研发中心，或直接引入企业的研发机构，增强校企合作研发能力。其三，致力于形成"资源充分共享，部门协同作战"的整体优势，引进的企业必须同学院专业建设、开发区产业发展战略相匹配。

（四）建立"积分量化考核"教学评价机制

在实训校区，学院根据教学的阶段性特征和总体性特征对学生和教师分别实施了不同的评价体系。在学生考核上，便用"积分自然生成考核"（图8-1）与"企业量化考核"相结合，采用高岗高值，多岗累加，根据积分高低评定学生实习成绩的等次。在学生考核上，实施"积分自然生成考核"与"企业考核"相结合的办法。首先，学校与企业根据实训需要，设计好实训积分卡。积分项目包括考勤、遵守生产规程、获奖加分、违规扣分、岗位级别等。高级岗位高分值，低级岗位低分值。其次，让学生按企业管理要求，在上下班时自觉刷卡，让积分自然生成。最后，在岗位实训结束时，将企业师傅对学生考核的量化分数转换成积分，由带队教师和企业师傅共同签名确认后，输入学生积分卡，根据积分卡的分值高低来评定学生实习成绩的等次。不同岗位的分值可以累加，最终积分高的学生获优秀实训奖励，并计入总成绩。

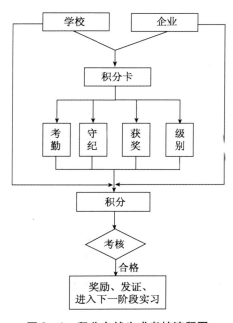

图8-1　积分自然生成考核流程图

在教师考核上，实行"实训指导老师挂牌积分制度"。首先，由学院和企业共同设计好积分卡。其次，向学生公布实训指导教师的名单和基本情况，由学生自由选择指导教师。指导教师每多带1个学生，就在其卡内增加相应分值；每减少1个学生，则扣减相应分值。最后，将学生评教的量化分数转换成积分，由实训管理中心、教务处、人事处三个部门审定后输入教师积分卡内。在年度考核时，将积分作为考评实训教师的重要依据，并将积分折换成教师的实训工作量，纳入分配体系，与教师的收入挂钩。"企业化实训方案"由实训管理中心牵头，教务处、人事处协助制定，实训管理中心主要负责实训的组织与管理，教务处主要负责工作量的制定和实训项目的确定，人事处主要负责考核结果的运用。

二、中山火炬职业技术学院实训基地建设的成效

（一）组建"骏建实训中心"，形成完整生产线，在实训中承接订单

在"以学院为主组织学生实训"的校内生产性实训基地建设过程中，学院组建"骏建实训中心"，形成完整生产线，在实训中承接订单。"骏建实训中心"是中山火炬职业技术学院校企深度融合中"线"的集中体现，该中心依托中国包装联合会设在华南地区唯一的"包装印刷培训基地"，汇集了包印行业的上、中、下游产业，形成了较为完整的产业链。最近，该中心的包装印刷培训基地已被批准为中央财政支持的国家级职业教育培训基地，从而使该中心成为集"生产、实训、培训"功能于一体的生产性实训基地。

该中心拥有教学和生产用房7100m^2，拥有曼罗兰700、300印刷机、富士CTP制版机等先进印刷设备150台（套），是学院包装印刷系印刷专业先进的实践教学设备。包装印刷系根据生产任务需求灵活调整专业人才培养方案，将专业核心课程的教学课堂搬进生产车间，通过生产任务进行专业知识的讲解和技能操作训练，并安排学生进行轮岗实习。该中心可为包装印刷专业学生提供适应性顶岗实习岗位近200个，生产型顶岗实习和勤工俭学岗位近300个。学生在该中心的生产线上进行印刷检测工具、扫描仪原稿输入、PS、CD、AI、拼大版等印前操作技能培训，提升传统PS制版、CTP制版等制版技能，胶印、丝网印刷技能，覆膜、烫金等印后加工技能。该基地每学期可以接纳4~5批学生实习，每次可以提供200余个岗位，每一个学生在一个实习

周期可以熟悉 3 个岗位。同时，该中心依托国家级培训基地，与中山包装印刷行业协会开展多方面合作，已开展平版印刷工、制版工、平面设计、包装设计、胶印机长等多层次、多领域的培训业务。中心可同时满足 200 名左右学员进行各环节技术培训，年培训量可达 400 人左右。

骏建实训中心是火炬职院深入推行"实战化教学"和"五段式"岗位实习的重要场所。目前，骏建实训中心已经承接来自香港地区和内地的总值逾 300 万元的订单，接纳了近 500 名学生顶岗实习，为 40 余名贫困学生提供了勤工俭学岗位。

（二）组建"工业开发生产性实训校区"，形成完整的产业链，在生产中完成实训

在开发区管理委员会的协调下，学院与开发区工业开发总公司达成联合办学协议共同组建第一生产性实训校区。该公司以远低于市场价的价格向学院提供 12 万 m² 的场地，该院提供人才、技术和部分教学设施设备，双方共同搭建"招商选资"的校企合作平台，成立由区管委会、学院、工业开发总公司三方代表组成的"生产性实训校区管理委员会"，共同选资，共同管理，共享利益，共担风险。经严格把关，进驻实训校区的都是与学院专业对口的企业，逐步形成了产业（产业群）与专业（专业群）的全面对接。目前，已进驻 30 家企业，形成了包装印刷、机械制造、光学技术、电子信息等产业链，基本满足了学院包装印刷、光机电、信息工程、电子工程、经济管理、生物医药等 8 个教学系 30 个专业学生的实训实习。在这一成功范例推动下，董事会成员单位——上市公司中炬高新主动与学院联合筹建建筑面积近 4 万 m² 的第二生产性实训校区。

在学院的生产性实训校区（中心），专业、产业、职业"三业"紧密对接；理论课程教学、实践能力培养、职业素质提升"三轨"同步运行。这一模式的最大特点是：学院可根据生产任务灵活设计实训教学方案，并在有利于生产的前提下组织实施。学生可在此平台上扮演"学习者"和"职业人"的双重角色。在这一模式下，实训教学融入了更多的企业生产元素，实战训练有利于提升学生的职业素质、培养职业情感、提高综合职业能力。学院提倡的"实战化教学"和"五段式"岗位实习在这一平台上得到较为深入的落实。所谓"实战化教学"，主要是指在生产性实训校区的企业里实施的一种实

践教学模式。一是生产环境教学化。引进的企业都辟有教学场所。二是生产过程教学化。专业教师与企业师傅一起，对照专业人才培养方案，将生产过程分为若干个阶段分别编制相关的实习内容和实习指导书。三是生产技术人员教学化。学院对企业师傅进行教学基本功培训，与他们签订"兼职教师聘用书"，并按相关要求考核。自建立以来，大二、大三的学生近 2000 人次在此完成为期半个月的岗位实习教育；近 1000 人次在此进行为期半个月的技能考证实习；近 500 人次在此进行适应性岗位实习；累计 600 余人次在此进行生产性岗位实习；近 200 人次在此进行就业性顶岗实习。

通常，高职实训教学基地承担认知性岗位教学任务，不具备科研功能；实训中心具备教学与职业培训功能，科研功能较为薄弱，上述两种实训中心由于功能的限制，在教学资源利用与教学成本上为"消耗型"资源。而学院的生产性实训校区作为实训基地建设的最新成果，实现了教学资源的可持续发展。在本质上与上述两种形态的实训基地产生有明显差异。首先，生产性实训基地面向社会开放，通过资源共享的方式降低教学成本，提高了基地的设备利用率，增强院校自身造血功能与辐射作用；其次，使教学、培训、生产、科研、社会服务等功能融为一体，缩短了由学生到职业人的距离，有效克服了顶岗实习中的"放羊"现象。另外，学校的生产性实训校区建设也走出了一条转型升级之路，其前提是利益相关，其基础是资源共享，其关键是合作内涵的提升。建设之初，主要以教学系部为单位，同企业共建与专业对口的实训基地，满足学生实习实训，其重点在"生产"。随着学院的内涵提升和生源质量的逐年提高，仅仅是"生产"已满足不了学院和经济社会转型升级的要求，必须向"注重技术服务和工艺创新"转变。一是校企共建教师研发工作室，让教学过程融入更多的生产、研发元素，促进教学内容的转型升级。现有 60 余名在校学生已提前进入合作企业的研发部门。二是校企共享人才资源，合作企业的 200 余名技术骨干被聘为学院兼职教师，60 余名学院专任教师被聘为企业技术顾问。三是课程设置与教学内容对接企业生产技术标准。四是实习实训学生成为企业员工，学院为企业员工提供培训。五是 70 余项发明专利和科研成果实现校企共享。

例如，2011 年 11 月，学院光电工程系光电教研室及 LED 工作室以及中山市共炫光电科技有限公司共同参与的项目——《带有导热管散热器的 LED

照明产品技术的推广和应用》，成功获得中山火炬高技术创业中心创业孵化资金 10 万元人民币的支持。据共炫光电总经理陈亮介绍，研发成果已获得发明专利一项，实用新型专利五项，项目的所有发明专利均已投入生产使用，主要用于将芯片直接固定在散热支架上面，直接对低成本地解决 LED 照明的散热问题，特别是路灯照明等大功率 LED 产品起到关键性作用。

共炫光电于去年 3 月进驻学院的实训校区。总经理陈亮表示，选择火炬职院，最主要的原因是看重学院的产学研平台。作为一个致力于追求技术创新和研发的企业，只有和学院进行长期的深度合作，才能进一步提升技术发展和技术人才的质量。共炫光电与光电工程系在公司技术部内共建 LED 工作室，对 LED 技术开发、LED 驱动电路设计、LED 灯具开发与设计、LED 技术推广与应用等方面进行研发。目前，工作室已投入 200 万元，建成了一条贴片式 LED 生产线，购置了一批 LED 光珠检测设备及部分 LED 研发设备，并已投入日常教学和科研中。学院光电技术与 LED 应用专业岗位教研室主任陈文涛、刘登飞、潘文等老师成为该企业的兼职工程师，除按协议要求完成项目攻关之外，还带领学生一同进行研发，参与企业为期三个月的产品设计与生产，成为共炫光电申请专利和创业资金的"智慧团队"。

共炫光电只是其中一个实例。经过长期合作发展，数家企业均感受到校企合作的好处，在公司或厂房内设置研发工作室，让学院具有较高研发能力与较高研发实战经验的专任老师深入其生产和研发中。与企业员工共同进行生产交流和技术攻关，促进具备自主知识产权的新技术、新工艺的顺利研发，并致力于共同申请技术项目。在走访的数家企业中，不少企业家都表示将在原有的合作基础上投入更多的资源，实现人员、资金、项目研发等方面的全面合作。据一些学生反映，校企深度融合为他们提供了更全面的企业岗位实训体验，正是这些经历，大大激发了他们学习专业知识和技能的兴趣，更认真地听取老师和企业技术专家的讲解，并希望毕业以后可以进入这些企业工作。

校企深度融合的"一体化发展"，从利益的视角思考与谋划的同时，必须不以牺牲对方利益为前提，更应放眼新技术、新产业、新业态的涌现，最大限度地整合双方的优势资源，始终保持高职院校与企业升级的紧密性。同时，"一体化发展"始终注重多赢，但更应加强校企合作的制度性和规范性，把短期措施与长期战略结合起来，共同打造一种长期有效、协调发展、互相促进的运营模式。

第九章　高职院校办学经费来源的创新

第一节　高职院校办学经费现状

从目前情况来看，我国高职院校办学经费来源总体单一，政府财政投入占办学经费的绝大部分，社会捐赠比例极低。

一、高职院校办学经费的基本结构

根据中国高职高专教育网公布的 100 所国家骨干高职院校 2009 年度的"高等职业院校人才培养工作状态数据采集平台"中提供的相关数据，如表 9 -1 统计了 2009 年国家首批 100 所骨干院校办学经费校均收入来源数额及所占比重。

表 9 - 1　2009 年度国家骨干院校办学经费结构表

序号	收入科目	收入（万元）	比例（％）
1	学费	4280	41.0
2	财政经常性补助	3170	30.4
3	中央地方财政专项投入	1791	17.2
4	社会（准）捐赠	197	1.9
5	其他	987	9.5
校均收入总额		10425	100

由表 9 - 1 可见，国家高职院校办学经费来源主要由五大部分组成：一是学费收入，二是地方财政经常性补助，三是中央地方财政专项投入，四是社会（准）捐赠收入，即社会各方的捐赠，包括为学校所有，不为学校所有但为学校所用的"准捐赠"仪器设备等，五是学校开展继续教育、社会服务、

横向科研、校办产业等方面的收入。

二、中国高职院校办学经费的基本地位

近年来，我国的高等职业教育实现了跨越式发展。据教育部公布的数据显示，2012 年具有普通高等学历教育招生资格的高职专科院校共有 1288 所，在校生人数约 1000 万。普通本科院校共 844 所，在校生人数约 1308.5 万人。高职院校占据了高等教育的半壁江山。但与高职教育的重要性不匹配的是，我国对高职教育的投入偏低。据《2011 - 中国教育经费统计年鉴》显示，2011 年我国各级各类教育机构公共财政预算教育事业费和基本建设支出，本科院校占 15.0%，中职院校占 6.4%，高职院校仅占 3.4%。按照《中国青年报》的统计，有 65.9% 的人感觉自己所在地对高职教育的经费投入较少，仅13.0% 的人感觉较多。

另外，随着教育行政部门不断强化高职教育向"校企合作、工学结合"的办学、人才培养模式转轨，导致高职院校在"双师型"教师培养、师资引进和内涵建设等方面成本高，甚至高于普通本科学校平均水平。除此之外，经费投入严重不足也造成了高职院校财务收支的双层夹击，使高职教育在整体上处于一种十分尴尬的境地。

三、中国高职院校办学经费的特点

一是政府财政投入和学费收入仍是办学经费的主要收入。从表 9 - 1 中可以看出，骨干院校办学经费收入，政府财政投入所占比例达 47.6%，学费收入所占比例为 41%，两项合计所占比例达到了 88.6%。高等教育发达国家，如法国公办大学，60% 的事业经费来自政府拨款，加拿大公办大学，75% 的事业经费由政府拨款，从这一点来说，反映了我国高职院校办学对学费收入依存度偏高，政府财政投入所占比重偏低。

二是社会投入有限。从表 9 - 1 中看到，社会（准）捐赠收入仅占 1.9%，所占比重极低。一方面，反映出高职院校与企业、社会的合作关系不深。另一方面，缺乏鼓励企业投入、参与职业教育的激励机制和保障机制。

三是总体投入与发展的需要严重不适应。高等职业教育已成为与地方经济发展和人民群众利益联系最直接、最密切的一种高等教育类型。与此形成

鲜明对比的是，经费投入长期严重不足，让每一个校长都在想着怎么弄钱，严重影响高职教育健康持续发展。采取有效对策，尽快完善高职投入保障机制是提升高职教育发展水平和质量的当务之急。

第二节　高职院校办学经费短缺原因及解决的可行性分析

改革开放以来，我国高等职业教育有了很大发展，取得了显著成绩，为社会主义建设培养了大量的高素质劳动者和实用人才。国家对发展职业教育越来越重视，社会对职业教育也充满期待。然而，高职教育快速发展中所面临的最重要问题之一——办学经费短缺问题仍严重困扰着高职院校的发展。我们认为，这里既有国家（政府）的问题——财力问题、政策问题、体制机制等，也有高职院校自身问题——基础薄弱、生源素质偏低、社会影响力偏低等。

一、经费短缺的原因

（1）政府对教育的总体投入不足。中国的人均公共教育支出为42美元，美国为2684美元，是中国的63.9倍。如果考虑到人口的因素，我们以人均GDP来比较，中国人均公共教育支出仅为人均GDP的0.82%，美国为6.10%，是中国的7.44倍。日本为4.28%，是中国的5.22倍。韩国为3.01%，是中国的3.67倍。俄罗斯为1.87%，是中国的2.28倍。巴西为2.29%，是中国的2.79倍。

（2）政府对教育的投入不均衡，更加造成对高等职业教育的投入不足。《2011-中国教育经费统计年鉴》显示，2011年我国各级各类教育机构公共财政预算教育事业费和基本建设支出，本科院校占15.0%，中职院校占6.4%，高职院校仅占3.4%。

（3）高等职业院校办学质量还不能很好地满足社会的期望，普遍缺乏社会支持。科研能力、社会服务能力等不强，创收能力薄弱，自主发展经费不足。

二、解决经费投入的途径和办法

（一）政府投入仍将是教育经费的重要组成部分

从世界各国高等教育经费的投入结构来看，发达国家教育经费主要来源还是政府资金。政府将对教育增加投入使职业教育经费增加成为可能。政府已经意识到需要加大教育投入并将逐步加大投入，理由有以下三点：

第一，4%的投入是一个和国际接轨的数字，中国经济持续较快增长，提高教育投入所占比例也是有现实可能性的，中国不应该低于这个数。

第二，美国、日本、韩国、印度，教育经费占 GDP 投入在 4.7% ~ 7.4%，中国远低于该水平。

第三，《中国教育改革和发展纲要》、《国民经济和社会发展第十一个五年规划纲要》，两份重要的纲领性文件都提出，逐步使财政性教育经费占国内生产总值的比例达到4%。

（二）提高办学质量是真正获得高增长的政府投入重要保证

从 2011 年全国教育经费统计数据分析，国家加大教育投入，肯定对职业教育的投入有所增加，但增加多少却是不定的。高职院校应积极加强与当地政府的合作，争取更多的政府拨款；应及时更新专业设置，努力提高办学质量，培育更多能促进地方经济发展的人才，帮助地方政府解难分忧，促进地方经济和社会发展。这样，地方政府才会更加重视，支持力度也会加大。

（三）"开源"是获得更多经费的理想途径，加强和创新校企合作是多渠道筹集资金，实现跨越发展、特色发展的必由之路

研究发现，不管是国外还是国内，不管政府采用什么方式或依据拨款，一个基本规律是，其所拨额度均在教育市场平均的教育成本附近，有些国家和地区会多一些，有些会少一些，但是，肯定不会太多。要实现更快、更好、更有特色的发展，所需投入必然超出教育市场的平均教育成本。超出部分只能靠自身争取。德国等职业教育发达国家的经验告诉我们，以高的教学质量吸引企业，加强与企业的合作办学力度，加强与社会各界的联系，是获得学校跨越发展资金支持的重要措施。

第三节　中山火炬职业技术学院办学经费来源的创新

近年来，中山火炬职业技术学院始终坚持"政、校、企"三管齐下，牢固树立"经营学校"理念，开创了一条"花少钱、办大事"的"火炬模式"

发展道路。

一、坚持质量立校，拉动政府高投入

中山火炬职业技术学院坚持以办人民满意教育为己任，把促进人的全面发展和适应社会需要作为衡量教育质量的根本标准，紧密配合"率先加快转型升级，建设幸福和美中山"的中山市社会发展战略目标，配合火炬开发区"十大"科学发展工程。

（1）专业设置上，学院专业设置紧密对接工业园区的产业链，课程建设紧扣技术领域和职业岗位（群）的任职要求，聚焦园区七大国家级产业基地（国家健康科技产业基地、中国包装印刷基地、中国电子中山基地、中国高新技术产品出口基地、中国技术成果产业化示范基地、国家火炬计划装备制造中山基地、中国绿色食品产业基地），五大支柱产业（电子信息、健康医药、包装印刷、化学工业、汽车汽配）和四大新兴产业（装备制造、节能和新能源、微电子和通信、生物科技），组建了包装印刷、装备制造、电子工程、现代服务、管理工程、信息工程、生物医药、光电工程 8 个教学系和公共课、思想政治两个教学部，开设了包装技术与设计、电气自动化技术、机电一体化、机械制造与自动化、精细化学品生产技术、计算机多媒体技术等 35 个专业。

（2）人才培养上，实施"三业对接办学，三轨并行育人"多学期分段式实训的实践中逐步实现了"产教一体"，逐步实现了由"教学型"向"教学生产型"，再向"教学生产研发型"的转型升级，形成了独具特色的高职教育"中山火炬模式"，不仅满足了企业用人需要，还在促进地方产业转型升级方面起到了引领作用。

（3）毕业生就业上，历届毕业生就业率高达 99% 以上，80% 以上留在中山工作，其中 60% 以上的毕业生选择中山火炬开发区就业。企业对毕业生的满意度达 90% 以上。

正是通过为地方经济社会发展培养了数以亿计的优质高效人才，为区域经济社会转型升级提供了有力的人才支撑，办学水平、办学效益得到社会的进一步认可，每年获得政府超过 1.8 亿元的高办学投入，生均经费超 2 万元，这在全国高职院校中并不多见。

二、多形式"参股"办学，撬动社会资源

学院创办于 2004 年，历史不长。虽然政府每年投入 1.8 亿元是一个令人羡慕的数字，但对于要实现由 2008 年的学生规模 5000 余人、占地面积不到 300 亩的一所普通高职院校，经过 2～3 年，成为广东省高职示范校和国家骨干建设院校，别说政府投入显得杯水车薪，就算给足经费，经过 2～3 年时间，可能房子都没能盖好，更别说创建国家骨干校了。

一是，国有企业以物业和场地入股共建。开发区工业总公司以 200 亩的工业用地、超过 12 万 m^2 的物业（其中厂房逾 8 万 m^2、职工宿舍等生活用房逾 4 万 m^2）与学院合作，联合共建第一生产性实训校区。学院投入启动资金和管理，双方通过招商选资共同引进与学院专业对口的企业。成立由区管委会、工业开发总公司、学院三方代表组成的"校区管理委员会"共同管理，建设融"生产、教学、研发、实训、培训和技能鉴定"于一体的生产性实训基地，实现了以较小投入，引入大量社会资源（设备、资金、场地），建成具有实际生产能力的新校区。借鉴这一模式，学院又与中炬高新（上市公司）合作建设近 3 万 m^2 的第二生产性实训校区，进一步提高这种合作共建模式的效益。

二是，对口企业以资金和设备入股共建。目前，实训校区已引入 30 多家与专业对口的企业和科研机构，进驻企业投入资金、设备和技术，学院提供场地、水电等优惠条件，双方签署合作协议。为学院相关专业学生提供实习实训平台，并派技术人员任该专业的兼职教师、实训教师，共同组建技术研发团队，学院承担企业人员的业务进修与培训任务。

三是，产生了巨大的经济效益与社会效益。

第一，学院坚持以服务换资源，以资源促发展，以股份合作的方式与企业共建 3 个实训校区（中心），成功利用价值近 3 亿元的企业实训资源，为财政节约了至少 6 亿元的投入（含土地、物业等），节省了至少 3～5 年的建设时间，开创了一条不完全依靠财政投入而又及时有效地解决实训资源短缺的新路子，同时与合作企业建立了牢固的利益链，实现了校企合作的可持续发展。办学面积迅速增加了近 15 万 m^2，可利用教学设备迅速增加了近 3 亿元，实习实训岗位迅速增加了近 1000 个。

第二，互融共管教学，盘活了教学资源，促进办学质量提高。为了强化企业在合作办学中的主动参与地位，按三元主体办学要求，学院与企业在学生培养方面互融共管，做到教学与生产共融，共同制定人才培养方案，共同承担岗位训练任务，共同制定评价考核标准。制定了《关于企业参与学院教学的原则意见》（以下简称《意见》），明确了进入学院生产性实训校区的企业必须承担对口专业的实践教学任务。按《意见》规定，入驻企业必须提供20%～30%的岗位给学生实习实训，必须提供20%～30%的生产时段用于实践教学。在《意见》指导下，越来越多的企业在指导学生实训中融入了教学元素，力求体现生产教学化。

不少企业在指导学生就业性岗位实习中，尽职尽责，企业在指导学生实训过程中，还适当开放核心技术资源，让学生参考，吸纳学生参加企业的技术创新研讨会。而且为了学生参加各级各类竞赛通力协作。如中荣公司在学院参加全国职业技能大赛期间，派出技术人员给予指导，让学生掌握操作流程标准，还留出设备和场地供备赛学生使用，历时一个月的指导与备赛，帮助2名学生获得全国印刷技能大赛二等奖。

第三，合作企业获得了较大发展。首先，校企紧密的合作保证了企业人力的稳定。其次，学生同时也是企业高素质的技术工人，提升了企业产品质量。进驻校区的企业产值从2009年的3亿元，到2012年年底达5亿元。

第四，学院获得跨越式发展。学院先后荣获"骨干高职院校立项建设单位"、"国家教育体制机制改革试点院校"、"广东省示范性高职院校立项建设单位"、"国家教育部和广东省教育厅确立的首批自主招生院校"、"广东省职业技术教育工作先进单位"等称号。

三、依托自身优势，培育经济增长点

首先，大力发展职业教育培训。充分采用走出去送课上门，与企事业单位共建培训基地、社区学院等。请进来，广泛发动企业员工等在职人员参与技能培训、继续教育等方式，提高素质。仅2012年，面向社会开展的职业技能培训量达11000人次以上；在读成人学历教育学生规模达到5500人以上，为学院创收近2000万元。

其次，大力支持校企合作共建工作室，促进智力转移。

学院博士及副高以上职称教师达 30%，是学院宝贵的智力资源。工作室建设是我院的特色之一。一是实行学院、企业、教师三方共建，截至 2013 年 12 月，我院共有 10 个工作室正式投入建设并且部分开始运行。累计投入经费近千万元，其中学院投入经费逾 500 万元，企业投入 400 余万元，教师自筹经费 30 万元。二是教师的智力得到较好的转化：首先是教育教学服务方面，先后承接 4 门课程的教学工作，出版校本教材 30 部；其次是科技研发方面，申请专利 12 项，申报市级及以上课题 27 项，达到经费 130 万元，发表论文 54 篇，获中山市科技进步奖 2 项，科研论文奖 9 项；最后是社会服务方面，与 40 多家企业建立了良好的校企合作关系，为企业提供技术服务 20 项，横向到账经费过百万元，与企业共同申报纵向课题 9 项，获政府资助 200 万元。

此外，大力推进科研落地，促进成果转化为办学资源。学院制定了一系列政策引导和鼓励教师从实际问题中开展科研，解决实际问题，赢得了社会认同，获得了社会相应资金的回报，学院科研实力和教师科研积极性大为增强，学院多了一条资金渠道。2012 年仅在中山市科技计划立项项目中，学院就有 40 个计划项目获得立项，相比去年增幅达 90%，占中山市学校项目的 44%，位居中山市第一。近三年，教师累计公开发表各层次专业学术论文 700 多篇，人均 3.1 篇（其中 SCI 收录 31 篇，EI 收录 46 篇），12 人次在市、区组织的专业论文竞赛中获奖；共申请各类专利近 400 项，软件版权 2 项。其中发明专利 40 项，实用新型 150 项，外观专利 200 多项。近几年与行业企业协同创新进入实质性技术合作阶段，取得多项技术成果；已初步形成了较完善的人才培训与就业、技术开发与服务的体系。学院积极开展特派员下乡服务活动。目前共有三名教授成为省级企业科技特派员，分别对口支援火炬开发区、三角镇、横栏镇。推动了镇区企业科研技术逐步走向可持续性发展，拓宽了学院技术服务的领域。近三年，学院通过各种平台实现科技服务到款总额 1220 多万元；横向课题 52 项；与 71 家企业合作申报科技项目。

第十章　高职院校社会服务的有效开展

综观大学功能的演进过程，从最初单纯的教学功能发展到集教学、科研、社会服务三大功能的同时实现。这表明，随着社会的发展与进步，社会对大学的要求已不只是培育人才那么简单，社会期待大学更多更直接地参与到社会的建设中去，大学也在不断地自觉或不自觉调整自己的角色，以适应社会的需要，同时，国家也大力提倡、鼓励大学在巩固和提升人才培养质量的同时，大力加强科研，积极推进多形式、多层次的社会服务。

《国务院关于大力发展职业教育的决定》（国发［2005］35 号）明确提出，全面提高高等职业教育质量，增强高等职业院校服务经济社会发展的能力。近年的高等职业院校人才培养工作评估的关键评估指标已发生了深刻变化，侧重于实践教学方面，侧重于学校对人才培养的市场导向方面，这些都说明，大力发展职业院校社会服务能力也是国家的要求。

调查显示，"人才培养是立校之本，科学研究是强校之路，社会服务是兴校之策"越来越成为职业教育院校的共识。社会服务能力的高低渐已成为一所高职院校整体发展状况的重要标志之一，社会服务市场经营的好坏也是师资水平高低的重要体现。

一般来说，真正意义上的高职教育发展历史不长，谈不上有什么成熟的经验，高职院校社会服务在高职院校的发展中尚属始兴阶段，高职院校社会服务应怎样定位？高职院校在社会服务方面到底可以做些什么？主要困难有哪些？该如何有效开展？高职院校究竟该如何提升社会服务能力？等等，都是颇有争论、令人困惑的问题，同时也是不容回避和亟待解决的问题。

第一节 高职院校服务社会的形式及途径

一、高职院校开展社会服务的主要形式

（一）人才服务

高职教育服务社会，最基本、最主要的形式和内容就是为社会提供数量足够的、区别于中等职业教育和初等职业教育（职业高中）的、合格的高素质技能型人才。高职院校为社会进行人才培养服务，主要根据地方对人才的需求，创办有特色的、"适销对口"的有优势专业，发挥专业优势，为地方培养和输送生产、建设、服务、管理第一线的高素质技能型人才，使培养的人才在地方经济建设和社会发展中下得去、留得住、用得上、有作为，为地方经济社会发展提供人才支持和智力基础。

（二）培训服务

职业培训是职业教育的应有之义，培训服务是高职院校为社会服务的主要形式，也是高职院校社会服务最有基础的优势项目。高职院校拥有社会上其他培训机构所无法比拟的数量庞大的、稳定的师资队伍和场地、设备等设施优势。高职院校应充分利用自身优势，着力构建与政府、企业、社区、乡村等受众密切联系的开放式培训体系，充分利用高职院校的办学资源，建立灵活开放的职业培训网络，开展社会服务。

一是开展行业培训服务，为行业和企业开展各类相关项目培训，如高新技术人才培训、企业转岗人员培训、企业入职培训等；

二是开展社区培训服务，为周边社区的经济、文化建设提供各类培训服务，如城市职工继续教育和再就业培训、进城务工人员和社会待业青年培训等；

三是开展"三农"培训服务，为传统农民向技能型劳动者的转变提供各类培训服务，如新型农民培养培训、农村劳动力转移培训、新技术培训与推广等；

四是参加或承办各类职业技能大赛，为行业和企业提高职业技能水平搭

建平台。

（三）技术服务

为地方行业和企业提供技术服务，是高职院校服务地方经济社会建设的重要方面。高职院校汇聚了一批高学历、数量多、善研究的教师团队，同时，高职院校内拥有一定数量的科研设备和一批朝气蓬勃的、富有创新活力的青年学生。所有这些，都是技术服务的天然优势，高职院校要善于发挥自身在发展过程中形成的专业优势和科研优势，利用"双师型"教师专业实践技能强及应用性科研优势，以面向地方开展应用研究为导向，以满足区域或行业的技术创新、技术开发需求为目标，为政府、行业、企业提供各类应用性技术服务。通过主动与地方政府、企业联手，加强"产学研"结合，组织开展应用性技术攻关、产品研发和横向课题研究，开展技术传播、技术推广、技术培训、技术服务，在服务与贡献中获得自身更大的发展。

（四）文化服务

国家赋予大学文化传承的任务，大学人也一向自觉地视之为己任。高职院校无论是师资还是学生，都是经过严格挑选、具有较高文化水平的，天然是所在区域的文化中心和文化高地，处于社会先进文化改革和发展的前沿，引导着社会的价值取向和文化诉求。高职院校在吸收先进的社会文化和企业文化、融合地方文化精华的基础上，要努力提升文化渗透力和辐射力，以主动地与企业、社区联合组织文化活动为重点，以组织师生开展送文化进企业、送文化下乡等活动为抓手，以将学校的图书资料、体育设施、文艺设施、医疗设施等资源共享和开放服务为基础，促进和推动校园文化与地方文化的互动融合。此外，高职院校可以而且必须在地方文化资源发掘、整理与研究，地方文化产品的创作、传播与开发等领域作出应有的贡献。

（五）咨询服务

咨询服务被认为是高职院校为地方经济发展服务的最简单、最原始、最基本、最常见的形式。相对于本科高校，高职院校大多历史较短、学科单一、科研力量较弱，但仍然是所在地区智力密集、思想活跃的地方，是重要的思想库，加之大多高职院校拥有较丰富的信息资源，具有良好的区域、行业背景特点和地缘、人缘关系，可以通过设立社区服务站，组织假期社会实践和青年志愿者活动，为地方政府、企业、社区等提供决策、管理、技术等方面的咨询服务。

二、提升高职院校社会服务能力的主要策略

高职院校社会服务能力提升是一项系统工程，一般来说，可以从以下几方面考虑：

（1）拓展服务功能。作为高职院校，应区别于研究型大学和普通本科院校，突出"应用"，而具体的应用则是各式各样、随时间而千变万化的。因而，必须不断地拓展服务功能与项目，百花齐放、百舸争流。面向行业企业积极开展技术服务，面向新农村提供农业技术推广、农村新型合作组织建设服务，面向社会积极开展高技能和新技术培训，面向社会开放学校教育资源和文化体育设施，为当地居民提供科普、文化等方面的专业服务，构建多层次的社会服务体系。

（2）完善服务平台。通过建立和完善高职院校与政府、行业协会、企业合作等多种服务平台，构建开放式的社会服务体系。

（3）创新管理模式。通过开展应用性技术攻关、产品研发和横向课题研究等形式，组建以专业团队为核心的高水平合作团队，联合政府与企事业单位积极开展以技术传播、技术推广、技术培训、技术服务为主的产学研合作，构建全方位的社会服务体系。

高职院校开展社会服务应该以面向区域经济为立足点，以构筑平台、培养团队为切入点，以校地合作、校企合作为着力点，坚持教师个体或小团队自发合作与学校有组织合作并重、项目合作与长期战略合作并重、适应性合作与导向性合作并重，通过开展政府引导型、行业主导型、企业主导型、市场需求型、资源共享型等多种形式的"产学研"合作，建立面向区域的开放式社会服务模式，提升高职院校的社会服务能力。

第二节 高职院校社会服务能力的现状

社会服务，按满足社会现实需要的时效来分，可以分为长期社会服务和即时社会服务。长期社会服务是以人才培养、科学研究为依托，有目的、有计划、有组织地为社会发展提供的一系列活动，具有持续时间长、见效慢、影响远的特点。即时社会服务，是指以近期或即时项目，包括生产、产品研发等任务所开展的一系列活动，做一件成一件，具有时间短、见效快等特点。有效开展社会服务已成为目前高职院校提升学校社会影响力的重要手段。

但是，目前的许多高职院校，由于其历史原因，对社会需求、市场运作等方面不够了解，对高职院校的社会服务，以及如何开展社会服务不够了解，因此，在依托学校的资源开展社会服务方面存在一些问题。

一、服务内容还比较单一

大部分高职院校的社会服务，当前只限于为区域经济社会发展提供人才支撑，开展员工培训为企业的可持续发展提供支持。而以教师为主体，以企业的生产实际需要为对象进行的科技研究、产品开发，则很少或不成组织和缺少规划，从而导致高职院校应履行的三个服务职能不全，服务内容比较单一。

二、教师来源渠道狭窄，实践能力不强

娴熟的专业实践技能是高职院校教师开展社会服务的必备条件之一，而该条件是当前很多高职院校教师所缺少的。分析其成因，首先，主要是因为高职院校教师来源渠道狭窄，很多教师是普通高校毕业生，而来自企业一线的专业技术人员，数量和水平都不是很高。其次，国家用人政策，主要是进入条件简单划一，造成高职院校最需要的、最适合的人才难以进入。因此，很多高职院校教师缺少专业实践经验，对职业、行业了解很少，缺乏从业的技能和实操能力，使得高职院校的社会服务工作难以有效开展。虽然教育主管单位提出把高职院校教师下放到企业单位进行锻炼、增加企业工作经验、提高实操能力，作为提升高职教师能力培养的一个途经。实际情况却是伴随着高职教育迅猛发展，很多教师工作处于超负荷状态，工作负担很重，疲于应对校内的教学科研任务，去企业实践和锻炼的时间得不到有效保证。另外，企业在高职教育中责任缺失的问题没有得到解决，校企合作常常是不均衡发展，造成了教师的教学与科研工作往往与经济建设和生产发展需要相脱节。

三、激励机制缺位

激励或奖励主要包括教师晋升、教师地位和威望等方面。目前高职院校内部或外部均没有建立起有效促进教师充分实现社会服务职能的激励机制。对高职院校师资的资格认证、聘用、考核、职称等方面，仍沿用或绝大部分采用普通高校教师资格标准及考核办法。以职称评审为例，高职院校职称评定工作基本上照搬普通高校的要求和方法，看重的是教师的学历与论文的数量、质量，而对其应具备的专业技能和技术资格未做明确要求。这样就导致高职院校教师评职称时一味追求高学历，写"论文"，而远离了高职教师应有的专业发展轨道。导致现在大多数高职院校教师的继续教育还是选择"唯学历"、"唯学科"的"双唯教育"，不太注重旨在提高实际操作技能的非学历的继续教育和培训。

第三节　高职院校社会服务体制机制的建设途径

高职院校一般隶属地方，可称之为地方高职院校。要做好社会服务本质工作，保障社会服务工作持续、健康发展，首先要明确社会服务的内涵，其次还应形成一套科学的服务社会机制。

一、正确认识社会服务的内涵

高职院校有效开展社会服务。社会服务有广义与狭义之分，一般来说，广义的社会服务是指高校作为一个学术组织为社会做出的所有贡献。包括直接的贡献和间接的贡献。狭义的社会服务指高等学校在保证正常的人才培养任务情况下，依托自身的教学、科研、人才、知识、场地和国家扶持政策等方面的优势向社会提供直接性的、服务性的贡献，以促进经济和社会发展的活动。理解与把握好社会服务的狭义与广义内涵，是高职院校充分利用与整合资源开展社会服务的前提与基础。

二、形成一套科学的服务社会机制

所谓地方高职院校社会服务机制，指的是地方高职院校（以下简称高职院校）在开展社会服务方面相关的学校与地方之间内外基本要素之间相互联系、相互作用的原理及其手段、方式。

总的来讲，高职院校服务社会机制可以从两个方面来建立。

（一）外部机制

所谓高职院校社会服务外部机制指的是高职院校开展社会服务的外部相关要素之间的相互联系与联系方式及相互作用的原理。

（1）建立健全中央、省（自治区）、中心城市高等职业教育三级办学体制，合理划分中央、省（自治区）、中心城市（包括地市）在高等职业教育发展方面的权利，明确各自的义务、责任，同时扩大中心城市（包括地市）对本地区高等职业教育的举办权、参与权、统筹权，充分调动中心城市（包括地市）发展本地区高等职业教育的积极性、主动性、创造性。

（2）制定促进地市政府及地市企业、科研单位积极依靠和利用当地高等职业教育人才和智力支持的政策和法规。充分利用政策的督促、引导作用。

（3）制定高职院校为所在地市社会服务的评估体系。充分发挥评估的标杆、督导作用，形成全部高职院校齐开展、大力开展、竞相比发展的局面，促进相互交流、共同进步。

（4）利用经济杠杆，引导高职院校为地市社会经济服务。政府的宏观调控，资源的投入，作为"看得见的手"的调节功能应该与市场这只"看不见的手"形成一个评估体系，以此来衡量当地高职院校社会服务功能的价值。

（二）内部机制

高职院校社会服务机制的有效性，除了外部机制以外，还应从高职院校内部来建立并完善。内部机制主要包括动力机制、激励机制、平衡机制、管理机制、自我发展机制。

（1）动力机制。高职院校社会服务既要有外部压力，更要有内部动力；既要有外部环境，更要有内在要求。内部动力和内在要求主要取决于高职院校对自身发展、社会贡献的价值和作用的认识程度及水平。要从高职院校教学、科研、社会服务三者的内部关系，高职院校与所在地方社会的外部联系，高职院校办学资源的扩充和发展空间的拓展，国家、省、地市政府和社会对高职院校的要求，知识经济时代地方高等教育和社会经济的发展规律等几个方面，解决地方高等职业院校社会服务的认识程度和水平。

（2）激励机制。合理有效的激励机制为高职院校教师开展社会服务工作提供了动力保证。在高职院校内部，应切实将社会服务工作作为学校的一项重要工作来抓紧落实。一方面，要给开展社会服务人员提供时间、信息、经费、实验设施等方面的支持，充分利用相应的资源为社会服务提供最有利的保障，使社会服务工作能够顺利地开展。另一方面，考核激励所关注的领域除了人才培养工作，如教学质量评价、精品课程评选、示范专业评选等外，也应包括社会服务能力，针对教师承担地方有关部门或企业委托的横向课题、技术研发项目和获取职业技术资格等制定激励措施。

（3）平衡机制。社会服务要有序、高效地发展，必须正确处理教学、科研、社会服务三项职能的关系，建立协调三项职能的平衡机制。三项职能是相辅相成的、统一的整体。其一，社会服务促进教学与科研的发展，是指通过服务，能直接了解社会新的需要、新的问题，为教育补充丰富的内容和为科研提供信息与课题。而教学水平的提高，科研成果的丰硕，又成为高职院校社会服务的前提和优势。只有三项职能之间平衡协调，相互促进，才能保证社会服务的正确方向，形成三者之间的良性循环。其二，一所学校，并不是所有的人都适合从事科研、教学、产品开发等特定的社会服务项目，每一个个体均有其有优势的一面，事事有人做、人人有事做、用人所长，才能使社会服务工作长久坚持、和谐发展。

（4）管理机制。加强统筹，把社会服务纳入高职院校工作的重要议程，校领导、各个系的中层干部以及基层干部都务必做好本职工作，上中下各级明确责任与义务。同时制定配套的社会服务工作管理办法、规章、制度，制定社会服务发展规划，加强队伍建设，要有组织、有计划地培养一批思想作风好、科研水平高、技术能力强的社会服务骨干或队伍。管好校办企业，校办企业、校办产业是区域高校直接参与区域社会经济的窗口，对区域高校开展社会服务具有重要作用，要抓好校办企业的建设，重点扶植科技含量高、社会经济效益好、有发展前景的企业。

（5）自我发展机制。高职院校要有长期发展的战略目标与计划，战略的制定要与区域社会的发展相和谐、相统一。高职院校的发展与壮大，有赖于区域经济发展的支持，反过来，区域经济的发展离不开高职院校的教学与科研的支持，直接体现为社会服务职能，因此，学校要建立起一套有效的社会服务自我发展机制。

（三）建立开放式的高职院校教师引进与培养机制

丰富的专业实践经历是成为一名理想的高职院校教师的首要条件，能够保证其具备较高的社会服务能力。企业是高职院校社会服务工作的主要客体，也是培养高职院校教师社会服务能力的重要基地。要在校企之间搭建一个良好的互动平台，打通校企人力资源共享的通道，拓宽高职院校教师来源。在吸引优秀的企业人才来学校任教的同时，大量聘请行业企业的专业人才和能工巧匠到学校担任兼职教师，逐步加大兼职教师的比例，逐步形成实践技能课程主要由具有高技能水平的兼职教师讲授的机制。同时，最大限度地为高职院校的专任教师提供专业实践的机会、场地、设备，通过下厂实习、职业考察等多种方式，促使专任教师熟悉并掌握相关的典型的职业工作任务和职业工作过程的经验与知识，不断更新和拓展教师的知识结构。这种企业实践训练，不仅要贯穿于教师入职初期的适应阶段和成长阶段，而且也要渗透到专业素养趋于稳定的成熟阶段。这样，才可以提高整个高职院校教师群体的社会服务能力。

第四节　中山火炬职业技术学院社会服务能力的建设

中山火炬职业技术学院注重发挥学院技术优势，整合政府、行业、学校多方资源，主要开展人才培养服务、技术研发与服务、继续教育与培训、开展对口支援与交流四个方面的服务。通过实训校区的建设、成立继续教育学院、创新技术研发应用平台、合作共建社区学院、组建工程研究院等，使学院在服务区域经济社会发展的过程中实现了自身的升级转型，并推进了体制机制改革和人才培养模式创新，由此提升了自身的核心价值，承担起新的历史使命：一是力争成为支撑区域经济发展的高级技能型人才资源"储备库"；二是力争成为加速经济社会转型升级的"助推器"；三是力争成为推动高职院校体制机制改革的先行者；四是力争成为效益型、创业型高职院校的示范者。

一、创新人才培养模式，夯实人才服务

（一）"三业对接"，服务地方经济发展

中山市火炬开发区成立于 1991 年，是由国家科技部、广东省政府和中山市政府共同创办的国家级高新区。火炬开发区东临珠江口，与深圳、香港地区隔海相望，京珠高速、沿海高速、江中高速公路和即将开通的珠三角轻轨铁路穿城而过，同时拥有集装箱吞吐量居全国港口十强的中山港，珠三角西岸水陆交通枢纽的优越位置将其推向了环伶仃洋经济圈竞争的大舞台。火炬开发区总体面积 70 平方公里、总人口 20 万，汇聚了来自 20 多个国家和地区的知名企业，工业企业 1000 多家，其中规模以上企业 500 多家，世界 500 强企业近 20 家，出口创汇位居中国十强，同时拥有国家健康科技产业基地、中国包装印刷基地、中国电子中山基地、中国高新技术产品出口基地、中国技术成果产业化（中山）示范基地、国家火炬计划装备制造中山（临海）基地，中国绿色食品产业基地，七块国家级牌子居全国高新区之最。电子信息、健康医药、包装印刷、化学工业、汽配工业五大主题产业，以及装备制造、节能和新能源、微电子和通信、生物科技四大新兴优势产业已成为珠江口经济圈内一个闪光的亮点。近年来，火炬区经济呈现跳跃式发展的强劲势头，各项经济指标占中山市的 1/5 至 1/3。

学院坚持立足园区、服务中山、辐射广东的办学定位，坚持"质量第一、特色鲜明、规模合理"的发展思路，力争把学院办成国内知名的"园区特色大学"。通过"教学系（部）对接工业园区、专业（群）对接产业（群）"与市场紧密联系，根据园区产业结构优化升级动态调整专业设置，将人才培养的全过程融入到园区经济发展的全过程。

学院现有的电子工程系、生物医药系、包装印刷系、装备制造系、信息工程系、现代服务系、管理工程系、光电工程系八大教学系与中山高新区的电子、健康科技、绿色食品、包装印刷、（临海）装备制造、高新技术产品出口、技术成果产业化七大国家级产业基地紧密对接。具体体现在：一是对接临海装备制造基地，新组建了装备制造系；二是随着 LED 新能源光学产业的蓬勃发展，新成立了光电工程系；三是适应船舶制造业的需求，新开设数字化电焊专业；四是针对物联网的普及，新开设物联网工程专业；五是依托临

港经济，新开设现代物流专业。

（二）创新人才培养，"335"效果显著

1. 社会满意

学院创新性地制定和实施以"五段式岗位实习"为核心的人才培养模式被广东省政府肯定为"335"人才培养模式。所谓"335"人才培养模式，第一个"3"指"1＋1＋1"的人才培养机制。学生累计1年在校学习技术理论，累计1年在校内实训基地实施"教学做"一体化教学，累计1年参与五段式岗位实习。第二个"3"指"三证书"，推行"毕业证＋技能证＋素质拓展证"的毕业机制，其中"素质拓展证"既有一系列素质教育活动为载体，又有实践基地依托和教材、课程支撑。最后一个"5"，就是五段式岗位实习。即半个月的岗位实习教育；1个半月的技能考证实习；1个月的适应性岗位实习；3个月的生产性顶岗实习；3个月的就业性顶岗实习。这种培养模式强化了实践教学，建立在深入的工学结合、校企合作基础上，促进和提高了学院人才培养质量，扩大了学院的社会影响力，使得学院的生源结构不断优化。学生在企业实践过程中长了本领、认识了企业；企业在参与学生的培养过程中发展了自己、选择了最适用的未来人才。因此，学院历届毕业生就业率高达99%以上，60%以上的毕业生选择中山高新区就业。用人单位对毕业生的满意度达90%以上。

2. 学生与用人单位满意

以2010年学院来源于"麦可思——中国2010届大学毕业生社会需求与培养质量调查"的几个数据为例。（如图10－1所示）。

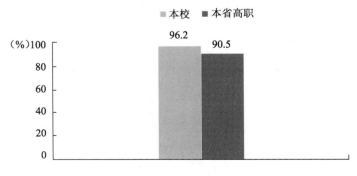

图 10－1　毕业一年后的就业率

（1）就业率。中山火炬职业技术学院 2010 届毕业生毕业一年后的就业率为 96.2%，比广东省 2010 届高职院校毕业生毕业半年后（90.5%）高 5.7 个百分点（如图 10 - 1 所示）。

（2）毕业一年后的去向。中山火炬职业技术学院 2010 届毕业生毕业一年后"受雇全职工作"的比例（88.3%）比广东省 2010 届高职院校毕业半年后（86.5%）高 1.8 个百分点；"自主创业"的比例（6.1%）比广东省 2010 届高职院校毕业半年后（1.8%）高 4.3 个百分点；"无工作，继续寻找工作"的比例（2.1%）比广东省 2010 届高职院校毕业半年后（7.4%）低 5.3 个百分点，（如图 10 - 2 所示）。

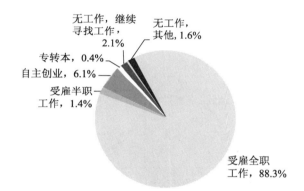

图 10 - 2 中山火炬职业技术学院 2010 届毕业生一年后的去向分布

注：图中数据均保留一位小数，由于四舍五入，相加可能不等于 100%。

数据来源：麦可思——中国 2010 届大学毕业生社会需求与培养质量调查，http：//www.mycos.com.cn.

（3）应届毕业生第一份月收入。本校 2010 届毕业生月收入期待底线（2217 元）比本省 2010 届高职院校（2103 元）高 114 元；毕业一年后实际月收入（2865 元）比本省 2010 届高职院校毕业半年后（2284 元）高 581 元。（如图 10 - 3 所示）。麦可思所做的中国 2010 届大学生毕业于社会需求与培养质量调查结果显示，2010 届我国大学毕业生月平均收入 1000 元以下的占 1.3%，5000 以上的占 3.6%，（如图 10 - 4 所示）。与全国同届毕业生月平均收相比，本校 2010 届毕业生平均月收入为 2865 元，毕业生月收入状况居中。

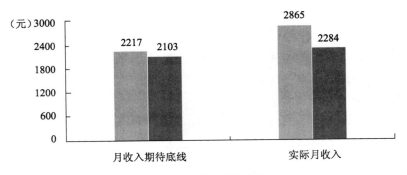

图 10 - 3　毕业后月收入

注：本省高职为毕业半年后数据。

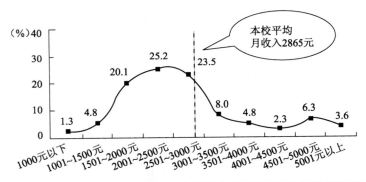

图 10 - 4　麦可思——中国 2010 届大学毕业生社会需求与培养质量调查

二、搭建实训校区平台，开展多形式社会服务

中山火炬职业技术学院创新性地建设实训校区，提供了大量实践机会，在很好地解决高素质技能人才培养的同时，广泛地开展社会服务，教育部鲁昕副部长对此作出高度评价，认为应写进高职院校建设标准中去。

中山火炬职业技术学院将多项体制机制创新举措融于实训校区建设，在解决学生实训的同时，很好地实现社会服务，成效显著，被职业教育界誉为"中山火炬模式"。

"中山火炬模式"是一种崭新的办学模式，它充分地发挥了政府在企业与院校之间的联姻作用，充分地调动了企业的积极性，同时强化了高职院校的组织权。"中山火炬模式"是中山火炬职业技术学院特有的、鲜明的生产实训

"政校企"合作模式，它有利于高职院校三大职能的充分发挥，特别是社会服务职能的体现。

"中山火炬模式"最大的优势是：学院可以根据教学任务来组织实习实训生产，更有利于人才培养。"火炬模式"的形成，使学院从"点"的积累到"线"的延伸再到"面"的铺开，实现了校企合作由"浅层合作"到"深度交融"的质变。所谓"点"是指学院"引厂入校"，建立校内生产性实训工厂（车间），让学生在实训中了解产品生产的某一环节；所谓"线"，是指学院与企业共同组建（如骏建实训中心），建成完整的生产线；在实训中对外承接订单；所谓"面"，是指学院在政府主导下与国有企业联合办学，组建"工业开发生产性实训校区"、"中炬高新生产性实训校区"，进行联合选资，形成完整的产业链，让学生在实训中了解整个行业上、下游生产的全过程。在实训校区，进驻的都是与学院专业对口的企业，各企业逐步形成产业（产业群）与学院的专业（专业群）完全对接。火炬模式的主要特征是"三业对接、三轨并行"。"三业对接"是指学院专业、校区产业、学生职业紧密对接、互为支撑；"三轨并行"的内涵是：理论课程教学、实践能力培养、职业素质提升。

火炬职院在办学实践中遇到的问题，正是高职院校在工学结合等实践教学当中难以深化改革和提高质量的综合性问题，它涉及企业如何在机制、利益、政策层面参与院校人才培养的问题。同时也表明，如果没有政府的主导，难以从根本上解决此问题。火炬职院认识到，在目前条件下，实训基地完全依靠高职院校的资源来建设既不可能也不现实，政府的投资、火炬职院的资源是有限的，但完全依靠企业，以企业为主的校外实训基地模式，学院又缺少主导权，教学与生产难以真正融合。校企合作的程度，直接关系着高职人才培养的质量、关系着企业的竞争力和高职教育的协调发展，因而涉及政府、企业、学校利益，需要多方面共同努力推进。

如何解决这一目前中国职业教育发展中制度与要求的矛盾，仅靠鼓励、引导企业是不够的，要从根本上解决问题，就要从创新职业教育制度上探索出一条可行之路。而中山火炬职业技术学院正处在这么一个内外环境非常有利的条件之下。

如何突破这个"瓶颈"，火炬职院进一步解放思想，结合教高［2006］

16 号文件精神，在"解放思想、先行先试、勇于探索、善于实践、尊重规律、科学发展"的火炬思想引领下，创新合作模式的设想得到了园区政府与领导的大力支持。

（1）发挥园区火炬职院"三元主体"中政府一元的主导优势。在火炬职院生产性实训校区建设上，火炬开发区管委会发挥了重要的主导作用。在区管委会的主持下，火炬职院召开了有各大公司领导参加的火炬职院董事会，通报火炬职院关于建设生产性实训校区（中心）的计划，得到了企业的积极响应。同时区管委会还多次要求园区内各企业对于火炬职院的计划给予大力支持，并多次牵线搭桥，组织召开有关的协调会，研究实训校区的建设问题。

（2）调动园区火炬职院"三元主体"中企业一元的积极性。园区内的企业，由于与火炬职院有天然的依存关系，多年来对火炬职院的办学一直给予大力的支持。但企业同时也是以效益作为首要经营目标的，为此，火炬职院在如何吸引企业方面进行了大胆的尝试，并做了大量的工作。

一是切实让利企业。在实训校区建设上，2009 年，火炬职院从工业开发总公司首期拿出场地近 30000m^2，以当时市场价位的 50% 出租给引进的相关企业，水、电费用等同时实行优惠政策（为社会上企业用水、电成本的 50% 左右），并保证物业、安全等条件，保证吃、住、培训等后勤服务，争取税收减免，解决了企业的很多实际问题，对企业的吸引力很大，许多企业争相与学院合作，学院在引进企业时就有较大的选择，能引进到与学院专业对口的企业。

二是做企业的技术支撑。优先享有火炬职院的专利转让权，同时，优先获得合作机会，共同申报产学研项目，主动改良企业技术等。

三是加大宣传力度。要让社会尽可能明白，近十年我国高等职业教育的发展切实对社会、对地方经济、产业起到了人才的支撑作用，对社会、对合作企业的帮助会越来越大。因此，当火炬职院提出计划时，企业的响应比过去几年踊跃得多。与火炬职院合作的开发区工业总公司看到了我国高等职业教育发展的积极作用，看到了火炬职院的办学是真正为企业服务的。同时火炬职院为工业总公司引进了企业、盘活了资产，火炬职院也进行了大量的投入，这种有形与无形的结合，更坚定了合作企业的信心，形成一个多赢的合作。

（3）强化园区火炬职院"三元主体"中火炬职院一元的组织权。没有利益的相互分配与风险，就不可能是一种深入的合作。火炬职院没有投入，建设就是一句空话。为此，从 2009 年年初开始，火炬职院每年投入 600 万元用于实训校区（中心）建设，这笔资金的主要用途是场地租赁、设备购置、教学设施投入、学生实习补助等。建设的思路是：以"项目为纽带，以专业与企业直接对接"作为新型校企合作的切入点，设计以学校教学计划组织为基础的特征，各专业根据专业（职业技能）培养为目标，寻找适当的企业进行合作。

建设初期，火炬职院以零风险鼓励各教学系与企业进行合作。提出了凡是项目得到火炬职院批准的，火炬职院都首先给予每个项目在学生实习、实训方面的补贴。极大地调动了各专业与企业合作的积极性，把专业建设推到了产学合作、工学结合的前台。

合作中，火炬职院对生产性实训校区具有独立的使用权，负责按照满足实训教学和生产任务的要求引进企业，并负责相关教学的组织与管理，负责提供生产性实训所需的场地、设施，负责生产实训校区的物业维护与管理，并协助提供实践教学条件，提供基本的后勤保障，与企业共同组成火炬职院生产性实训校区（中心）项目领导小组及管理委员会，独立运作，独立核算，具体负责生产实训校区的经营管理的"火炬模式"——生产性实训校区（中心建设）。

实训校区管理委员会严把企业准入关，制定了《生产性实训校区准入标准》，规定申请入实训校区的企业必须满足五个条件。第一，与火炬职院专业对口；第二，具有一定的规模；第三，具有一定科技含量；第四，同意满足火炬职院实训教学；第五，获利后在经济上支持火炬职院建设。

（4）不求所有，但求所用，合作形式多元化。火炬职院在生产性实训校区（中心）建设中，把握内涵、效果不拘泥于形式。根据实际情况，与企业以多种方式进行合作。到目前为止，学校的"政校企合作"的社会服务模式有如下两种。

一是火炬职院与民企共建实训基地——"骏建模式"——中山火炬职业技术学院骏建生产性实训中心。采用联合经营，共同管理，组建"骏建生产性实训中心"。火炬职院与中山市骏建公司签订协议，由该公司出场地

（7100m²）、出设备（价值 1600 多万元），火炬职院出技术、出人力，组建"中山火炬职业技术火炬职院骏建生产性实训中心"，并由双方派员组成"生产性实训中心管理委员会"，共同管理，共同建设。火炬职院将中国包装联合会设在华南地区唯一的培训基地放在该中心。中心对外承接业务，所得收益双方按各 50% 分成。

二是火炬职院与国企共建实训基地——"工业公司模式"。火炬职院与开发区工业联合公司的战略合作，属于联合办学层面，共同建设，组建"工业开发生产性实训校区"。由开发区管委会牵线搭桥，火炬职院与管委会属下的国有工业开发总公司成功联姻，共同建设总面积达 120000m² 的"中山火炬职业技术学院工业开发生产性实训校区"，由双方共同成立"生产性实训校区管委会"，联合招商选资。目前，从 2009 年开始建设时只有 5 家企业进驻，大部分属于加工型企业，到 2013 年，进驻企业已达 30 余家，大多数为高科技企业。此举，不仅帮助火炬职院解决了校内实训基地建设问题，还引入了具有活力的企业进入园区，盘活了政府属下公司的资源。同时，火炬职院的人才和技术优势也以此为平台，推动着开发区产业结构的升级和"双转移"。

（5）生产教学化设计。火炬职院生产性实训校区引进的企业，虽然对接的是不同的专业，但都是按火炬职院的统一要求进行生产教学化设计，主要内容有：

①生产环境教学化。每一个引进的企业都开辟有专业的教学场所（教室），火炬职院统一购置桌椅、安装多媒体设备，用于现场教学和教师办公，学生学习。

②生产过程教学化。专业教师与企业人员一起，对照火炬职院专业人才培养方案，设计生产过程与人才培养对接的内容、时间、形式等，将生产过程分为若干个阶段，分别编写相关的实习内容和指导书。

③生产技术人员教学化。火炬职院对企业技术人员、有能力承担实训教学指导的人员进行教学的基本业务培训，向他们介绍火炬职院教学的基本要求，人才培养方案的基本内容，与本企业相关的实践教学内容，取得他们的支持与配合，签订《兼职教师聘用书》，同时也对他们提出考核要求。

通过一系列工作的落实，火炬职院在实训校区（中心）建设与管理、运行上都与各专业人才培养方案进行了有效衔接，基本达到了国际上比较认同的 1979 年加拿大合作教育的 6 条标准。即工作位置经学校开发或认定是适合的学习场所；学生从事的是实际工作而不仅仅是观察；学生在工作中的进展是由学校督导的；工作中的表现是由雇主管理和评价的；总工作时间要占学生学习时间的 50%，最低不低于 30%。这种依托政府主导、企业全程参与、火炬职院为主组织实施的特色鲜明的合作，很好地诠释了中国高职教育的"以服务为宗旨、以就业为导向、走产学结合之路"的指导思想。

三、成立继续教育学院，建设培训高地

火炬职业技术学院在发展过程中，已逐步感觉到原来的继续教育处这种建制模式的不适应：第一，人员数量的相对固定与受培训市场（人数）的不确定的矛盾，造成培训旺季时人员严重不足，有事没人做；培训淡季时，人员又相对偏多，有人没事做。第二，人员工资相对稳定与业务不断拓展需要的矛盾，造成事业的发展与否与自己没多大关系，积极性不高，甚至会有消极对待发展的现象。为了改变这种局面，火炬职院将原来的继续教育处改为继续教育学院。这一名称的改变，随之而来的是由原来的一级管理改为二级管理这一机制的改变。具体来说，学院只负担最基本的人员及其基本工资，允许其根据市场、业务的需要，聘请临工、兼职教师等，培训所得收入按一定比例与学院分成后可自主进行二次分配。这样，大大地激发了每一个人的积极性，继续教育培训在质和量等方面均有了极大的提升。

（一）标准引领，融入行业，开展行业培训

火炬职院利用办学优势积极开展与行业的合作。2009 年 3 月，首届中国包装印刷职业培训认定标准体系启动仪式暨中国包装联合会培训专家委员会成立大会在火炬职院举行。火炬职院被获准为"中包联"中南唯一培训基地，并主要参与中包联行业资格标准的制定；火炬职院同广东省包装协会、中山市包装协会联系更为紧密，每年都由行业组织学生到企业实习，组织企业到火炬职院招聘毕业生。此外，火炬职院还成立有"全国计算机信息高新技术考试站"、火炬职院与杭州华三通信技术有限公司合作举办的"中山火炬职业技术学院 H3C 网络火炬职院"等。火炬职院电子工程系还多次为中山纬创资通电子有限公司举办具有先进技术水平的技术培训班、订单培养班；机械系结合学生实训，开展来料加工等多种合作项目。

火炬职院积极支持广东省国防交通战备工作，以火炬职院为主组建了广东省国防交通战备应急器材保障基地培训中心。2008年，全国首期装配式战备钢桥使用管理业务集训班在火炬职院开训，来自全国各省、自治区、直辖市公路战备钢桥管理单位和国防交通公路抢修保障队伍的60多名骨干参加此次培训。得到了国家交通战备办公室领导的肯定，并对火炬职院编写的培训教材、制作的教具和多媒体教学材料予以高度评价。

（二）开展技能培训鉴定与培训标准开发

依托生产性实训中心，利用中央财政支持的包装印刷、机械装备制造两个实训基地、中国包装联合会华南培训基地，建设面向社会开放的技能培训与鉴定中心，服务中山及珠三角相关行业企业人员，其他职业院校，并与江西新余等地合作，共建培训与技能鉴定中心。

（1）职业技能鉴定。依托现有职业技能鉴定所，积极拓展技能鉴定项目。技能鉴定项目达到30个，职业鉴定年培训考证达3000人次。依托现代服务业职业培训学校，面向全市高等院校学生及社会人员，重点围绕"现代服务业"相关行业，主要在金融管理、企业管理、市场营销、项目管理、物流管理、装潢设计与制作、企业信息化管理等七个专业十六项工种开展职业资格认证培训及考试。

（2）参与制定行业标准。与中国包装联合会制定国家平版胶印印刷机机长培训标准及国家凹印机长培训标准，在全国率先开展平版胶印印刷机机长培训、凹印机长培训等业务，年培训能力约在200人次以上；以中山市光学学会为基础，通过校企合作，共同制定光学冷加工专业培训标准，对区域内光学冷加工企业员工进行技能培训，提高行业整体技术水平和生产能力，年培训企业技术人员约在1200人以上。

（3）推进"换血"与"回炉"工程。优化企业人才结构，提升企业发展质量。一是学院为企业培养大量高技能应用型人才，作为新鲜血液充实到企业为其换血。二是积极接纳企业的现有员工，对其进行"回炉"重铸，提升其技能和专业水平。三是继续扩大与市职业教育集团的合作，打造中山市职前教育、职后培训、晋级考证的职教基地。从2011年起，每年培训社会及企业人员达7000人，面向社会规模年均增长10%。

（三）面向中山终身教育体系的社会教育服务

围绕中山及开发区经济社会发展，积极完成服务社会终身教育体系构建的战略目标，满足中山市不同阶层、不同年龄阶段市民的多样化的高等教育需求。以函授教育、网络教育、职业技能培训三大形式，提供包含学历教育、非学历培训、专业性人才培养和短期课程进修的继续教育服务，学院逐步成为与经济社会发展相适应，质量优良、特色鲜明的中山东部区域继续教育和培训中心。

（1）构建"送教上门"、"菜单式培训"等多形式教育模式。深入企业，面向企业在岗职工举办成人专科学历班，加强与市内中等职业学校"3+2"模式的合作，鼓励中职生毕业后选择读高职业余大专，为应届中职毕业生量身定做与中职专业相对应的高职成人大专课程，为中等职业学校毕业生提供在岗高职学历教育机会；进一步加大力度提高成教的教学质量，树立学院成人教育的品牌，加强成人教育的远程教育，投入人力、物力开发可实现远程教育效果的课件，提高效率。到2013年，成人非全日制学历教育在读人数超过5000人。

（2）服务社区，共建社区学院。以满足和提升市民的整体文化素质为导向，为中山构建终身教育体系和学习型城市服务；积极与各社区各类机构的教育、文化部门合作，共同建设5个社区学院。

四、成立工艺工程研究院，科研接地气

学院根据自身师资队伍的专业技术优势，为提升学院整体技术能力，适应新时期国家经济发展对高职教育的要求，发挥国家骨干高职院校的示范作用，组建了工艺工程研究院。该院是一个科技应用创新和资源服务综合平台。通过项目形式借脑、借智慧，整合社会资源、聚集科技力量，服务中山市社会科技创新，推动中山市科技创新能力和产业调整与升级。

（一）大力开展技术合作研究所建设

建立若干分专业工程技术开发中心，包括装备制造技术研究中心、新能源技术研究中心、光电技术研究中心、物联网中心。充分发挥学院生产性实训校区优势，以网络为纽带，利用平台技术资源，开展相关专业技术攻关、技术咨询、项目合作等业务。

装备制造技术研究中心主要开展三维CAD技术应用。该中心配置具有国际先进水平的CAD/CAM软件，重点推广应用三维CAD技术，并为中小企业

提供新产品造型、开发服务；开展自动化检测研究。进行传感器和检测仪表的应用与开发。针对各类专机、自动生产线、部件总成装备线对设备状态、工艺过程参数和产品质量的控制要求，进行传感器和检测仪表的开发，或利用先进的、成熟的各类相应的传感器和检测仪表进行二次开发。

新能源技术研究中心重点开展汽车动力电池技术研究，通过开展锂电动力电池材料与技术，动力电池性能评估及失效分析，能量管理系统开发等方向。同时面向汽车动力电池的共性技术，包括动力电池关键材料、快速充电系统、一致性成组技术以及失效分析、安全评估方面，积极开展深入研究。

光电技术研究中心主要开展可挠性平板显示发光材料、纸电池材料及其封装技术、柔性电路制造技术、OLED 色彩控制体系、电子纸显示技术等研究工作；进行先进光学产品设计研发，针对光学产业技术升级，开展光学产品研发和网络协同设计，提升中山市光学制造企业的新产品设计开发能力，降低研发成本。针对区内光学制造企业的需求，运用计算机辅助设计的方法开展光学零件的设计与研究；进行先进光学产品检测研究，包括复合非球面透镜的光学检测技术、微透镜阵列及微沟槽光学背光板的加工精度检测技术、表面轮廓检测方法测试自由光学曲面（如 F – theta 透镜）的光学性能、光纤接头加工精度检测技术研究。

物联网中心主要开展无线与控制通信协议、交互式协定和交互频率、电源和容错协议、智能器件间系统、交互性框架协定、分散控制及分布式资料库、全球化应用模式、自适化系统等研究，实施信息储存量感测力、高传输速度、芯片级天线、超高速传输、低成本材料开发、新式物理功能开发、生物可分解设备、纳米型驱动运算对象等应用项目。

（二）建设院士工作室

一方面，通过建立学院"院士工作室"，使院士指导学院办学工作成为可能，为学校的重大决策提供咨询和把关，提高职业院校决策的科学性。

另一方面，发挥两院院士高端引领作用、引导帮助学院提高服务区域经济发展能力是学院创新社会服务能力建设的项目之一。通过建设院士工作室，将科学技术领域最前沿的成果介绍给学院师生；研究设立学院专业教师院士指导项目，将能够极大地促进学院技能型人才培养质量的提高和师资队伍的建设。

（三）挖掘自身潜能，全力推进教师工作室建设

建设"教师工作室"是学院从教学生产型向教学生产研发型转型升级的重要举措之一，是学院为改变专业教师脱离行业企业生产技术一线的局面，充分发挥专业领军人才的示范引领作用，打造学校品牌，加强专业教师的技术能力培养，鼓励教师主动与行业企业合作，共同开发项目而提出的重点建设内容。

"教师工作室"以项目为载体，承担技术研发、专业教师培养、学院实践教学等任务。通过建设，推广教师专利与技术，提升学生实习内在质量，促进人才培养质量的提高。

创新人才培养模式。将工作室作为培养拔尖创新人才改革试点：关注学生不同特点和个性差异，开发专业基础好、学习兴趣浓的优秀学生的优势潜能，推进"分层教学"、"导师制"等教学管理制度改革，改进优秀学生培养方式，全面锻炼学生的职业能力和就业竞争能力，实现"优生优育"工程。每个工作室年接待相关专业优秀学生实习不少于 10 人。工作室建设以专业为基础，面向市场、服务社会。通过建设，实现产品和技术商品化运作，实现产业化，产生一定的经济效益，实现规模化滚动发展与自我造血功能。

五、以对口支援方式扩大服务范围

（一）开展多形式对口支援、将社会服务范围扩大到高校范围

2011 年，制定《对口交流与支援项目工作方案》，落实对口支援院校的项目。先后制定与罗定职业技术学院、湖南电气职业技术学院等学院对口支援项目的实施方案；与广东纺织职业技术学院等签订院际交流合作协议，约定与上述院校在人才培养、科学研究、社会服务等方面共享成果，将学院的成功经验、优质的师资输送到支援院校，从而有效地促进受支援院校更快发展。

组织对口支援的各个院校管理干部来学院学习交流；与对口支援院校相互选派管理干部到对应岗位挂职。平均每年为各对口院校举办 1 期 30 人左右的管理干部培训班，互派 3 名挂职锻炼干部；免费举办对口支援院校骨干教师培训班，加强对欠发达地区和西部地区"双师型"教师队伍建设；接收对口支援院校部分学生来学院跟班学习或利用优良的实训条件进行技能强化训

练。近年来，平均每年为对口院校培训"双师型"教师200人。

（二）开展跨地区合作，学院服务社会经济发展能力向全国辐射

（1）与贵州三穗县人民政府按照"优势互补、共谋发展、互惠互利、实现共赢"的原则，重点在科技、教育与人才培养、重大课题研究三个方面开展战略合作。双方将共同推进科学技术服务平台的建设和科技成果转化，为三穗高新技术企业、重点优势企业的发展提供全面的科技服务支撑；定向为三穗培养高素质人才，训练各级干部、企业高管和技术骨干；为该县培养一定数量的紧缺学科教师，组织优秀教师到县职教中心开展一定的支教活动。在重大课题合作方面，该县将聘请学院资深专家担任经济社会发展顾问，设立职教、经济、技术、社会发展等研究课题，为三穗的社会经济发展决策提供帮助。

（2）开展三峡库区人力资源专项培训。联合省内外八所高校组成战略联盟，发挥自身特色专业优势，为三峡库区提供移民技能培训、人力资源开发与信息交流、产业发展等方面的服务，推动三峡库区产业发展、实现人力资源有效开发、解决就业结构性矛盾和降低环境承载压力，提升三峡库区集约化发展水平。

六、中山火炬职业技术学院社会服务发展成效

（一）学院成了政府招商引资的一张好牌

学院于2009年9月顺利通过教育部人才培养工作评估。目前，拥有两个中央财政支持的实训基地，即包装印刷实训基地和装备制造实训基地，是中国高新区（现代装备制造与汽车技术）人才指定培养基地。校企深度融合的"中山火炬模式"受到国家教育部、广东省政府、省教育厅的高度关注。2010年，学院获批成为广东省示范性高职院校和国家骨干高职院校立项建设单位，同时也是国家职业教育体制机制改革探索试点单位，是广东省构建现代职业教育体系试点任务的三所院校之一。2011年，被广东省政府评为"职业教育先进集体"。历届毕业生就业率高达99%以上，80%以上留在中山工作，其中60%以上的毕业生选择中山火炬开发区就业。企业对毕业生的满意度达90%以上。介绍学院的资料出现在地方政府招商引资材料的显著位置，成了政府的重要资源。

（二）科研"立地"，成为中山市科技攻关的"桥头堡"

中山火炬职业技术学院坚持科研立足地方经济，并将科研工作重心转移到争取项目、申请发明专利等实实在在的地方，对地方经济发展取得了立竿见影的效果。最近 3 年，共计划投入建设资金 5000 万元，建设 5 个技术服务平台或研发中心、建设 10 个教师工作室，初步建成覆盖中山高新区并辐射珠三角的成人教育与职工培训网络、协同创新中心和校际交流合作平台。提升了学院服务地方社会发展和经济建设能力，为国家骨干高职院校建设夯实基础。

近年来，学院每年到账的科研经费位居中山各高校前列，申报的科研课题和成功立项项目数量屡创新高，2011 年学院获中山市科技计划立项项目达 21 个，占全市立项总数的近 20%，位居中山各高校首位。学院两项科研成果获 2010 年度中山市科技进步三等奖，其中由学院独立完成的项目一项，校企合作项目一项。学院在中山各高校中科研"高地"的优势凸显，成为全市科技攻关的"桥头堡"。

建立了骨干教师技术创新机制、"六个一"工程保障机制和激励技术成果转化、校企协同创新的制度保障。起草了《基于现代师徒制的高职学生创新思维和方法能力的培养方案》，建成光电技术成果转化平台、健康产品研发平台等平台 3 个。

（三）开展多元化社会培训服务，成为中山市"全民修身行动"的发力点

为积极参与加强社会建设与创新社会管理，紧密配合地方全民修身行动和经济社会转型升级，推进幸福和美中山的建设，学院主动为社会提供多元化服务。

一是积极为企业"能工巧匠"提供学历进修和职称晋升服务，大力推进企业员工"换血"与"回炉"工程，优化企业人力资源结构。联合纬创资通（中山）有限公司、立信门富士纺织机械（深圳）有限公司、中山市美捷时喷雾阀有限公司等企业送教上门，合作开办成人大专业余班，提供适时对路的学历教育和职业培训。为入驻中山的中央直属企业、行业领军企业、国有大型企业、中小型高新企业等提供订单式培训。学院平均每年为广东明阳电气集团公司、佳能（中山）设备有限公司等培训 2000 多名员工，力促学习型

社会建设。

二是提供多形式、多层次就业型培训服务。作为中山市城乡青年培训就业工程定点培训机构、农村劳动力转移就业职业培训定点机构、"中包联"华南地区唯一培训基地等，学院为社会人士提供多种技能鉴定、技能考证、职业培训等服务项目，近年来，平均每年为社会和企业提供该类培训服务约3200人次。

三是联合开展社区培训，配合"修身行动"，促进社会和谐。学院与社区建立社区学院（如与中山港社区联合成立了"中山火炬职业技术学院中山港社区学院"），并以此为平台，为社区居民提供就业培训、学历提升、技能提高、文化素质培养等多项服务，并对就读成人大专或参加技能培训的社区居民减免学费，推动和谐社区的建设。另外，学院每年为中山高新区免费培养100名"居民大学生"，打造全民修身行动的"发力点"，有效地促进社会善治。

（四）建设教师工作室，致力科研成果商品化，孵化转型升级的"助推器"

近三年来，火炬职院共建成教师工作室10个，在运行机制上制定了相对完善的教师工作室工作量计算办法等，充分调动了教师的工作热情。教师参与工作室技术研发占到专业教师总人数的10%，对提升专业教师技术能力与人才培养质量起到应有的促进作用。

不到3年时间，教师工作室产生了70余项发明专利，200余项实用新型专利。其中新能源工作室研发的轻薄笔记本电脑电源适配器、隔离式电动汽车充电器、壁挂式电动汽车充电器等新能源产品已正式投产。产生技术专利与技术推广成果20项，成果合作收益50万元；与企业合作项目成果10个/年；年产值达3000万元。教师工作室正成为学院科研成果商品化、科研成果转化为生产力的助推器。

（五）对口支援的有效开展，进一步发挥骨干校的示范作用

（1）成立全国首个高职院校联盟，实现骨干校引领作用。为落实《国家中长期教育改革和发展规划纲要（2010～2020）》的要求，进一步加强校际交流、提高办学水平、实现可持续发展，在中山火炬职业技术学院的筹划和组织下，来自国内中部（湖南湘潭）、西部（重庆）、南部（广东广州、佛山、中山）地区的五地八校——广东纺织职业技术学院、广东工程职业技术学院、

广东科贸职业学院、罗定职业技术学院、广州康大职业技术学院、重庆三峡职业学院、湖南电气职业技术学院与中山火炬职业技术学院举行合作办学与交流研讨会，签署八校战略合作框架协议，共结战略合作伙伴关系。

各校在"优势互补、互惠互利、共同发展"的原则下，在信息资料交流、师资交流、学生培养、招生就业、科研实训、继续教育等方面开展深入合作；互通有关人才培养、社会服务、科学研究等方面的信息与经验；定期选派教师相互访教、访研，互派学生实行跨校合作培养；探索联合办学新机制，在国家政策允许的范围内开展形式多样的合作办学；开展招生联合宣传及毕业生就业互荐共推等工作；互通科研项目情况，在重点专业领域联合申请国家重大项目，联合进行科研攻关，共建各级科研基地；共享校企合作基地，定期互派教师及学生实习实训；联合开展继续教育宣传，联合培养成教学生，共享继续教育资源，联合共建学历提升平台。

目前，平均每年接收贵阳职业技术学院等院校近200名学生来学院交流学习，相互挂职锻炼的教师和教学管理骨干近20名，并在支援工作中不断成功地将学院校企合作模式、最近教学成果推介至对口院校，起到了良好的示范引领和辐射带动作用。

（2）跨省合作，发挥了骨干职业院校服务社会经济发展的作用。例如，与贵州三穗县的合作。学院已与贵州三穗县人民政府签订了《校地战略合作框架协议》，校地双方将通过整合资源，发挥各自的优势，将重点从科技研发、育人与人才培养、重大课题三个方面开展战略合作。

七、"火炬模式"社会服务的借鉴意义

中山火炬职业技术学院校企深度融合的"中山火炬模式"是抢抓全国职业教育蓬勃发展机遇的结果；是高等职业教育遵循教育规律，解放思想，先行先试的结果；是中山火炬职业技术学院立足地方并服务地方，认真贯彻落实职业教育方针，主动服务的结果。"中山火炬模式"的出现与发展，是高职院校社会服务职能内涵的创新性的探索与实践。从根本上解决了学院人才培养中的难题，使中山火炬职业技术学院在实践教学上可以全方位地与行业、企业全程合作，使工学结合的改革措施得以全面实施。

（一）整合了办学资源，优化了办学条件

通过加强社会联络和校企合作，学院在以资源换资源、以服务换资源方

面已取得一定成效。学院与企业实现了资源共享。如学院在政府的支持下，搭建了政、校、企三方办学平台，建设生产性实训校区。校企双方根据学院专业发展的需要，企业以场地、设备、资金入股，学院以技术、专利、人才入股，合作建设生产性实训基地，实行效益共享。目前共有 30 余家企业进驻，不仅解决了学生实习实训问题，还能够帮助企业获得发展资源。学院通过社会服务，实现了教育规律和市场原则的有效交互，学院发展与社会发展形成了"五个一体化"，即生产、育人、研发一体化，人才资源开发一体化，"输血和换血"一体化，学生到企业实习实训学校为企业员工提供培训的校园文化和企业文化一体化，校企经济效益一体化。这五个"一体化"彰显了校企深度融合的特点，也是社会服务共同发展共赢的模式。

（二）推动了教师实践能力的创新

实训基地融教学、科研开发、技术服务、职业技能鉴定和培训于一体，成为火炬职院产、学、研紧密结合的重要"平台"，学院的师资力量也在社会服务过程中得到了极大的发展。一是教师在参与企业技术研究和合作、技术培训和技术推广的过程中，推进企业产品更新换代，提高了产品附加值，增强了产品的市场竞争力，从而加强了教学与科研为区域经济服务的社会服务能力。二是充实、丰富了火炬职院师资队伍结构。实训校区依托企业大量有丰富实践经验的技术人才，从企业选聘专业基础扎实、实践能力强且具有教师基本素质的专业技术人员，参与实训教学工作，对学生职业素养的培育起到了很好的作用，也充实了学院"双师型"教师队伍。

（三）激活了高职院校（技术）服务企业的能力

师生参与企业生产经营活动，增加了企业的技术力量和劳动力；企业参与人才培养过程，首先获得了符合自己要求的毕业生；在实训校区就业的毕业生，对实训基地产生了深厚感情，而成为实训基地的义务宣传员、产品推销员；络绎不绝的参观者，使实训基地成为企业产品的免费展室。参与火炬职院实训基地建设的企业得到了丰厚的回报，这些企业的经济效益得到很大的提高，此外，"产学研"紧密结合培养高素质的人才对企业的发展将发挥长久的促进作用。

（四）建立健全了教师服务社会的激励机制

学院为激发广大教职员工多元化服务区域经济社会发展，提升自身的核心价值，建立了完善的教师工作量计算办法。根据教师工作量计算办法，将教师的工作量科学地划分为教学、科研和社会服务三个部分，在合理配置比例的同时，实现了教学、科研和社会服务三类工作的合理转换，教师可以根据自身能力、职称、专业，合理选择工作方向。与此同时，学院进一步健全保障机制，通过成立学院资产经营有限公司，采用项目化运行，帮助教师承接社会服务项目、规避财务风险，让教师"收得进"、"用得出"，免除教师的后顾之忧，专心于社会服务。这种做法不仅能够进一步激发广大教职员工的工作积极性，也实现了教师的"职业分流"，在很大程度上做大了"蛋糕"，避免工作上的"撞车"、"打架"与"无序竞争"，实现了校内教师的错位发展，有利于学院社会服务能力的提升。

后　记

　　本书是在对近些年来中山火炬职业技术学院高职院校体制机制改革创新的实践进行理论总结和提升的成果，是对高职院校体制机制改革创新的实践探索研究。

　　参加本书编写和审定的作者有（按编写章节为序）：第一章（李衡、江传英）、第二章（李衡、冯骊）、第三章（林艳芬、刘苍劲）、第四章（邹俊强、陈娟）、第五章（汪宇燕、马金杰）、第六章（吴俊强、袁继红）、第七章（高慎淦、杜建国）、第八章（黄俊斌、刘季冬）、第九章（黄信坤、朱俊）、第十章（林艳芬）。林艳芬、李小鲁、王春旭、汪宇燕、刘苍劲负责拟订提纲。最后林艳芬、李小鲁、刘苍劲对全书做了统稿修改。本书编写过程中，陈小明、赵鹏、于莱荷、梁东孝等同志做了大量的资料收集与整理工作。

　　本书吸收、借鉴了一些理论、教育工作者的研究成果，在此表示敬意和感谢！由于我们水平有限，书中难免有疏漏和不足之处，敬请各位专家、学者批评指正！

著　者

2014 年 11 月

图书在版编目（CIP）数据

高职院校体制机制改革创新与实践：以中山火炬职业技术学院为例／林艳芬等主编. —北京：
人民出版社，2014.12
ISBN 978-7-01-014063-6

Ⅰ.①高… Ⅱ.①林… Ⅲ.①高等职业教育—教育改革—研究——中国 Ⅳ.①G719.21

中国版本图书馆 CIP 数据核字（2014）第 236534 号

高职院校体制机制改革创新与实践——以中山火炬职业技术学院为例
GAOZHI YUANXIAO TIZHI JIZHI GAIGE CHUANGXIN YU SHIJIAN——YI ZHONGSHAN
HUOJU ZHIYE JISHU XUEYUAN WEI LI

林艳芬　李小鲁　主编

策划编辑：张肖旸

责任编辑：巴能强　张肖旸

封面设计：徐九五

出版发行：人 民 出 版 社

地　　址：北京市东城区隆福寺街 99 号

邮　　编：100706

邮购电话：（010）65250042　65258589

印　　刷：环球印刷（北京）有限公司

经　　销：新华书店

版　　次：2014 年 12 月第 1 版　2014 年 12 月北京第 1 次印刷

开　　本：710 毫米×1000 毫米　1/16

印　　张：17.75

字　　数：210 千字

书　　号：ISBN 978-7-01-014063-6

定　　价：48.00 元